柴田義松教育著作集 1

現代の教授学

編集／解題　木内　剛
解説　梅本　裕

学文社

第1巻　まえがき

教授学は、教育学のなかでも最も古くしてかつ新しい学問である。チェコのコメニウスは、すでに一七世紀に「すべての人にあらゆる事柄を教授する普遍的な技法」として『大教授学』を著わしている。だが、真の意味の科学的教授学となると、わが国ではやっと研究の手をつけたばかりの学問ともいえるだろう。

教授学は、教師の教育実践と直接に結びついた実践的な学問である。教授学が、各国における国民教育制度の創設や民衆教育の実践と結びついて成立し発展してきたことは明らかな事実である。教育の実践より離れては教授学はあり得ない。

だが一九世紀にはいって教授学が大学等の講壇で講義されるころから、教授学の堕落がはじまった。「学問」の名において、教育実践の現場からの遊離がはじまったのである。

実践から導き出される経験的規則の記述だけにとどまっていたのでは、教授学が発展しないのは確かである。しかし、抽象的・一般的命題の解説や思弁にとどまる教授学はもっと始末が悪いといえよう。

明治の初め、外国の教育理論の導入によって始まった日本の学校教育および教授学が一四〇年あまりのあいだにまがりなりにも大きな進歩をとげてきたことは否定できない。しかし、「学問と教育とは別だ」ということを教育政策の基本にすえた超国家主義的権力のもとで、日本の教授学はスムーズに発展することはできなかった。

教師に教育の自由がなければ、教育学者にも研究の自由がないのは必然である。自由のないところに創造的実践はあり得ず、創造的研究もまたありえない。こうして日本の教育および教授学は、経験主義と主観的観念論とを極めて醜い形で身にまとうことになった。

第二次大戦後の教育改革は、日本の学校から軍国主義を一掃するとともに、教師には完全な自由をもたらすかに見えた。だが、占領軍の指令のもとで進められる教育改革が、日本の教師を本当に解放するはずがなかった。そのうえに、この教育改革の理論的支柱となったプラグマティズムは、たとえドイツ観念論を追い払う力はもっていたとしても、経験主義とはもともと血縁のあいだがらであった。

日本の教授学が、真の科学的教授学として成立するためには、このプラグマティズム＝経験主義を克服することが第一の課題となろう。

しかし、そのことが教授学の実践からの遊離をもたらすとしたら、元も子もなくなってしまう。したがって、第二に、現代の教授学研究は、自主的・自発的な教師の研究集団である民間の教育研究団体の研究と結びついて行われることが大切であろう。こうして、教育実践との結びつきを確保するとともに、集団的・組織的な研究をすすめることが、教授学研究の科学性を保証することとなろう。

さらに、第三に、現代の教授学研究は、「科学と教育との結合」を主要な課題としてこれら民間の教育研究団体が進めてきている各教科の研究と緊密に結びつくことが必要である。国民のすべてに科学的真実の教育を保障する道を明らかにすることこそ、現代の教授学に課せられた最大の任務といってよいだろう。

現代の科学は、二〇世紀に入る頃から急速な進歩をとげるようになった。各教科の内容もそれに合わせて改革され更新されねばならない。教科内容の科学化とともに現代化は、一九六〇年代から七〇年代にかけて世界の主な先進国で現代教授学の中心的課題とされたのだが、必ずしも十分な成果をあげることなく現在に至っている。現代教授学の本格的な研究は、このようにしてわが国ではまだ手をつけたばかりのところともいえよう。

ところで、この著作集第1巻の底本となった『現代の教授学』（明治図書）は、わが国民間の教育研究団体のあいだで「科学教育の現代化」がしきりに叫ばれていた頃（一九六七年）に出版されたものである。私自身は、東京大学の大学院を終えて間もない頃であり、このようなまとまった書物を出版するのは始めてのことであった。いま読み返してみると、若気の勢で、浅学の身ながら先輩の大教育学者にまで批判のことばを投げ掛けるなど、かなり乱暴なところがあり汗顔の至りである。しかし、この当時に抱いた課題意識は、そのまま現在も持ち続けているものばかりである。牛歩の道は長くともその間にどれだけの成果をあげることができたのか嘆かざるをえない。いずれにしても、この本は私の研究の出発点である。その後どれだけの進歩をなし得たか、本選集第2巻以降の書物が示しているだろう。読者ご自身が比べ読みしていただき、そこから何事かを学んでいただくことができれば、私にとってこんなうれしいことはない。

二〇一〇年七月

柴田　義松

第1巻　目　次

補 論

第1巻　現代の教授学

序論　現代教授学の課題と方法

第1章　教授学の課題と方法

教授学とはなにか

教授学を、もっとも簡潔に定義すれば、学校教育学の一部門として、教科指導の内容と方法に関する一般的理論を追求する学問である、といえよう。

最近、民間の教育研究団体（教育科学研究会、数学教育協議会など）において、教授学研究の必要がさかんに説かれている。かつて問題解決学習対系統学習の論争が活発におこなわれた一九五四、五五年ごろより、学習指導に関する理論的関心は、各教科・教材の研究へと分化し、細密化していった。そして、それらの全体を総合し、統一化しようとする観点は、比較的最近になるまでとぼしかった。しかし、各教科の研究が深まり、発展してくるにつれ、おのずとあらたに他教科との関連や研究成果の総合、一般化が求められるようになってきたのである。

数学教育、自然科学教育の体系を一新する現代化、教育科学研究会国語部会による日本語教育の体系の創造など、ここ数年来、各教科の研究は、いちじるしい成果をあげてきている。こうしたなかで、諸教科をつらぬく統一的な原理や理論があらためて求められるようになるのは、当然であろう。そのことを必要とするのは、なによりも子どもである。ばらばらで、たがいに矛盾するような要求が各教科からつきつけられたのでは、子どもの人格の統一的発達はのぞめない。

他方、現代日本の歴史的課題にこたえる教育のあり方を追求し、どのような国民＝歴史的民族的主体を育てあげるべきかという一般教育学的問題は、今日では、教科研究の具体的な問題の検討をとおして、実際的に認識され、探求されるようになってきている。たんに一般的・抽象的に民主教育の原則を主張しているだけでは、ますます保守・反動の傾向を強めつつある教育の状況をくいとめることはできないのである。最近は権力側の反動的文教政策が、きわめて露骨にかつ組織的に教育の内容や方法の細部にまでおよぶ統制に具体化されてきている。国民の真の要求にこたえる民主的な国民教育創造のためのたたかいとその理論的追求は、こうして今日では日々の教育実践にかかわるきわめて具体的、実践的な課題となっている。こうした状況のなかで、教授学は、国民のための教育学の一般的原理論的追求と各教科の個別的研究とを相互に結びつけ、統一的な教科指導の理論をうちたてるものとして、その重要性を高めてきているのである。

科学としての教授学の建設は、わが国では戦後の今日はじめて手をつけられるものだといえよう。戦前にも、教授法や学習論の研究はあったが、科学的な教授学はなかった。そのなによりの原因は、教育の内容や方法にたいするきびしい官僚的国家統制にあった。学習内容が国定教科書によって画一化されていた戦前にあっては、教師や教育研究者たちが、教育の現場で自由に創造的な研究をすすめることは、ほとんど不可能であった。その教科書内容自体、「学問と教育とは別」という明治政府以来の方針によって、科学と切断されていたのである。

憲法、教育基本法によって学問の自由を保障された戦後の民間教育運動は、学問と教育との結合に、第一の力点をおいて研究をすすめてきた。その成果が最近の教科研究に具体化されてきたのだが、教科指導の方法や技術に関する研究も、こうした内容論と結びつくことなしには、科学的なものとはなり得ないのである。

以上に述べてきたことからも知られるように、教授学は、教育学の中心に位置するきわめて重要な分野である。これを図示すれば、つぎのようになるだろう。

教育学——学校教育学
- 学校論
- 教授学（教科指導の内容と方法の科学）——各科教授法
- 教科外活動（生活指導）の理論
- 教師論、その他

教授学の概念規定は、わが国ではまだ必ずしも明確になっていない。教授学の対象となる教科指導、学習指導、教授、学習、授業、陶冶、訓育、生活指導、などの概念が、なおあいまいになっている。ソ連では、教授学を、「陶冶と教授の理論」としている。ドイツのクラインたちは、教授を陶冶と訓育との統一的過程とみなしたうえで、教授学を「教授の一般的理論」であるとしている。「陶冶」は、科学の基本的知識や能力の形成を意味し、「訓育」は道徳や人格の形成を意味する。「教授」の概念は、ロシア語でもドイツ語でも、教師の活動とともに生徒の学習活動をもふくんでおり、わが国の「授業」、「教授‐学習」、「教科指導」にあたる。しかし、陶冶・訓育・教授ということばは、今日のわが国ではあまり使われない。学習指導・生活指導ということばが一般に使われているが、生活指導の概念をめぐっては、それを教科外の指導に限定するか、教科の指導にもふくまれるものとするかについて論争がある。教授学を学習指導とか授業の理論とする場合は、ソ連でいう陶冶の理論の面がうすれ、教授‐学習の過程や方法論だけが強調される感じがするので、ここでは、教授学を教科指導の理論とした[1]。その教授学で、今日どのようなことが研究の課題となり対象となっているか、現代の教授学に課せられた主要な問題はなにかを、つぎに教授学の歴史を概観するなかで、検討してみることにしよう。

古典的教授学

学校で主に授業の形態をとって遂行される教授の合法則性を解明する試みは、一七世紀のころからはじまっている。コメニウスの『大教授学』（Didactica Magna, 1657）は、後に学校教育学の一部門として限定される対象領域をはるかにこえ、学校教育のあらゆる基本的問題をあつかっている。しかし、「すべての人びとにあらゆることを教授する一般的な技法」の体系化をめざした『大教授学』は、子どもの精神発達の法則性にしたがう教授内容の編成、教授方法、学級授業システムの諸原則など、教授学のもっとも重要な諸問題に関する最初の偉大な体系的・理論的労作であった。そこでは、近代教授学においてうちたてられた主要な教授原理のほとんど――合自然性、意識性、自主性、直観性、系統性、順次性など――がすでに提示されている。「やさしいものからむずかしいものへ」、「既知のものから未知のものへ」、「一般から特殊へ」などの教授学的規則も、この古典的教授学の創始者の手で定式化されたものである。

一八世紀から一九世紀にかけ各国で国民教育制度の建設が具体的にすすめられるなかで、これら古典的教授学の命題は実践的に検討されることになった。合自然性の教育を高らかに主張するルソーの『エミール』にひどく感激したペスタロッチ（J.H. Pestalozzi）は、スイスの農村で貧民の孤児・浮浪児の教育に直接たずさわりながら、「直観をすべての認識の絶対の基礎」とする直観教授論、もっとも単純な要素から複雑なものへと進む基礎教育の理論、子どもの自発的な自己活動に基礎をおく学習理論などを、実践のなかから生みだした。

ドイツにおけるペスタロッチ主義者として活躍したディステルヴェーク（A.W. Diesterweg）は、教授の基本原理として合自然性、合文化性、自己活動を強調し、ドイツの民衆学校におけるこれらの原則の実現に貢献した。師範学校の校長であったこのディステルヴェークは、教授学を「あらゆる教授の法則と規則の科学」と定義している（『ドイツ教師への教授指針』一八三五年）。

ブルジョア革命の挫折した一九世紀中葉のドイツに君臨したヘルバルト派教育学は、ペスタロッチの教育実践をヘルバルト（J.F. Herbart）の観念論的哲学および心理学によって理論化し、体系化しようとしたものであった。そこではルソーやペスタロッチに見られる革命的民主主義の精神は抜き去られていたが、多面的興味の発達や訓育的教授、教授過程の段階論的分析などの価値ある教授学的理論がうちだされている。

ロシアでは一九世紀六〇年代にウシンスキー（К.Д.Ушинский）が、西欧の先進的教育学や当時ロシアに発達しつつあった唯物論的思想に学びながら、教授学的諸問題の科学的解明をおこなっている。かれの主著『教育の対象としての人間』（一八六八－七〇）は、教授‐学習過程に関する多面的な生理学的・心理学的分析をおこなっているが、そこではこの過程に固有な対立的諸要素――直観性とことば、興味と努力、教授と発達、形式陶冶と実質陶冶、自由と強制など――についてのすぐれた統一的理解が示されている。近代教授学の古典的命題は、ウシンスキーの諸著作、とくに母語の教科書とその指導書のなかで具体的に表現され、学問的基礎づけをうけている。ソ連では、ウシンスキーの教授学を、マルクス主義教育学以前の最高の古典的教授学と評価している。

「新教育」の学習論

一九世紀の末からアメリカやヨーロッパ諸国で「新教育」の運動が活発に展開された。「新教育」においてとくに重視されたのは、子どもの自発性や自己活動であった。旧教育と新教育とを比較しながら、新教育論者は、「書物学校」に「労作学校」を、教師中心、教科書中心の「つめこみ学校」に「児童中心主義の学校」を対置させた。子どもの自主的な思考や創造への喜びを窒息させる退屈な棒暗記や形式主義・画一主義の教授方法を批判して、教授過程における子どもの自己活動や経験や直観性を重んずる点では、新教育運動は、あきらかに近代の古典的教授学の命題をうけつぎ、発展させるものであった。

しかし、経験主義あるいはプラグマティズムの哲学と結びついて発展した「新教育」においては、子どもたちの経験や自己活動が絶対視され、自己目的とさえ化して、科学や芸術などの文化遺産を子どもに系統的に教授する必要が軽視されるようになった。教科別授業や学級授業システムも間違ったものとして批判され、かわりに合科教授、コア・カリキュラム、生活学習、単元学習などが主張された。

新教育運動がとくに活発に展開されたアメリカでは教授学という用語は使われず、教育心理学がそれを代用した。

「教授方法の問題は、結局のところ、子どもの力や興味の発達順序の問題に還元することができる。教材の提示と取扱いについての法則は、子ども自身の本性のなかに含まれている法則なのである」（デューイ『私の教育信条』）とされ、研究の重点は、子どもの発達段階や個人的特性に応じた学習のあり方とか、子どもの学習をどのように動機づけるかといった学習論におかれるようになった。

戦後日本の教育改革は、このような新教育理論に基づいてすすめられた。明治以来日本の学校教育を支配してきた極端な国家主義に基礎をおく権威主義、画一主義、つめこみ主義の教育がきびしく批判され、子どもを大切にし、「児童の生活活動に重点をおく教育」（文部省『新教育指針』一九四六年）がすすめられるようになったことの意義は大きい。

しかし、児童中心、興味中心の「新教育」は、やがて「学力低下」という手痛い批判をうけるようになった。自由を強調し、子どもの解放を主張したはずの「新教育」が、生徒にとってもっとも大切な読書算の自由さえ十分に保障しないのであれば、国民がそれに疑問を抱きはじめたのも当然であった。

「新教育」批判

軍国主義の無謀な戦いに敗れた日本は、平和と民主主義の確立、真の独立の達成を国民の前に歴史的課題として提出していた。日本社会のこうした基本的課題から目をそらした「新教育」の「牧歌的カリキュラム」や児童中心主義は、やがて運動の内部からも自己批判をよび起こしたが、それと同時に生活綴方運動の復興、科学の系統的学習を主張する民間の教育研究運動が始まった。

「新教育」の推進に重要な役割をはたした「コア・カリキュラム連盟」は、一九五三年「生活教育連盟」と改称し、「民族の歴史的現実にたち」、「新しい日本国家の建設に貢献」すべく、日本社会の当面する基本的な問題を中心に学習をすすめていくことを主張するようになった。

生活綴方教育の主張には、一見、「新教育」の主張と共通するようなものがある。つめこみ主義、抽象的・観念的な教育を批判し、子どもの生活経験から出発して、子どもの欲求や関心にふれながら、一人ひとりのものの見方、考え方、感じ方、行動のし方を指導することを主張する点では、生活綴方教育は、「新教育」の主張する生活学習とも一致し、それをより徹底させたものとも見ることができる。しかし、生活綴方の教育には、「新教育」とは異なるつぎのような特徴があった。

生活綴方の教育には、ありのままのことをありのままに把握することから出発しながら「なにをこそ喜び、なにをこそ悲しむべきか」、現実生活のなかのなにが真実であり、不正であるかを徹底的に追求し、批判しようとするリアリズムの思想がある。またそのこととも関連して、生活綴方教育には、教師の子どもに対する目的意識的はたらきかけ、つまり教師の指導性を重んずる思想がある。

「生活綴方」の思想は、戦前からわが国土着の教育思想として、現場の教育実践者のあいだから生まれ、発展してきたものである。明治以来日本の教育学は、ほとんどもっぱら外国の教育学に依存し、戦後の教育改革もまたアメリカ教育学の圧倒的影響のもとにすすめられた。こうして日本の現実から遊離した、あまりにも一般的・抽象的な教育理論に不満をもった教師、教育研究者の多くが、生活綴方の教師たちによる実践記録にいたく感激するとともに、これら教師の実践を理論化することにこそ、教育研究の本道があると考えるようになったのも当然のことであったといえよう。

戦後の教育実践に大きな影響をあたえた記録は、無着成恭『山びこ学校』(一九五一)、相川日出雄『新しい地歴教育』(一九五四)、土田茂範『村の一年生』(一九五五)、小西健二郎『学級革命』、(一九五五)、東井義雄『村を育てる学力』(一九五七)、斎藤喜博『島小の授業』(一九六〇)など多数あるが、一九六〇年ごろまでに出たこれら実践記録は、生活綴方教師たちによるものが多い。生活綴方教師たちの実践を一般化した「生活綴方的教育方法」なる理論が問題となったのもこのころである。「この教育方法は、はじめに原理・原則があって、そのあとに、その応用・活用が出てきたのではなく、はじめに実践・創意があり、やがて、その実践を理論化しようという動きが出てきた」のである（小川太郎・国分一太郎『生活綴方的教育方法』一九五五）。こうして、先進的な教師の実践の理論化に基づいて日本の教授学を建設しようとする動きがあらわれてきたことには、大きな意義があったといわねばならない。

理論と実践の結合

しかし、実践のなかから理論が生みだされ、理論が実践を導くというように、理論と実践とのあいだに正しい相互関係をうちたてることは、教育研究において必ずしも容易なことではない。日本の教授学が長いあいだ実践から遊離してきたことの原因は、その輸入学問的性格にもあるが、それだけではない。教授学そのものの内容や質が、まず問題とされねばならないだろう。

理論と実践との分離は、教授学の他の学問への従属性となってあらわれている。教授学が、他のより基礎的な学問に基礎をおくのは当然のことである。しかし、戦前においてはドイツの観念論的哲学・心理学に、戦後はアメリカ経験主義の哲学・心理学・社会学に強く従属してきた教授学は、自分自身の確固とした主体性をもち得ず、そのため、これら教育には直接責任をもたない他の学問の推移につれて、教育界にはいれかわりたちかわりさまざまの新思潮があらわれ、消えていった。そして、大部分の現場の教育実践は、このような流行とはあまりかかわりのないところで、日本の教師のあいだに伝承されてきた伝統とそれぞれの教師のカンやコツに基づいておこなわれているのである。

日本の教授学を現場から遊離させたもっとも重要な原因は、教育の内容・方法にたいする国のきびしい官僚統制にある。教科内容が国定教科書によって天降りにあたえられていた戦前にあっては、教師や教育研究者たちが、現場で自由に創造的な研究をすすめることは、ほとんど不可能であった。そこでは、おのずと形式主義や教条主義がはびこり、創造的な教育実践や研究は、めったに育たなかった。戦前から日本の学校では、いわゆる「研究授業」がさかんにおこなわれたが、そこで問題とされることは、たいてい授業技術の枝葉末節にとどまり、狭い経験主義を抜け出ることはほとんどなかった。これにたいし、戦後、教職員組合などの民主的運動に支えられながら、民間の教育研究団体を通じて、教師の自主的な研究が全国の教育現場で広範にすすめられるようになったことは、偉大な進歩といわねばならない。

しかし理論と実践との正しい結合が、たんに個々の教師の実践や経験を一般化し、理論化することだけで十分であるとはいえないだろう。実践から理論への一方向のみの強調は、理論の実践への追随、実践べったり主義を生み出しかねない。個別的実践が交換され、批判検討されるなかで導き出される一般的理論は、その理論が逆に実践を導くという役割をはたすうえでは限界がある。それは、既存の教育体系のなかでの部分的改良はなし得ても、新しい実践を創造したり、教育体系を根本的に改革するというような力はもち得ないだろう。

教授学的実験

理論が実践にたいして積極的役割をはたすことの必要性は、「新教育」の批判からすすんで、民間の教育研究が、科学や技術の体系にそった系統的な教科内容を編成し、新しい教科教育の理論をうちたてていこうとするなかでとくに痛切に感じられるようになった。数学教育、理科教育あるいは地理・歴史教育において、新しい教科の内容やその体系を創造していこうとするときには、それぞれの専門科学者の協力のもとに、仮説をたて、実験によってそれをたしかめ、修正していくという実験的研究が必要である。

この場合、「実験」というのは、ふつうの教師の実践＝授業とは特別に異なるものを考えているのではない。教授学においてはあらゆる仮説・理論が、実践をとおして実証されねばならない。教科の内容やそれの指導方法が、子どもの精神発達の法則性にあっているかどうか、子どものもっている能力や可能性を十分にひき出しうるものであるかどうかは、実際の授業をとおしてのみ明らかにすることができるのである。

今日、学校の教科内容は、現代の科学や技術の水準に比べいちじるしく立ちおくれており、教科課程や教科書の内容は根本的に改革されることが必要であるという問題が、アメリカ、ソ連をはじめ多くの国々で論議されている。わが国では、数学教育、自然科学教育、地理・歴史教育、国語教育などの研究に専門に取り組んできた民間の教育研究諸団体が、はやくから文部省の学習指導要領の示す経験主義的な内容編成に反対し、現代科学の体系に基礎をおく教科内容の根本的再編成をめざして研究をすすめてきた。その成果は一九六〇年ごろからしだいにあらわれ、計算の指導体系としての「水道方式」、数学教育の体系としての量の体系、原子論の立場にたつ理科教育内容の再編成、日本語教育の新しい体系などを生みだしている。これらの研究はいずれも、それぞれの分野の専門科学者と多数の教師・教育研究者とが日常的に参加し、協力する集団的・組織的な実験研究であることを重要な特徴としている。われわれは、これからの教授学研究の新しいスタイルをここに見出すことができよう。

現代教授学の基本的課題

教授学がこれまでにたどった以上のような歩みから、現代の教授学が当面している基本的な課題をひき出してみるならば、つぎのようになるだろう。

今日、各教科の研究においては、現代の科学・技術・文化の達成を教科の体系のなかへより完全に反映させることに最大の努力を傾けている。現代の教授学は、こうした研究と無関係にはあり得ない。これらの研究こそ、現代の教授学を発展させる基本的推進力といえるだろう。

かつての古典的教授学は、主として言語教授の体系の改革・創造と結びついて発展したものであった。こうした古典的教授学のひとつの頂点を示すウシンスキーの国語教授論――音声式分析・総合法による初等読み書き教授法など――は現在でもソビエトの国語教育のなかに生きている。しかし、自然科学や社会科学の概念・法則・方法の習得に関する研究は、一九世紀までの古典的教授学の研究の中心とはなり得なかった。科学教育学の建設は、まさに現代教授学の課題なのである。

われわれは、科学教育の体系や方法を建設していくなかで、古典的教授学の命題を検討し直していく必要がある。たとえば、従来の教授法のなかでは「具体から抽象へ」の帰納的な方法が学習の過程で支配的な役割をはたすように考えられてきた。しかし、最近の科学教育研究のなかでは、「一般から特殊へ」とか、演繹的方法の意義が高く評価されるようになってきている。「やさしいものからむずかしいものへ」という場合も、その「やさしいもの」についてのあらたな理解が要求されている。「水道方式」の核心をなす分析総合方式は、現実をできるかぎり単純な要素にまで分解し、その単純な要素の学習からはじめて、子どもに現実を構造的に再構成させる方式である。

各教科において現在すすめられている教科内容の改革や再編成――それを「現代化」ともよぶことがある――を比較・検討するなかで、現代の科学や文化の達成にふさわしい教科内容の編成原理を明らかにしていくことが、現代の教授学に課せられた第一の基本的課題といえよう。

「教科の現代化」論は、もともと直接的には戦後の「新教育」にたいする批判から出発し、子どもの興味や直接経験を重んずる「近代化」的発想の限界を克服するものとして主張されてきた。この主張が、経験主義的な「新教育」の理論や、戦前からの伝統をうけつぐ生活綴方的教育方法とどのように関係するかという問題も、重要な研究課題である。従来日本の教育学者は、流行を追う商人のように、新しい理論をつぎからつぎへと求めるだけで、過去の理論をきちんと清算するという仕事をあまりしてこなかった。これでは、日本の教育学の真の発展は望めないだろう。過去の徹底的批判なしには、真の改革もあり得ない、しかし、このことは現代の教授学が、過去のすぐれた遺産の継承のうえにのみ成りたつということと決して矛盾するものではない。

経験主義の教育理論については、今日徹底的な批判がなされる必要があるだろう。しかし、わが国特有の歴史的・社会的状況のなかで発生した生活綴方の教育は、今日においても多くの支持者を得ている。それはたんに国語科の中の一分野の仕事にとどまらず、生活綴方的教育方法とよばれるような一般的方法論を生み出すほどに、日本の学校教育全体にたいしての鋭い主張をふくんでいる。このような生活綴方教師の実践やその方法論的主張を、現在の時点において整理し、現代の教授学の中に正しく位置づけることは、やはり今日のわれわれに課せられた重要な課題といえよう。

戦後、群馬県の島小学校をはじめ、全国各地ですぐれた実践をおこない、成果をあげてきている学校や教師のそれぞれ独自な実践についても、それらを教授学の観点から理論化し、一般化することが必要である。実践の理論化、一般化ということは、これまでにもくり返し言われてきたことであるが、じゅうぶんに実を結んでいるとはいえない。教授学の未熟さ、研究方法論の貧困さが反省されねばならないが、現場教師と教育学者との協同のもとで、実践を正しく理論化する方法論自体を明らかにすることも、今日の教授学研究に課せられた重要な課題といえよう。

最近のいわゆる「授業研究」には、教科研究との十分な結びつきをもたず、ただ客観的に観察し記録すること自体を目標としているように思われるものもすくなくない。内容に重大な問題があるのに、それを不問にして、授業の方法や技術のみを対象とする戦前からの教育研究の致命的欠陥は、今日においても十分に克服されていない。

授業の形態や方法など、一般に教育の方法は、教える内容によって規定され、その内容に従属するものである。したがって、授業の研究においてもまず内容の是否が問題とされねばならない。さらに、新しい教科内容の創造や実験に集団的に取り組んでいる研究のなかでは、とくべつのベテラン教師でなくても、熱心な教師ならだれでもができるような方法でもって、大きな成果をあげる授業が生み出されつつある。(2) 現代の教授学は、教科指導の方法についても、現代の科学教育にふさわしい体系を、組織的・実験的な研究をとおして生み出していくことが必要であろう。

他方、多くの学校現場では、管理体制の強化により、学習指導要領に忠実に準拠した画一的教育が要請され、そのうえにテスト主義の教育によって人間を一定の型にはめこもうとする傾向が強くなってきている。このような教師の創造的実践を圧殺する管理主義、テスト主義の教育が、どのように子どもを押しつぶし、どれほどに人間を矮小化するかを明らかにしつつ、それと対置させて、子どもの豊かな可能性を引き出し、多面的に発展させるような教科指導の原則を明確にうち立てていくことは、現代の教授学に課せられた緊急の課題といえよう。

（1）これらの概念規定については、小川太郎『教育科学研究入門』（明治図書）が参考になる。
（2）仮説実験授業研究会は、とくにこのような理科授業の定式化をめざして研究をすすめている。板倉聖宣『仮説実験授業のＡＢＣ』（仮説社、一九七七年）参照。

第2章　教授学の対象

教授学が対象とする分野あるいは問題はつぎのように分けられよう。

(1)　教科内容編成論
(2)　授業（教授–学習）過程の本質と教授学的原理
(3)　授業の形態・方法論

教授学は、まえにも述べたように各科教授法において明らかにされた諸原理を一般化し、体系化するところの一般的な理論であると同時に学校教育のより一般的な原理を追求する教育学の一分野でもある。教授学の対象をこのように限定づけたとしても、現実には、たとえば学校体制のあり方が授業に大きく影響するし、授業と教科外活動あるいは地域性や家庭の問題とのあいだにも密接な相互関連がある。したがって、これら領域間の関連もつねに教授学において問題としなければならない。しかし、科学の専門分化は、科学の発展の必然的な方向であり、上のように対象領域や分野をいちおう明確に規定しておくことは、教授学固有の課題や方法論を明らかにするうえに必要なことといえよう。

教科内容編成論

この中にもさらにつぎの三つの分野の仕事がある。

(1)　教科課程編成論——学校の教科課程全体の性格や構造を明らかにする。
(2)　教科の系統性あるいは教科内容編成の基本原理を明らかにする。

(3) 教材の選択、配列の原理を明らかにする。

ここで、「教科内容」と「教材」とをまず区別しておかねばならない。

教科内容を構成するものは、科学教科の場合、一般的には、科学的概念である。科学的概念は、一定の体系の中で存在し、諸概念は相互に関連をもつ。それは、平面的に並ぶよりも、立体的に、場合によってはピラミッドのような形をなすものと考えられる。上部には、その科学の基本的なカテゴリーや指導的理論が位置し、底辺には科学の対象とする事実が存在する。その中間に、相互に関連をもった科学的な概念や法則の層がある。教科で、ある内容を教える場合、その内容（科学的概念）が、この科学の立体的構造の中でどのような位置にあるかを明らかにすることは重要な意味をもつ。いいかえれば、それは、概念の構造を明らかにすることである。

教科の内容は、この科学の構造あるいは体系にしたがうと同時に、子どもの認識発達の法則にあわせて一定の順序に配列されねばならない。その原理を明らかにすることが、(2)の教科の系統性を明らかにする仕事である。

さて、それら個々の科学的概念を習得させるうえに必要とされる材料（事実、文章、直観教具など）を、「教材」とよぶ。

教科（あるいは科学）の対象となるものは、もともと現実の事実である。この事実をできるかぎり単純な要素にまで分析し、いろいろな条件を捨象していくので単純であると同時に抽象的な、また同時に一般的・本質的な要素の学習からはじめて、しだいに複雑で具体的な現実の全体的理解にまですすむようにしようとするのが、教科内容編成の分析・総合方式である。ところで、その個々の要素あるいは概念そのものは、つねに具体的・特殊的な事実と結びつけられ、それらの観察や実験などに基づいて学習されねばならない。

水道方式は、この場合必ずしも適切な例ではないが、分析総合方式の代表的典型として算数の水道方式を例にこれを説明してみよう。水道方式では $\begin{array}{r}9\\+9\\\hline\end{array}$ を加法の一つの素過程、$\begin{array}{r}99\\+99\\\hline\end{array}$ を加法の一般的（典型的）複合過程の一つと見、素過程→一般的複合過程→特殊的複合過程という計算指導の体系をたてている。

これは、これらの素過程および一般的複合過程をとおして、加法のある一般的法則を教えようとするのであり、この法則が教科の内容をなす。したがって、$9+9$ や $99+99$ は加法の一つの教材にほかならないが、加法の内容（法則）を表現する代表的な教材であるということとなる。さらに、これらの内容は、水道方式の場合はタイルという直観教材を使い、その他の場合にも、おはじき、計算棒などさまざまの教材を使って習得されるということに注意を向けなければならない。

内容はすべて教材をとおして学習される。しかし、教科内容の編成と教材の選択や配列とは、このようにいちおう次元の異なる仕事として区別されるだろう。

この相違を、経験主義の教育学は無視しがちである。なぜなら、教科の体系を科学の体系からではなく、子どもたちの生活経験から導きだそうとする経験主義の教育においては、経験的事実（教材）の学習をとおして、何（どのような科学的概念・法則）を子どもにつかませようとするのか、はっきりしないことが多いからである。だから、たとえば学習指導要領で「内容」とされているものが、たんなる経験的事実（教材）にすぎないことはすくなくない。事実でなければ、逆に一般的な目標とかわりないようなものになっている。国語・社会科・理科の「内容」は、ほとんどこのようなはっきりしない性格の「内容」でうまっているのである。

授業（教授−学習）過程の本質

授業とは何か、ということの追求であるが、問題をさらに分ければつぎのようになろう。

(1) 授業の一般的目的や課題を明らかにする。
(2) 教授−学習過程と認識の発達の法則性
(3) 授業における訓育の本質、可能性

授業は、一般的には、子どもに知識や能力を形成する場と考えられる。しかし、どのような知識や能力を形成するのかは、授業の目的・課題によって決定される。この目的や課題を明らかにし、さらにその目的や課題がどのような手段によって実現されるのかを明らかにしなければならない。

たとえば、民主的・民族的課題にこたえる教育ということが言われる。生活の向上、独立の達成、平和の確立、民主主義の徹底は、現代日本の教育、そして授業がめざす究極の目的と言えよう。しかし、このような目的がそのまま授業の目的や課題となるわけではない。またこの両者をせっかちに直結しようとするのはまちがいでもある。必要なことは、このような究極の課題にこたえるような学力と人格の形成の科学的計画をつくることであり、その全体的教育計画の中で授業がどのような位置を占めるか、授業独自の目的や課題は何かを明らかにすることである。

授業は、教師と子どもと教材とより成り立つと言われる。授業の目的は、教材を媒介として教師の指導と子どもの学習活動とが正しく組みあわされることによって実現する。そこで、教師が指導するというのはどういうことか、子どもの学習というのはどういう活動のことかを明らかにしなければならない。

授業は、また陶冶と訓育の過程であるとも言われる。子どもは授業のなかで知識を獲得し、能力、技術を身につけていく（陶冶過程）。それと同時に、授業は子どもの人格の意志的・感情的側面にも一定の影響をおよぼし、子どもの人格の発達を促進する（訓育過程）。

したがって、授業過程の本質の解明のためには、授業において子どもの知識や能力がどのように形成されるか、つまり授業における子どもの認識過程の法則性を明らかにしなければならない。またそこに感情・動機・意志・性格特性がどのようなかかわりをもつかを明らかにしなければならない。

授業の主要な仕事は陶冶であるが、この仕事には訓育的側面が分ちがたく結びついている。授業が一つの集団過程であることも明らかであり、この過程において子どもの人格がどのように形成されるか、訓育の本来の場とも言われる教科外活動との関連において授業における訓育の本質は何かを、明らかにすることが必要である。

授業の教授学的原理

授業過程の本質の追求は、現代の学校における授業の目的や課題とともに、授業過程の客観的法則性の解明を目指す。授業の目的は、この客観的法則性を無視しては実現されない。それと同時に、授業は人間の実践活動だから、この法則性は、目的の実現を目ざす人間の主体的実践をはなれては存在しない。

この主体的実践を導く指導的原理を、授業の原理あるいは教授学的原理とよぶ。この原理は、一方では現代の授業の目的に規定されるものであるが、他方では授業の客観的法則性に基づくことが必要である。

基本的な授業の原理としてふつうにあげられるものには、つぎのようなものがある。この中には、たんに教授学の原理にとどまらず、教育学の一般的原理に属するものもある。(1)や(2)や(9)はそのような原理であるといえよう。

(1) 科学性・真実性の原理——授業で子どもが獲得するものが、科学的あるいは芸術的に真実なものであること。

(2) 理論と実践との結合の原理——子どもに習得される理論的知識が、実践と結びついたものであること。

(3) 系統性・順次性の原理——教科内容・教材の配列が、科学の体系と子どもの認識発達の法則性とに基づいて合理的に組織されたものであること。

(4) 直観性の原理——子どもの思考をつねに感性的知覚と結びつけること。

(5) 教師の指導性の原理——授業における教師の指導的役割を重視すること。

(6) 意識性、積極性の原理——子どもひとりひとりが授業に意識的・能動的に取り組み、自分自身の積極的活動をとおして授業目的の実現に努力すること。

(7) 知識の定着性の原理——子どもが知識を正確にていねいに習得し、記憶に定着させるようにすること。

(8) 力相応性の原理——授業の内容や方法を生徒の力に相応させること。

(9) 集団性の原理——授業の中で集団と個人とが相互に力を高め合うようにすること。

これらの教授学的原理の多くは、近代の古典的教授学の中ですでに説かれていたものであるが、現代の授業の中でこれらの原理がもつ意味を具体的に明らかにしていくことが必要である。また授業の教授学的原理は、上にあげたものに限られるわけでもない。基本的な原理からいくつかの原理あるいは規則が派生することもある。たとえは、「既知のものから未知のものへ」「一般的なものから特殊的なものへ」というような規則が、系統性、順次性の原理から導き出される。これらの原理や規則が相互にどのような関係にあるかも究明していかなければならない。

授業の形態・方法論

ここにもいくつかの分野の仕事がある。

（1）**授業の形態**——教科指導は、教室の中での学級授業だけでなく、実験・実習・見学等さまざまの形態をとり得る。しかし授業ということばは狭義には、教室の学級授業だけを意味して使われることもあるように、学級授業は教科指導の基本的形態である。これらの形態の意義や特質を明らかにすることが必要である。

授業の形態は、さらに教師がどのような授業方法をとるかによって異なる。教師が知識を伝達し、子どもはそれをただ暗記し、機械的に再生するという型の学習過程もあり得る。古い教育では、このような型が支配的であったかもしれない。今日、より一般的に見られる類型としては、つぎのようなものがあげられよう。

(a) 説明授業——教師が直観教材等を使用しながら内容を説明し、子どもは丸暗記ではなく、内容を理解しつつ記憶する。

(b) 問答授業——問答をとおして、教師の指導のもとに子どもが問題の解答を見出す。

(c) 探求授業——問題の解答を生徒が自主的に探求する。生徒による解答の発見や創造性の発揮が重視される。

これらの形態は、それぞれに長所があり、授業内容の性格や子どもの発達段階に応じて、適当な形態が選ばれるのである。aタイプでは時間的に能率よく学習がすすめられるが、これだけでは子どもの創造性を伸ばすことができないだろう。逆にcタイプでは、短い期間に多数の知識を系統的に習得させることができなくなろう。

授業の形態は、さらに一斉学習、グループ学習、個別学習などの様式によっても区別される。

どのような授業形態をとるかということは、授業の内容や目的によって決定される。また、新教材の習得、復習、総括などといった教授―学習過程の段階的目標によっても決められる。これらさまざまの形態の特質や意義を明らかにすることが必要である。

（2） **授業の構造と授業案**――毎時間の授業は、教授‐学習過程の全体的な流れの中の一環として、それ独自の構造をもつ。この独自性を無視すると教授‐学習過程の「形式的段階」にとらわれた授業になってしまう。一時間の授業をどのように構造づけるかは、授業案に示される。

授業案の作成にあたっては、導入（復習）―新教材の習得―総括、といった授業の一般的段階にあらわされる外面的構造よりも、ちがった角度から授業の内面的構造をつかむことがより大切である。

たとえば、島小学校で作られた授業案の形式では、一時間の授業を次のような角度で分析している。（斎藤喜博『授業の展開』国土社参照）

展開の核	子どもの可能性	授業の結晶点	予想される難関

「展開の核」となるのは、教材の核とか、教師の重要な発問である。このような核が一時間の授業にはいくつか存在する。

この核をめぐって子どもの思考がはたらき、教師と子どもとの思考の格闘の結果、「授業の結晶点」に到達する。その場合に子どもがどのような考えを出すかあらかじめ予想して「子どもの可能性」欄に記入し、前もって注意しておくべき困難点を「予想される難関」に記入する。

一つの核を中心に授業を構成する一つの節が形成される。この節がいくつか組みあわさって授業が構造化されるのである。当然、それらのあいだには一定の相互関係があり、授業の「山」となるような節、それを準備するような節、内容を整理し、総合するような節などが存在することになろう。

授業の構造は、当然のことながら、授業の形態に依存する。学級の子どもの実態や教師の力量も関係するだろう。授業をどのように構造づけるのが望ましいか、また授業案はどのように立てるのが望ましいかということも、教授学の重要な研究対象となろう。

(3) 授業の方法・技術――ここでも多様な問題がある。まず方法を分類すれば、認識論の角度からは、(a) 帰納法、演繹法、分析法、総合法などの方法があげられよう。

また知識をどこから得るかということから、(b) 生きたことば、書物、直観教具・教材、実験、実習等が分けられ、その、それぞれについて実際の方法が研究されねばならない。すなわち、講義法、説明法、問答法、探究法、討議法、書物の読み方、板書の方法、視聴覚教育の方法、実験・実習の方法。

授業の方法をどれにするかは授業の目的・内容、生徒の発達水準などによって決められる。しかし、これらの方法は多様に結びつけられ、交替することが必要であり、どれかに方法を固定するのは、誤りであろう。

プログラム学習

授業の新しい形態・方法論として最近注目されているものに、プログラム学習がある。プログラム学習の理論や実践は、はじめアメリカにおいて発展したものであり、それは、行動主義の心理学理論に基礎をおいていた。しかし、その後ソ連でもサイバネティックスの理論の教育研究への適用と結びついて、プログラム学習に関する関心が高まり、実験的研究がさかんにおこなわれている。わが国でもプログラム学習の研究はかなり活発である。

プログラム学習の思想は、元来、一斉授業の批判から出発している。四〇人、五〇人の生徒を一斉に相手にしていたのでは、どうしても実施しがたい生徒の個別指導の徹底が、プログラム学習の大きな特徴の一つとなっている。教材をたんに提示し、説明するだけに終わりがちな教師あるいは従来の視聴覚教具にたいして、プログラム学習では、生徒各自に問題を提示し、またその解答にただちに反応して「強化」をあたえる。プログラム学習の重要な特徴は、このように学習の結果を点検し、強化するだけでなく、学習の全過程をコントロールする点にある。プログラム学習では、生徒とプログラムとのあいだにたえず相互交流があり、生徒の活動性がつねに保証されるのである。

ところで、そのような相互交流が実際に保証されるためには、教材が綿密に分析されていなければならない。論理的・心理学的に基礎づけられたプログラミングが必要である。小さな単純なステップから始まり、しだいに複雑な行動の形成へと導くステップ構成、その間に生徒の成功をささえるための手がかりや促進刺激を適時提出し、後にはしだいにそれらを除去して子どもの自主的解答を求めるというきめ細かな配慮――このようなプログラム学習の原理は、教材のもつ論理構造を最大限に利用しようとするものであり、プログラム学習のもっとも重要な特徴と言えるだろう。

ソビエトでは、このような教材の構造化は学習過程のアルゴリズム化に通ずるとし、行動主義とはちがった立場の、すなわちソビエトの教授学やサイバネティックスの理論を適用したプログラム学習の創造にとりくんでいる。プログラム学習の開発にせよ、サイバネティックスの教育研究への適用にせよ、まだ研究のはじまったばかりの分野であるが、教授学と今世紀の新しい科学とが直接に結びつく分野として、その将来が注目されよう。

系統学習の理論――本書の課題

現代の教授学に課せられた以上のようなさまざまの課題にこたえることは、とうてい一人の学者のなし得ることではない。今日、教科内容・教材の研究が、専門科学者と教師との協力によって集団的・組織的におこなわれているように、教授学の研究にも、教育学者を中心に隣接諸領域の科学者および教師が組織的に協力することが必要である、このような研究は、わが国では最近、教育科学研究会のような民間の教育研究団体やいくつかの大学を中心にはじめられたばかりのところである。したがって、現代の教授学を体系的に叙述するということも、外国の既成の教授学を援用するのでないかぎり、十分には出来ないことである。しかし、本書ではその行き方はとらなかった。それにはいくつかの理由があるが、第一に、従来の教授学は、最近の教科内容研究＝現代化と結びついて、大きく改造されねばならない時期に当面していると私たちは考えたからである。本書では、まだ未完成の、みんなの力でこれから建設していかねばならない教授学の素描をえがくことに、一つの力点がおかれた。

しかし、そうした現代の、あるいはこれからの教授学の建設は、これまでの教授学説とのきびしい対決のなかでおこなわれなければならない。近代教授学のなかのすぐれた遺産は、もちろん正しく継承される必要がある。しかし、これまで日本の教育界を支配してきた経験主義の教育学説とは鋭く対決しなければならないと、私たちは考えた。日本の教育界には、前にも述べたように、過去の清算なしに、次から次と新しいものを追い求める傾向がある。新しい考え方を取り入れるのはいいのだが、自分たちがいままでとってきた見解はどうなったのか、その関係をいつもはっきりさせておく必要がある。

現代の教授学は、経験主義の学習理論とは鋭く対立すると、私たちは考える。ところが今日「水道方式は、経験主義や問題解決学習といった立場と相容れないものでもない」とか、仮説実験授業と問題解決学習とは原則的に同じ立場のものであるといった「問題解決学習」の拡張解釈が、一部ではさかんにおこなわれている。こうしてなしくずしに自分たちの理論を変えていくという行き方は、理論家の責任ある態度とはいえないだろう。そこで、本書ではこの問題解決学習に対する批判を中心に、第一部で、戦後の学習理論の検討をおこなった。

つぎに第二部で、問題解決学習に対立する系統学習の理論を展開した。ここでも、両者を対決させる観点はつらぬかれている。ところで、系統学習というものを、私たちは教科内容を科学の体系にそくして系統化したうえで、その系統化された内容について学習をすすめていく学習システムと考えている。したがって、それは一つの学習形態とか方法を意味するものではない。系統学習のシステムのなかで、学習形態とか方法はいくらでも多様化し得るのである。そのなかで、発見学習とか探究学習とよばれる形態をとることもできるだろう。ところが、問題解決学習論者のなかには、水道方式（＝系統学習）と問題解決学習とを比較して、前者は計算力ではすぐれているが、問題解決能力にはおとるというような結論を出している人たちがいる。問題解決学習を一つの学習形態と見ることは一応いいとしても、水道方式を教えるのに一つのきまった学習形態なり方法があると考えるのは誤解である。水道方式というのは教科内容の編成方式なのであって、学習の方法までも一義的に決定するものではない。もちろん、内容の編成を考えるときに方法論的意識がまったくはたらかないわけではない。また、方法は内容の編成方式によって大きく規定されることも事実である。しかし、この両者を混同してはならないのである。

問題解決学習論者にこの混同がしばしばおきるのは、しかし、ある意味では当然なのである。「問題解決学習」というものが、実は内容の編成論であると同時に方法論でもあったからだ。問題解決学習は、最近では、一つの形態・方法論として考えられる傾向が強いが、後でくわしく述べるように、もともとは、内容を系統的に学習することと、つまり教科書を順を追って学習することなどに反対することを目指した理論である。子どもに問題解決能力を育てるという方法論意識がまずあって、その観点から内容（問題）を選ぶという学習理論だったのである。ここでは、方法が内容よりも先行し、優越している。

だが、系統学習では教科内容の編成がまずおこなわれる。教科内容にさらに先行して科学の体系がある。科学の体系はそのままでは子どもに教える教科の体系とならない。したがってその意味では、教科内容の編成に最初から方法論意識が加わると考えることもできるが、それは主従の関係を代えるものではない。およそ内容があって方法がそれにともなうというのは、理の当然なのである。

内容が優先するというこの系統学習の立場からも、また教科内容の現代化が、現代の教授学が当面する最大の問題対象であるということからも、本書では内容編成論に大きな重点がおかれることになった。しかし、系統学習の立場では方法の問題が軽視されるのでは決してない。本書で方法論を十分あつかえなかったのは、もっぱら筆者の力量不足によるものである。この補充は後日を期することにしたい。

それにしても、本書は、現代教授学のほんの入口に立ったものにすぎない。前途は奥深く、遼遠である。子どもの可能性は無限であるといわれる。同じ意味で、教育の可能性も無限であり、教授学が開拓すべき分野も無限であるといえよう。しかも、その仕事の意義は大きい。教授学は直接子どもの幸福にひびくのである。わが国における教授学研究の発展に、本書がいささかでも貢献できれば、さいわいである。

なお本書第1部の内容は、筆者が先に国民教育研究所論稿5『戦後教育内容研究の成果と課題』(一九六三年)に発表した論文に若干の修正・加筆をおこなったものである・また序論および第2部は、雑誌『教育』『現代教育科学』などに発表した論文がもとになっている(ただし既発表の論文をそのまま再録したものはない)。とくに第2部の内容は、筆者が所属する教育科学研究会の社会科部会、教授学部会、旧認識と教育部会などでの研究や討論から学んだことが基礎になっている。これらの部会でさまざまの貴重な教えをうけた勝田守一、遠山啓、奥田靖男、白井春男、斎藤喜博の諸先生をはじめとする多くの先輩や同僚にたいし、ここにあつく感謝の意を表しておきたい。

第1部　戦後日本の学習理論

第3章　児童中心主義の新教育

Vom Kinde aus「子どもから」

戦後の教育改革が、とくに教育方法の面で児童中心主義的性格をもっていたことは明らかな事実である。その「新教育」は、二〇世紀初頭の児童中心主義あるいは「子どもから」の思想をうけついでいた。二〇世紀初頭、ドイツを中心にヨーロッパ諸国に広がった新教育運動は、Vom Kinde ausをモットーとし、第一次大戦に敗れたドイツのワイマール共和制下で始まった学校改革運動においても、その教授学的革新は、「子どもから」の思想を中核としていた。ヨーロッパのVom Kinde ausの運動を、より活発に大規模な形で展開したのが、アメリカの児童中心主義Child-centered educationである。アメリカ占領軍の指導のもとですすめられたわが国戦後の教育改革が、児童中心主義的性格をもったのは、自然であった。

「やがて二〇世紀は子どもの世紀となるであろう」というエレン・ケイの『児童の世紀』(1)の主張にしても、このVom Kinde ausの思想にしても、子どもの教育にたずさわる教師にとって、きわめて魅力的であり、なにかしら新たな希望と勇気をあたえるものに思われたことは否定できないだろう。エレン・ケイはいう。「そして、その現象は両道より来たるであろう。最初に先ず大人が子どもの性格を理解するに至り、そしてつぎに子どもの単純性が大人によって保持されるに至るであろう。そして古い社会秩序がおのずから更新されるであろう。」

戦争にやぶれたわが国で、天皇への絶対忠誠と軍国主義の圧制のもとにいちじるしく損なわれ、あるいは忘れられさえした子ども、、の心を、教育の場で正当な地位に復帰させることに、大きな意義のあったことは明らかである。

子どもの権利の承認と尊重は、教師の地位の回復にもつながるはずのものである。実際、「子どもから」の教育改革は、教育全体の改革を通してのみ可能であり、またそのなかでのみ意義をもつ。

しかし、児童中心主義の思想には、本来、児童の解放を、現実の政治的、経済的、社会的諸関係から切り離して抽象的、観念的にとらえる弱さがあった。「子どもから」出発するにしても、子どもにのみ視野を限定しては、子どもの解放もおぼつかない。アメリカの児童中心主義自体が、大恐慌を転機として一九三〇年代に入ると多くの批判を受けるようになっていたのである。

米国教育使節団報告書

わが国戦後の教育改革は、周知のように米国教育使節団報告書の圧倒的影響のもとですすめられた。当時の日本の教育学者がこの報告書をどのように受けとめたかは、次の言葉に明瞭に表現されている。「われわれは歴史的なこのアメリカ教育使節団報告書を、これまで教育について書かれた世界中の文書のなかで最高位の段階におかれてよいものの一つであると考える。これは二〇世紀の前半までに発達した民主主義的教育思想のみごとな結実の見本である。そして、ここにはなかんずくアメリカ民主主義の正統な伝統の最もよきものが白光をはなっている。われわれはこのような貴重な文書が日本の教育のために作成され、日本のよき未来のために供与された幸福に思いを致さずにはいられない。」(2)

まさに手放しのほめようである。今日ではすでにこのようにべた誉めする教育学者は少ないだろう。しかし、かつての評価にどのような難点があったのか、その後の時点でこれをはっきりと清算し得ている教育学者もまた少ないように思われる。これでは、日本の教育学の真の発展は望めないのではないか。

さて、使節団報告書はいう。「われわれの最大の希望は子どもにある。事実かれらは将来という重荷を担っているのであるから、重い過去の遺産に押しつぶされてはならないのである」(序論)。子どもと過去の遺産とのこのような対置のなかに、児童中心主義に固有な思考の図式を見るのは性急であろうか。

「古い型では、教育は天降り式に組織された。その本質的な特徴は官憲主義であった。新しい型では、出発点は個人でなければならない」（第一章　日本の教育の目的・内容）。使節団報告書による戦前の日本の教育への批判は極めて手きびしかった。「授業は全体的に見て、形式的で紋切型であった。規定された内容と形式とから少しもはずれないように、視学官たちは印刷された教授要旨が厳重に守られているかどうかを監視する義務を負わされていた。このような制度は授業の仕方に手かせ足かせをはめることになっていた。」（第四章　教授法）

こうした旧教育に対し、「出発点は個人」である、「生徒が出発点でなければならない」（第一章）という新教育の主張は、たしかに日本の教育に大きな転換をせまるものであった。同時に、ここには Vom Kinde aus の思想がはっきりとあらわれていた。

さらに、「良い課程は単に知識のために知識を伝える目的を以って工夫されるはずがない。それはまず生徒の興味から出発して、生徒にその意味がわかる内容によって、その興味を拡大充実するものでなければならない」（第一章）というとき、そのことはいっそう歴然とする。これらの言葉は、カリキュラム構成論に関して言われているのであるが、その後の「新教育」は、まさにこの思想を中心として展開したのである。

重力の中心の移動

児童中心主義の思想を的確に表現したものとしては、何といってもデューイの『学校と社会』（一八九九年）の次の言葉をあげなければならない。「旧教育は、これを要約すれば、重力の中心が児童以外にあるという一言につきる。重力の中心が、教師・教科書その他どこであろうとよいが、とにかく子ども自身の直接の本能と活動以外のところにある。……いまやわれわれの教育に到来しつつある変革は、重力の中心の移動である。……このたびは、児童が太陽となり、その周囲を教育の諸々の営みが回転する。児童が中心であり、彼を中心として教育の諸々の営みが組織される。」

この思想は、やがて日本の文部省が出した『新教育指針』や『学習指導要領』に忠実にうけつがれることとなった。

『新教育指針』は、第二部「新教育の方法」においてつぎのように述べている。「児童の生活活動に重点をおく教育においては、児童の生活に即して、教材も選択せられ、取り扱い方も工夫せられなければならない。それは児童の生活をかけ離れた教材や取り扱い方では、児童の生活活動を活発ならしめることができないからである。児童の生活に即することを考えるとき、まず児童の興味が問題になる。いままでも興味は重要視されてはいたが、それは主として、児童をして、与えられた仕事にいかにしたら興味をもたせることができるかという点についてであった。児童の生活活動に重きをおく新しい教育においては、興味が選択の標準でなければならない。」

また『学習指導要領・一般編』(昭和二二年度)は、「児童は身近かな見なれたことを基にして新しいことを学びとって行くものである。また学習が十分な効果をあげるには、児童が積極的に自らこれを学ぶのでなければならない。だから児童の生活から離れた指導は、結局成果を得ることはできない。この意味において、教師が児童の指導をするにあたって、その素材を選ぶためには、児童の興味や日常の活動を知ることが欠くことのできないところである」と述べ、おおむねアメリカの心理学書にたよりながら、「児童の活動や興味についての手がかりを得ることができるように、児童生活のあらまし」を説明している。すなわち、児童の興味や自発性の源は、(1)かれらが生まれつきもっているいろいろな活動の興味のなかにある。子どもの遊び、構成的な遊びがそうである。(2)生活での必要性、児童の生活上の要求が、その第二の源である。(3)ある困難にうちかって、それに成功した場合にも児童の自発性はあらわれる。

このような説明が、デューイの『学校と社会』や『教育における興味と努力』(一九一三年)などに見られる興味論、発達論に基礎をおいていることは明らかである。デューイによれば、「あらゆる興味は、なんらかの本能から生ずるものである。」「自発的興味の基礎は、この原初的状態の自発的衝動的活動のうちにある。[3]」

児童中心主義の発達観

このような児童中心主義的教育理論は、その発達観、そしてそれに基づく教育論においてつぎのような特徴をもっていたということができよう。

児童中心主義の立場では、子どもの発達は教育とは無関係に進行するもののように考えられている。子どもの興味とか関心は、子どもの心のうちに、その本能に源をもつという考え方は、子どもの本性は自然的に生物学的に決定されていると見る生物学主義的児童観ともいうべきものである。

また「成長とは、児意のために外部からある事がなされるのではなくて、児童がある事をなすのである[4]」とされ、子ども自身の内部からの動因が強調されて、教育という外からのはたらきかけは軽視される。むしろ「成長としての教育」(デューイ)という表現に見られるように、成長という概念のなかに教育という概念も包みこまれ、解消してしまっている。このような考え方からすれば、教材とは子どもの自我の自発的活動が必要とし、自我がそれに興味を見出すものということになる。発達はつねに教育に先行する。発達がまず可能性をつくりだし、教育はただそれを利用するにすぎない。「必須な刺激と必要な材料を適切な時期に提供するために、いかなる力が子どもの発達の或る一定の時期においてしきりに発現しようとしているかを知り、いかなる種類の活動がそれらの力を有益に発現させるかを知ることが、教師の仕事なのである。」(デューイ『学校と社会』一三四頁)

「教授方法の問題は、結局のところ、子どもの力および興味の発達順序の問題に還元することができる。教材の提示と取扱いについての法則は、子ども自身の本性のなかに含まれている法則なのである。」(デューイ『教育信条』)

さて、こうしてわが国戦後の教育界には、「心理学主義」ともよぶべき現象が発生した。教師は、なによりも子どもの心理を知らねばならないとして、文部省も積極的にこの傾向を助長したのである。文部省は、昭和二三年『教育心理——人間の生長と発達』を刊行し、そのなかでつぎのように述べている。

「われわれが他のすべての教育研究に先だって、まず〝教育心理〟を研究するのは、この教育の中心としての青少年を理解するがためである。それはすべての教育の基礎であり、教育作用の中心である。これはただに教育研究の順序を意味するだけでなく、教育の考え方と態度の転換であることに留意すべきである。またそれは、われわれのもつ具体的な価値の尺度を示すものといえよう。ただこの観点に立つことによってのみ、われわれは新しい、自由な民主的社会をつくりあげることができる。」（上巻、五頁）

教師が子どもの心理を知らねばならないというのは当然のことだが、これはそのようなあたりまえのことを言っているのではない。もっと根本的な「教育の考え方と態度の転換」を要求しているのである。それは、デューイのいう「重力の中心の移動」に等しい転換といえよう。「興味は自発的に心からわいてくるものである」（下巻、二五〇頁）というこの『教育心理』の立場が、デューイの児童中心主義に通ずるものであることを知るのは容易である。

技術主義的偏向

児童中心主義者が、旧教育を批判しながら、このように変革の重点を「重力の中心」の児童への移動においたのは、はたして正当であったろうか。戦前の教育の欠陥をはげしく非難し、忘れられていた児童の自発性や人間性を回復させようとする「新教育」の主張は、はなはだもっともであり、貴重ともとれる。しかし、その批判がこうして主に教育方法の古さ——つめこみ主義、画一主義——に向けられ、したがってまたその欠陥の克服も教育方法の革新に求められていることには大きな問題がある。

つめこみ主義、画一主義とよばれる旧教育の方法も、教育の内容や目的と無関係に存在したのではない。むしろ、そのようなあり方を根底において規定していたのは、旧教育の目的や内容であった。わが国では、戦前から教育の研究が、方法や技術の問題に限定される傾向があった。それは、天皇制絶対主義の教育体制のもとでつくりだされた歴史的な産物と考えられるが、児童中心主義の「新教育」は、こうした技術主義的偏向を克服することにならないばかりか、むしろそれを助長するものでさえあったのだ。

それでも、米国教育使節団報告書には、まだ戦前の教育の目的や内容に対する手きびしい批判があった。それが文部省の『新教育指針』（昭和二一年）、『学習指導要領』（昭和二二、二六年）とすすむにつれて、修身・歴史・地理・国語などをはじめとする戦前の超国家主義的教育内容に対する批判はうすらぎ、それらを批判する場合も、徳目主義とか知識の記憶中心とかの方法的側面に限られて（『小学校学習指導要領社会科編』昭和二六年）、その内容の非科学性を徹底的に追求することは怠られた。そして、借り物の「新教育の方法」だけが、大々的に宣伝されたのである。

「生徒を出発点」として新しい教育内容は教師自身が作りだしていかねばならないということが説かれはした。だが、新しい内容の創造は、古い内容の徹底的批判のうえにのみ成りたつものである。それを忘れるとき、上の主張は、たんなる形式的な方法原理にとどまる。戦後のカリキュラム作りのブームは、内容研究のように見えて、実は教育方法の研究が中心だったのである。「新教育」のこうした立場を次の一文は明瞭に言い表わしている。

「社会科の登場によって、教育の方法に対する研究は飛躍的に前進し、教育の方法またその中にふくまれる学習指導技術の位置は、下僕のそれから主人公のそれに移った。……従来は教授要目が主人公であったのに、社会科を先頭とする新教育においては、子どもの思考を独立した強靭なものにするためには、その事態においていかなる教材を選定すべきかと考えるようになり、教材は子どもの思考を発展させる方法に従属するものとされたのである。(5)」

形式主義と欺瞞性

教育の内容や目的、さらにはそれらを生みだし規定している現実の歴史的・社会的諸条件から切り離されて問題とされる方法的諸原理――子どもの興味や自主性の尊重、実践者の育成など――は、おのずと極めて形式的なものとならざるを得ない。社会科実施当初の一、二年「一種の熱病のように」しておこなわれたいわゆる実態調査、子どもたちの興味や関心の調査(6)も、このように形式化された方法原理に基づいてすすめられたものだけに、それが子どもたちの発達の現実をはたしてどれだけ具体的につかみ得たものか疑問であった。

当時、「地域社会の調査や児童生活の調査を綿密に実施」して教科課程を構成し、石山脩平によって「現代日本の初等教育界が、参考とし範例とするに最も適当な立場を代表するものと思う」と評価された新潟第一師範学校男子部附属小学校の研究を取り上げてみよう。

「実践人を育成するためには、生きている児童の流動的な生活経験を組織化した経験的な教科課程でなければならない」としておこなわれた「児童の発達段階の探求」というのはどのようなものであったか。

「学習の主体、社会の課題を解決していく主体としての児童の発達を明らかにするために〈経験の領域〉〈興味の中心〉〈歴史的認識〉〈社会性〉〈地理的認識〉の面から明らかにした。このような側面から、究極に捉えようとしたものは〈児童の問題〉である。この問題は、現実の生活の中から生まれる問題であるが、単なる欲求ではなく、その底に流れている〈何々をやりたい〉〈どうにかしたい〉という意欲である。このため児童調査としては生活意識の調査（社会事象についての関心・児童の社会観・自然現象についての関心・読書についての関心・造形表現についての関心・児童の楽しみについて……）、能力調査（言語能力・数量的な処理能力・図的表現能力・科学的能力）等を実施した」と言われるが、こうして調べられた「児童の発達段階」というのは、次表のようなものであった。（遠藤稔・宮下美弘「生活カリキュラムにおける社会科（新潟一師附小の実践）」梅根悟他編『社会科教育のあゆみ』所収、二九六〜二九八頁）

だが、これは文部省『学習指導要領社会科編（昭和二二年度）』が「社会科に関する青少年の発達」としてあげている表とほとんど変わるところはない。「これは、地域や生活環境・素質その他によって、各個人に著しい差異を生じているから、教師はこの表を参考にしつつも、青少年の実際について、十分観察をくわえていかなければならない」と指導要領は述べているが、子どもたちの「興味の中心」とか「社会性」の発達などとして、新潟附小があげているものは、なんら「地域や生活環境」の特色を出していないのである。

そればかりか、この子どもたちの発達は、アメリカのヴァージニア州の子どもたちの発達とも一致している。なぜなら、この指導要領や新潟附小のプランが示している「興味の中心」は、ヴァージニア・プランのそれとも何ら変わるところはないからである。

子ども自身の問題、子ども自身の関心や現実の生活を基礎にしなくてはならないと言いながら、実際にはこのようにどこへ行っても同じようなプランが作られるというのはおかしな話である。だが、このことについてはアメリカのフィザーストンたちがすでに指摘していることである。かれは、ヴァージニアのコース・オブ・スタディなどに示されている「興味の中心」を基にしたシークェンスをひきあいにだしながら、これは発達のロジックではなく、全くの机上プランだといわれても反駁することはむずかしい。そのことは学年が進むにつれてはなはだしく、おとなの社会科学者の考えを反映したものといっても過言ではない。「これらのテーマのロジック

学年		一年	二年	三年	四年	五年	六年
社会意識の拡大	地理的認識	身近な環境	やや広くなる	新潟市を中心に県にまで拡大		県を中心に日本へ	日本とそれに関連した世界
		地理的関心はほとんどない		地理的な見方がやや現われる		関係的な考え方、地理的理解が深まる	
	社会性	社会生活は著しくない		社会生活がやや著しくなる		社会集団生活が拡大する	社会生活とその責務についての理解
	歴史的認識	現在中心的で、真の歴史的な関心はほとんどない		歴史的な意識が芽生え身近な事象や自然環境の由来を知りたがる		歴史的な考え方もでき歴史的意識も明らかになる	
		神話寓話	英雄偉人の話	自然環境の由来	郷土の文化史、日本の由来と文化の発達		世界の諸国、諸民族の文化の発達
興味の中心		家庭・学校における自然と人の未分化的事象	近隣社会における人々の生活	自然環境	環境の利用克服	科学と発明発見	近代社会と大量生産
経験領域		身近な環境	近隣社会	郷土の生活	郷土社会	郷土から日本	日本から国際社会

は本質的に形式的で、説明的で、あとからこじつけたようなものであるが、それが、成長とか生活とか適応というようなことばを使うことによってぼやかされている」[7]と批判している。

新潟附小でやられたと言われるように子どもの興味や生活意識そのものを何らかの形で調査することは可能であるとしても、それを上のような表にまとめあげていく過程では、おのずと作成者の価値観、何を指導するかという教師の立場がはいりこまざるを得ないのであろう。しかし、そうして作られたものが、生活環境などのまったく違うアメリカでのそれとさえほとんど変わりないとしたら、こうした調査の意義がどこにあるのかも疑わしい。実際、そこにあらわれた一致は、子どもたちの興味の一致ではなくて、教師たちの教育観の一致にすぎなかったといえよう。にもかかわらず、それらが「現実の生活の中から生まれる」子どもたちの「自然な興味」であり、「問題」であると説かれるところに、これらの教育理論ないし発達論の欺瞞性があったといえよう。

児童中心主義の本質

児童中心主義の新教育論は、結局、戦後日本の教育の展開のなかでどのような役割をはたしたのだろう。明治以来日本の学校教育を支配してきた極端なる国家主義に基づく権威主義、画一主義、つめこみ主義の教育を公然とはげしく非難した点において、児童中心主義は、日本の教育の前進に重要な役割をはたした。戦前と比較するとき、ともかく子どもが解放され、明るく活発となったというのは、大方のいつわらぬ実感であろう。

しかし、児童中心主義者が、旧教育を批判しながら、変革の重点を「重力の中心」の教師から児童への移動においたのは、問題の本質を見あやまるものであった。教育の重心、教育活動の第一の根源を「児童自身の直接の本能および活動」におくとき、児童中心主義は、そのことによって、人間を本質的に社会的歴史的存在としてとらえる観点から遠ざかり、同時に教育というものが本来もつ歴史性・社会性をも見失うことになる。変革が必要なのは、この社会の体質ではなかったのか。重力の中心は、権力によって抑圧されてきた被支配者・国民へと移動すべきではなかったのか。

ところで、こうした非社会的・非歴史的な自然主義をもっともあからさまに大胆に主張したのは、周知のようにルソーであった。ルソーは、人間の自然性と社会制度とを鋭く対立させた、彼によれば、人間の自然性は本来善なのであるが、現在の社会は悪に満ちている。したがって、教育の主要任務は、こうした社会悪から子どもを防ぎながら、児童の生まれもった自然性を開発することでなければならない。また、いっさいの外部的束縛は、児童の自然性をそこなうものであるから、児童の自発的活動こそが教育の唯一の根源とならねばならない。ここから、ルソーのいわゆる「消極主義の教育」、「合自然性の教育」が主張されることになった。

ルソーは、このようにして現実の社会のなかでさまざまの歴史的伝統を背後に背負う歴史的人間に対して、いっさいの歴史的束縛から解放された抽象的自然人を対立させたのであったが、実はそれは従来の社会制度に対する徹底的糾弾の宣言であったのだ。「従来のしきたりをひっくり返しにおこなえ。そうすれば、つねにたいていは間違いない」というのが、ルソーの主義だったのである。

ところで、ルソーがとなえたこのような教育の理念が、実際の教育の世界で具体化され、普及されるようになったのは、ようやく二〇世紀になってからのことであった。それはとくにアメリカにおいて「児童中心学校」あるいは「進歩的教育」の名の下に広まった。その「進歩的教育」に新しい理論を提供したのがデューイである。デューイの教育思想における自然主義は、当然、ルソーのそれのような素朴なものではあり得なかった。

デューイは、ルソーの自然主義を批判しながら、「児童の本能をいわゆる〝自発的発展〟に放任しておくことはできない。必ずやこれを組織だてるよう適当な環境をあたえてやらねばならない」という。さらに、ルソーの「全然社会環境を離れて教育を施せという結論は間違いであって、ただ生具の諸能力を一層よく使用し得るような社会環境を提供することが肝要なのである」(8)（傍点は筆者）と主張するのである。この傍点の箇所に注意する必要がある。デューイが、自然だけでなく社会も教育の必要条件とならねばならないと主張したのは正しいだろう、だが、その社会は、彼にあっては自然（生具の諸能力）に従属し、それに奉仕し、役だつかぎりにおいてのみ教育の要素となるのである。それでは、現存の社会は、そのような資格をもつか。デューイは、現在の社会が、そのような自然（人間の本能）に基づくものであるかのように語り、旧教育は、そのような自然ならびに社会的要素を取り入れなかったが故に非難されるのである。かれは言う。「現在においては産業組織の基底にある諸々の衝動は、学校時代に事実上無視されているか、または積極的にゆがめられている。構成本能および生産本能が児童期および青年期に組織的にとらえられない限り、……われわれは確かに現代の経済的禍いの根源をつきとめることさえおぼつかないのであり、いわんやそれらの禍いを処理することは不可能なことである。[9]」そこで、こうした「構成本能および生産本能」を組織だてるためには、「学校は小型の社会となり、胚芽的な社会」となって、「行動し、製作する興味が支配的である人々に訴えるようなもろもろの活動を教育過程の中に取入れる」ことが必要だと、デューイは言うのである。

このようにしてデューイは教育を社会のなかに位置づけ、ルソーのように自然と社会とを敵対させるのではなしに、逆に結びつけたのであるが、まさにそのことによってルソーに見られたような革命性は喪失し、現在の社会は人間の自然（本能）に基づくものとして永遠化され、また教育は、この自然をうまく組織することによって自然と社会とを調和させることを課題とさせられたのである。デューイの思想を理解する一つのカギは、彼の「連続」という概念である。「デューイの思想においては何もかも連続し、その意味で対立や敵対という非連続の関係が何処にも見出されない。[10]」こうして、社会と自然との連続は、自然主義的社会観を生み、人間と生物との連続は、生物学主義的人間観を生み出したのである。

したがって、デューイの「新教育」は、教育の社会化をとなえるけれども、本質的には自然主義的であり、子どもの主体的条件、その自発性や興味に教育者の注意を向けさせた意義は決して少なくないとしても、その児童観における生物学主義的傾向は、その功績をさえともすれば台無しにするものであった。児童中心主義の旧教育批判、重力の中心の移動説は、表面的には極めてはげしく、はなばなしかったけれども、本質的には不徹底な批判にとどまった。子どもはそれによって、なるほどある程度解放された。しかし、子どもの真の解放は、社会自体の解放なしにはあり得ない。児童中心の教育によって、つめこみ主義は否定された。しかし、子どもはどこへ導かれていくのか。目標のはっきりしない教育は無力であった。「新教育」にとってなによりも致命的だったのは、子どもの「学力低下(11)」のかくせない現実であった。自由を強調し、子どもの解放を主張したはずの「新教育」が、生徒にとってもっとも重要な読書算の自由さえ十分にあたえていないのであっては、国民がそれに不信をいだくのも当然であった。人間は、読書算をはじめ、人類がこれまでに築きあげてきた貴重な文化遺産を学びとることによってのみ自由となる。歴史のなかで、そして社会のなかでのみ人間は自己を解放し、自由を獲得するということを、児童中心主義の教育は忘れているのではないか。敗戦後のきびしい社会状況のなかで、真実の自由を求めて苦闘する教師のあいだにおのずと芽生えたこのような問題意識は、やがて「新教育」の欠陥を批判し、克服するあらたな運動の展開を導いた。

付記　Vom Kinde aus「子どもから」は、このような児童中心主義の思想に基づくものであるにもかかわらず、矢川徳光氏はその著『国民教育学』において「〝子どもから〟ということは、教育学にとっては絶対に正しい出発点である」とし、この書の構成自体もそのようにしている。その根拠は、矢川氏によれば、資本制社会の生産諸関係の細胞は商品であり、子どもは教育諸関係の細胞であるから、子どもから出発するのは、マルクスが『資本論』において商品から出発したのに等しいということにある。しかし、これはあまりにも機械的な類推である。教育諸関係は、教師・生徒・教材の三要素から成立する。子どもを教育諸関係の細胞と見る場合に、とくに抜け落ちていくのは、教材論の問題であろう。教材あるいは教育内容こそ、教育諸関係の中核であると言えないこともない。矢川氏は、学校教育を定義して、「学校教育は教師が子どもの認識と実践との発達を指導して、子どもがじぶんの矛盾を主体的に止揚することができるようにしていくはたらきである」としているが、教育の内容的規定を欠いたまったく形式的な関係で学校教育をとらえているのも、偶然ではないと思われる。同時にそれは、この『国民教育学』が書かれたころ（一九五七年）のわが国教育学の一般的水準を反映していたものといえよう。氏の書物は、それまでのわが国の国民教育学の成果を総括した当時としては高い水準の労作であったが、教育内容の現代化が主張され・教科研究への関心がいちじるしく高まるのは、後に述べるように五〇年代の末からだったのである。

（1）エレン・ケイ『児童の世紀』（一九〇〇年）原田実訳、富山房、一四三頁
（2）周郷博・宮原誠一・宗像誠也『アメリカ教育使節団報告書要解』国民図書刊行会、一頁
（3）デューイの興味論については、第2部においてくわしく検討する。
（4）デューイ『民主主義と教育』春秋社版、四九頁
（5）重松鷹泰「社会科と学習指導技術」——梅根悟・岡津守彦編『社会科のあゆみ』小学館、一九五九年、一〇九頁。
（6）「考えを働かさないではいられぬような事態に入りこませるには、なによりも子どもたちがもっている活動の意欲にのることがたいせつである。したがって、子どもたちがどのような意欲をもっているかの研究が、さかんに起ってきた。それは社会科実施当初の〈実態調査〉の流行に端的に示されている。これは一種の熱病のように、当初の一、二年のみでほとんど消滅してしまったが、子どもたちの意欲・興味や関心をとらえようとする努力は今日まで持続し発展し、その成果にみるべきものもあらわれるにいたっている」（重松鷹泰・前掲論文一一〇～一一一頁）
（7）Featherstone, W.B., *Functional Curriculum for Youth*, 1950.（岡津守彦・柴田義松「興味の発達と学習指導」『明治図書講座学校教育・第三巻　学習指導』一九五六年）を参照のこと。
（8）デューイ『民主主義と教育』春秋社版、一三一頁
（9）デューイ『学校と社会』岩波文庫版、三五頁
（10）清水幾太郎『現代思想入門』岩波書店、一五一頁
（11）久保舜一『算数学力——学力低下とその実験』一九五二年

第4章　問題解決学習

問題解決学習とは

「児童中心主義」というのは、「新教育」の方法的側面に関する一般的・思想的特徴づけである。「新教育」が具体的な学習の場面であらわれるときには、典型的には「問題解決学習」の形態をとった。そこで、つぎにこの学習形態の理論を批判的に検討してみることにしよう(1)。

問題解決の過程を学習の基本過程とみなす考え方は、昭和二二年の学習指導要領からあらわれている。しかし、諸教科において問題解決学習の線がとくに強調されるようになったのは、二六年の改訂指導要領の頃からであった。それまでは、どちらかといえば、興味を中心として子どもの生活や活動を組織するという、あくまでも子どもを中心とした考えかたが重んじられ、それをよぶにも「生活単元学習」とか「単元学習」という言いかたの方が多かったのに対し、この頃になると生活のなかの「問題」の解決ということにアクセントがおかれ、「単元の学習というのは、簡単にいえば、一つの問題をつかんで、それを解決するまでの研究の過程である」（小学校学習指導要領理科編、昭和二七年）というように、問題解決の過程が重視されるようになってきた。

「児童が現実の生活の中で直面する問題をとらえて、その解決を中心にして有効な生活経験を積ませる」（小学校学習指導要領社会科編、昭和二六年）というのが、この学習の方式である。そこで、特に強調されたのは、「知識と行動との結合」、あるいは知識の獲得と問題解決的思考・能力・態度の育成との関連の問題であった。

「おそらくどのような知識も、児童自身の生き生きした具体的な経験の一環として獲得されてはじめて、真に児童のものとなり、正しく使いこなされうるものとなると考えられる。知識と行動、したがって知的なものと実践的なものとが一体となりえず、ばらばらであったということは、これまでとかく陥りやすい弊であった。一応体系的に整えられた内容を、主として教科書の頁を追って学習させる行き方であったために、おもに知識のみが与えられる結果となり、とかく記憶された知識の量の多少によって教育の成果を測るような弊に陥った……。児童が必要に迫られて獲得したのではなく注入されて受動的に得た知識には、児童が使いこなすことなく終わるものも多いし、したがってそのような知識は時がたつとともにしだいに忘れ去られてしまう」（同上社会科編）と、これまでの教育を批判する問題解決学習は、「そのような知識ではなくて、現実の問題を解決するのにぜひとも必要と考えられる根本的な能力」、すなわち「現実の問題を解決するための能力や態度」を養うことを「学習の重点」とした。

行動と結びつかない知識を攻撃したり、現実の問題の解決に役だつ能力を重視したりすること自体には、別に問題はなく、教育の当然の課題といえよう。だが、問題解決の能力や態度を養うことに「重点」をおき、さらに「もしこのような能力や態度の養成を目的とするならば、その指導方法は根本的に改められなくてはならないだろう。すなわち、児童がその生活において直面する問題の解決を中心とする学習のしかたに改められなくてはならない」（同上）とするところに、「問題解決学習」特有の主張があった。

系統学習の否定

問題解決学習は、このようにして知識と行動との遊離を避けるということのために、いわゆる「問題解決」の実践から離れて知識の体系を教えることを拒否する。「理科においては、生徒の生活における現実の問題を解決することを学習の中心とすべきことはすでに述べたとおりであるが、このような学習形式においては自然科学をその体系に従って学習することにはならない。」（中学校・高等学校学習指導要領理科編、昭和二六年）

「理科のねらいは学問の体系による知識を教えこむのではなくて、科学的な見方・考え方・あつかい方を重視し、自然の環境から問題を見いだし、それを科学的方法で解決する態度と技能を養うところに重点をおく。」（文部省「新しい教育課程」一九五九年）

問題解決論者が、知識や学問の体系そのものの教育を拒否するのは、そうした体系が客観的に存在すると考えること自体に疑問をもつからとみられる。「問題解決実践に必然的に役立てなければならぬ知識というものをぬかして、別個に基本的知識があるので、これをもってすれば何でも役にたつという考え方は、大体間違いです……。実践の世界を抜いて、別個の知識の体系があると考えることは、ぼくは問題だと思う……。客観的にある真理なり、法則、知識というものを、発展の過程において、あるものは忘却され、あるものは継承され、あるものはより新しい形式で、新しい真理としてでてくる。そういう生活実践の過程において動く過程においてあるものである(2)」（海後勝雄）

つまり客観的な知識の体系というものを必ずしも否定するのではないが、そうしたものの存在を考えても無意味であり、知識はすべて「生活実践の過程」においてはたらき存在するものと見なければならないというのである。だから、「問題解決と不離一体の関係で基礎的な知識は作られなければならない(3)」のであり、「そういう中で整理された知識」こそ「生きた知識」であると考えるのである。

結局、知識なりあるいはその体系は、個々人がその「問題解決実践」のなかで獲得するときにのみ生ずるものであり、個々人の生活実践の過程においてのみ、それらは存在し、意味をもつというのである。しかし、科学的知識は、それ自体としての体系をもつことはできないのであろうか。「現実の生活の問題を学習内容として取り上げる。しかも、それは、それの問題を構成している要素に分析解体して、ばらばらな知識として学習していくのではなくして、問題自体のもつ組織的なまとまりのある統合された形で学習することがたいせつである(4)」と説く問題解決学習論者は、「問題解決」の実践を離れれば、知識はすべて「ばらばら」となり「断片的」となると考えるのだ。

「問題」とは何か

問題解決学習論者にとっては、「現実生活の問題」なるものが特別の意義をもつことは、すでに上に述べたことからも明らかであろう。その「問題」あるいはその「問題」を解決することが、特別の威力を発揮するのである。そのことは、つぎの文章からも明瞭にうかがわれる。「われわれにとって解決の必要な実際的生活問題が問題とされ、その合理的解決へむかっての思考がうながされるなら、子どもたちは、おのずから理科的かつ社会科的な思考を働かせることになるであろう。今日、理科と社会科がバラバラになっているのは、問題が真に生活的な問題でないからである。問題が的外れだからである。[5]」つまり、理科と社会科、あるいは「自然科学と社会科学とが握手する」というようなことも、「別にむずかしい技術」ではなく、「真に生活的な問題」が選ばれるということが大切だというのである。

もちろん、その「問題」はどのような問題でもよいわけではない。なによりも、それは「児童にとって生き生きした切実なもの」でなければならない。「児童の関心や欲求にもとづいて、児童自身の問題として、しっかりはあくされる」(小学校学習指導要領社会科編、昭和二六年)ものでなければならない。

さらに、「問題」は、このようにして子どもに興味をもって自主的、自発的に学習されさえすれば、どんな「問題」でもよいというのでもない。それは、第二に、必要な「問題解決の能力」を育てるような「問題」でなければならない。「微細、末梢の技術的問題から、国民の生死にかかわる根本問題にいたるまで、大小一連の問題への真剣なチャレンジ、生活教育はそれを目指している。[6]」しかし、「一見末梢的な技術的問題の念入りな指導によって、われわれは、〝大きな問題〟や〝根本的問題〟を考える場合に劣らないほどの問題解決能力を培い得る。[7]」すなわち、問題解決学習は、「問題解決能力」といわれるものを培うことを目的とするが、この論者によれば、その場合の問題の「大小」とか、「末梢、根本」というようなことは、たいした問題ではない。「子どもたちが、自分たちの生活を見つめ、そこにある問題を、社会全体の問題として意識し、その解決策を、かれら自身の自主的思考によって考えてみようとするのであれば、時間の長短、用いられる思考手段の如何にかかわらず、問題単元であり、生活教育的な思考の単元である。[8]」「このような問題解決場面が数多く起伏するような経験を子どもにさせて、こうした問題解決をなるべく自主的におこなわせ、そうすることによって〈問題解決能力〉とよばれるようなものを体得させることが新教育の一つの重要なねらいであろう。[9]」

このように見てくると、問題解決学習では、「問題解決の能力とか態度」という一般的なある能力が想定され、それの形式的な陶冶が目ざされているように考えられる。問題解決学習の「問題」というのは、学問などの体系によって規定されてでてくる問題ではない。まえに引用した見解からもうかがわれるように、理科的、社会科的など教科別の問題を考えるのはすでにまちがっている。「実際生活するための教育であって、実際生活はもともと何科の生活とわかれているものではない」（二二年学習指導要領理科）からである。

ただ、問題内容の発達系列については、つぎのようなことがいわれている。「問題の内容的規模は、ほぼ(1)その問題の社会機能上の特殊性——一般性の程度、(2)その問題の関係する社会圏の大小、の二つの観点から考えられる……。そして、一般的にいえば問題単元は、まず特殊的で、そして小さな社会圏の問題としてはじまる……このような小規模のものから出発して、次第に問題の一般性と社会圏の大きさとを増してゆき、ついには世界人類の立場において平和の問題を考えるというようなところに到達するのであるが、その歩みは、けっして急いではならない。[10]」これはいわゆる「同心円的拡大方式」であり、身近な問題から出発するということであるが、しかし結局は、まえにも引用したように「末梢の問題」も「根本的な問題」も「問題解決能力」を養ううえにちがいなく、「どんな瑣末な、日常的な実際的問題解決の場面にも科学の芽があり、どんな小さな問題解決的思考も科学につらなるものである[11]」というのだから、いわゆる「問題」の内容とか規模というものはそれほど重要なことではなく、根本的なことは子どもたちが、それにどれほど真剣に取り組んでいるか、また取り組める「問題」であるかということなのである。つまり、子どもの主体的諸条件とどのように関連するかということの方がより基本的なことなのだ。

問題解決のプロセス

問題解決学習における子どもの主体的諸条件として、問題解決の自主性や自発性を保障する「興味」のほかに、とくに重視されたのは問題解決的思考のプロセスであった。「問題解決ということは、問題解決的思考ということなんだ。」それはまた「生産的思考、創造的思考という言葉で置きかえられるものだ」といわれる。ところで、その「問題解決的思考は、どんなプロセスをもつものであろうか。その正常で、そして効果的なプロセスが分析され、あきらかにされるなら、その知識にもとづいて、われわれは問題解決的思考の訓練において、とるべき方法を考えてゆくことができるであろう。[12]」

このような考え方から、問題解決（的思考）の過程の分析や研究がおこなわれ、またその分析に基づいて、その過程をそのまま学習指導のプロセスや段階にひき移すという行き方が、かなり一般的にとられるようになった。「望ましい教育過程は問題解決の過程である。[13]」「問題解決の過程を重視するということは、子どもの思考が行われている事態を明らかにし、その発展をたすけることに外ならない。[14]」「この意味での問題解決の過程において、教材を児童自身に学習せしめるのが問題法である……。問題法の取扱いは、元来デューイによって明確にされたものである。……以上のように考察したデューイの反省的思考の過程は、問題の認識、問題解決のための仮説の作成、資料の蒐集とそれの仮説への適用、仮説の検証、仮説の実際への適用という問題法の学習過程と一致するものである。[15]」

問題解決過程の研究は、このようにしてさかんにおこなわれたかのようにもみえるが、しかしそれらが、結局において拠り所としたのはデューイの見解であり、それを出るものはほとんどなかった。「今日わが国の教育書のどれを見ても、問題解決のプロセスに関しては、このデューイの見解が、ほとんど唯一の権威ある理論として紹介されている。[16]」

そのデューイの分析というのは、問題解決的思考は、(1) 困難の漠然たる自覚、(2) 困難点・問題点の明確化、(3) 可能的解決の試案の思いつき、(4) その着想の推論的洗練、(5) 着想の確認と結論的信念の形成、の五段階を経ておこなわれるというものである。[17]

「発見」の可能性

問題解決のこの過程において、もっとも肝心なところはいわゆる「生産的・創造的思考」がはたらくところであろう。それは、どのようなときに生ずるか。「既有の経験によって、そのたんなる想起と適用によって解決し得ると推定される解決法を想起し、それが真に当面せる事態の解決にたえ得るものであるかどうかを吟味しなければならない。これは創造的思考に入る予備操作である。それが事態の解決に堪え得ないものであることが明らかにされたとき、そこにはじめて、あたらしい解決法の思いつき（創出）という、革命的な努力が生ずるのである。[18]」つまり、既有の知識や方法によってはなんとも解決できないときに、なんらかのしかたで新しい解決法を「思いつく」のが創造的な問題解決的思考なのである。したがってまた、問題解決学習というのは、このような「思いつき（創出）」「発見」を子どもにさせようとするのであり、すべてをこうした「発見的方法」によって学習させようとする主張なのである。

しかし、問題解決の過程においてもっとも肝心な、「問題解決的思考のかなめ」となるこの「発見」がどのようにして可能となるか、どのようにしておこなわれるのかは、上述のような思考過程の段階的分析だけではまだわからない。問題解決的思考の心理学、あるいは問題解決学習の理論がもっとも悩み苦しんだのは、恐らくこの点であろう。

この点が明らかにされるのでなければ、いくら子どもの興味にあわせて問題を設定し、子どもに問題解決の経験をさせたとしても、それによって子どもの問題解決的思考が発揮され、その能力が習得されるという保証はない。

有意義な学習活動がそこで展開されるという保証もないのである。わが国における問題解決学習の理論的研究としてもっとも重要な文献の一つと考えられる梅根悟著『問題解決学習』も、この「問題解決的思考のかなめ」「突如の回心」「一般に、説明し難いもの、不思議なもの、天啓的なものとされてきた」ものについては、ポアンカレーの「無意識説」やゲシュタルト心理学者ケーラー、ウェルトハイマー、ドゥンカの見解を紹介しているにすぎない。

それに、「無意識説」は問題外として、ゲシュタルト心理学者たちのこの「思いつき」の過程を「機能転換、再体制化、中心転換」などとする解釈も、この過程についての説明としては、きわめて不十分なものであり、ほとんどたんなることばの（元来、知覚の心理学であるゲシュタルト心理学の用語による）言いかえにすぎないほどのものであった。そこからは、この過程をどう指導したらいいかの示唆もほとんど得られない。もっとも教育心理学的であるというウェルトハイマーの理論も、「習慣に縛られ、盲目にされないこと。教えられたことを、単に奴隷のごとく反復しないこと。機械化された精神状態において、また断片的な態度において、断片的な注意をもって、断片的な操作によって処理しないこと。状況を自由に、偏見なく眺めて、全体を観察し、課題と状況とが、いかに関係するかを発見し、認識するように努めること。形と課題との内的関係の中にわけ入り、それを認識し、探索するように努めること」などという、ごくあたりまえの、梅根氏も言うように、すでに「近代の教育学がこぞって説いてきたこと」（九一頁）を言っているにすぎない。要するに、これら問題解決的思考の研究というのは、まだ「開拓的な試みの域をでないもの」なのである。そのことをじゅうぶん承知しながら、すなわち、いちばんのかなめとなるものがなお「説明し難い、不思議な、天啓的な、霊感的な」ものとなっているのに、それにもかかわらず問題解決学習が、そのようなものを中心として子どもの学習活動全体を組織しようとするのは、なにを根拠としてのことなのだろうか？

この問題を理解するためには、問題解決学習の基礎にあるプラグマティズム＝経験主義の認識論を検討してみなくてはならないだろう。

プラグマティズムの認識論

「なすことによって学ぶ」（learning by doing）のモットーによってプラグマティズムは、一般に知識と実践との統一を主張する認識論のように受けとられている。だが、「行動」をとりわけ強調し、理性の仕事も結局は「行動の規則」をたてることであり、「行動のプログラム」を案出することにほかならないと考えるプラグマティズムは、そうした主張を通じて、われわれの認識は客観的実在の本質とか法則を明らかにするものであるという考えを捨て去る。「科学上に見いだされるものは究極的実在の、存在一般の内的諸属性の開示であるという考えかたは古い形而上学の名残りである。」[19]「われわれは、知識は固定的な先行的実在者の諸特質を開示し、規定するときはじめて知識であるという考えかたを廃棄しよう。」[20]

では、われわれが知ったり、学んだりするのは何か。デューイによれば、「いわゆる〝経験から学ぶ〟ということは、事物にたいするわれわれの行動とその結果としてわれわれが事物からうけとるところの苦楽とのあいだに存する関係を明らかにすることである。」[21] つまり、われわれはある行動をすることによってある結果を受けとる（経験する）のであるが、われわれが知り得るのは、まさにこれらのあいだの関係にすぎないのであって、そうした行動や経験を離れて、事物そのものが何であるかを知ることはできないのである。プラグマティズムにとっては、要するに、経験がすべてであり、その経験を規定する客観的実在そのものの本質やら法則が何かを問うことは無意味なことなのである。

このようにして、客観的実在、自然や社会の本質や法則を知ることはもはや問題にならないとすれば、「問題解決学習論」において、もっぱら「問題解決」の主体的条件がくわしく論ぜられることになったのも当然のことであろう。「教育過程においては、児童をしてみずから活動せしむることがたいせつである。いかにすれば経験は豊富になるか、いかに材料を集めて、いかにそれを組み立てるか等のことを、児童自身に計画くふうさせて、その計画・

くふうに従って活動させることが肝要である。なぜならば、人々の直面する事態は正確にまったく同じであるということがないからである。すなわち、二つと同じ事態がないとすれば、すべての事態に適用できる一般的な順応はあるはずがなく、順応するにはみずからの計画とくふうとによらなければならないからである。かくて、望ましい教育過程は問題解決の過程であることである。[22]」ここには、人間の活動を規定する客観的法則の存在を否定してしまい、したがってまた人々に適切な教示を与えることはまったく放棄して、すべてを本人の工夫と、解決にまかせるというような思想が見られる。

こうして子どもに習得させる必要のあるのは、客観世界の法則に関する知識ではなくて、「問題解決の能力」であるという主張が生まれる。したがって「理科のねらいは学問の体系による知識を教えこむのではなくて、科学的な見方、考え方、扱い方を重視し、自然の環境から問題を見いだし、それを科学的方法で解決する態度と技能を養うところに重点をおく」ということになるのだが、この場合の「科学的」ということは、プラグマティズムの認識論においては、事物の客観的真理や法則にしたがうということではなくて、デューイのいわゆる「反省的思考」や問題解決的思考をはたらかせるということにすぎないことを忘れてはならない。プラグマティズムの認識論は、「理論と実践との統一」を主張しているようではあるが、実際にはそこではすでに「理論は実践のうちに解消されて[23]」しまっており、人類の長年の実践や研究のなかから生みだされた「理論」の存在意義は見失われてしまっているのである。

このような認識論にくわえて、すでにまえにも述べた、「成長とは、児童のために外部からある事がなされるのではなくて、児童がある事をなすのである。」「およそあるものが成長するというとき、そのものは必ずや、おのずと発達の傾向をたどる胚種から、潜勢力から成長するのである。そこには、能力の生得的な資材ないし資本があるにちがいない。初めから自発的に、いわば自然的に思考しない被造物にむかって、われわれは思考する力を強制することはできない[24]」という自然主義的な児童中心主義の発達観が基礎となって、「説明し難い、天啓的な」力の発現をあてにしながら、すべてを子どもの「思いつき」や「発見」によって学習させようとする問題解決学習の理論が生まれることになったと考えられるのである。

だが、経験主義的問題解決学習のこのような理論は、やがて日本の教師の実践を通して、さまざまな反省やきびしい批判を加えられるようになり、またそれに鋭く対立する学習理論をよび起こすことになった。

問題解決学習の変化

戦後アメリカより導入された問題解決学習は、その性格がしだいに明らかになるにつれて、多くの批判をよび起こすようになった。「生活学習」や「単元学習」とよばれていた初期の「新教育」が「問題解決学習」とよび直されるようになってきたということ自体が、問題解決学習を基本原理とする「新教育」がすでにある程度の修正をよぎなくされていたことのあらわれであった。とくに「牧歌的カリキュラムの自己批判」[25]以来、「新教育」の牧歌的な甘さを反省してきた日本生活教育連盟では、コア・カリキュラム連盟として発足して以来五周年にあたる一九五三年一一月の連盟本部研究会において、「問題解決学習の基本問題」[26]に関し、つぎのような討議をおこなっている。

「問題解決学習と言えば、今まで個人が中心になってその経験の連続的発展、こういう考え方が強かった……。これは要するに、主体主義的な偏向ともいうべきものが、根ていによこたわっているとおもわれる。これではほんとうの意味の問題解決ということは、できないのではないか……。あまり主体的なアクティヴィティのかたわらを重視して、アクティヴィティがなされてさえおれば、問題解決学習であるというような傾向が強かった……。もっと社会的なもの、客観的なわけがらを、しっかりとつかんでそういう事態のなかにしっかりと入り込んで、物事を考えて行く。そうした立場を強化しなければならない。」(広岡亮蔵)

「それを乗り越えたからこそ、単に中心課程とかあるいは作業単元とかいう言葉をわれわれは捨てて、問題解決という言葉を特にとりだしてきたのじゃないか。だからすでに連盟の研究発展史の中で、問題解決学習ということが現われたのは、そのようなことの批判をしたから現われたのじゃないのですか。最初から問題解決学習なんて言ったわけではない。」（春田正治）

そして、問題解決学習をつぎのように定義しようという提案がなされている。「問題解決学習とは、生活の具体的な問題に取り組むことによって、社会的な矛盾があらわになり、その学習によって子どもたちに批判的思考力および民主的行動力が育ってゆく学習である。」

このようにして、すくなくともこの連盟の指導者たちの立場においては、「新教育」の児童中心主義的諸原理――子どもの興味を不当に重視し、個人主義的に解釈された子どもの日常生活経験を中心とする教育――はきびしく批判され、かわって「民族の歴史的現実にたち」、「新しい日本国家の建設に貢献」すべく日本社会の当面する基本的な問題を中心に学習をすすめていく教育が主張された。子どもの具体的な学習課題として「日本社会の基本問題」（一九五五年）が選ばれることになったのもこうした主張に基づいていた。

しかし、学習の中身や問題をこのように切りかえることによって、経験主義的問題解決学習の基本的立場がすっかり捨て去られてしまったわけではない。子ども自身の学習や発達が、それによってどのように変わるかということについては、連盟の指導者内部においてもこの頃からいくつかの意見のくいちがいがでてきたが、概していわゆる「系統学習」論者の立場とはなおそうとうにへだたりのある見解が説かれていた。

客観的知識の体系と問題解決学習

「もっと社会の仕組とか運動法則とか、そういう客観的なものを重視して、それの中を十分くぐり抜ける。そうした客観的な立場を強化することが、これからの問題解決学習にとってだいじではないか」（広岡）という意見に対して、「問題解決学習で、子供の学習論として取上げる場合に、客観的な仕組や法則が先にあって、それが子供の方に波及してくると考えるか、それとも客観的な法則に対する主体の実践や活動の方を重視して見るかというときになると、やはり学習論の場合には、主体の活動や実践を重視しなければならないと思う。その場合に、教師は客観的な法則、仕組というものを見ているのですけれども、子供についてはそれをどのように活動の中で把握させるか、経験と統一させるか、こういう点がむしろ中心に出ているると思う」（海後勝雄）という見解が出されている。

これは認識論および学習論のきわめて微妙な、しかし根本的問題に関係している。広岡氏がいうように、「客観的諸過程（客観的環境）をどのように考えるか。経験という操作活動がすべてであるか、それともこの操作活動のそとにあって、これに規定的に働きかける客観的諸過程を承認するか。……この問にどう答えるかによって、問題解決のありかたや性格が根本的にかわってくる」（広岡亮蔵『学習形態』一九五五年、二〇三頁）であろう。この問についての海後氏の立場はどうか。海後氏は、「これは、別に客観的な仕組、法則を無視するということじゃないと思う」と言いながらも、子どもの学習（操作）活動にそとから規定的に働きかける客観的過程よりも、「主体の実践や活動の方を重視」する立場にたとうとしている。この立場は、「もし経験だけが信頼すべき唯一の源泉であり、経験の外にあって経験の成立根源となる客観的な諸過程が存しないとするならば、われわれの問題解決を現象的な経験のなかに終始せしめ、経験の首尾一貫する成長をはかりさえすればよい。ところがもし、経験は第二次的な反映にすぎず、経験の外にあって、経験の成立根源となる第一次的な客観的諸過程が横たわっているとするならば、われわれの問題解決もたんなる現象的な経験のなかに終始させることはできない[27]」と広岡氏が言う場合の前者の立場に近いのではないか。つまり、「知識の真に価値ある対象は、知識活動上の操作的諸活動に先行し、また独立するという仮定」を否定するデューイの立場に基本的に組しているのではないか。

海後氏のつぎのような言葉は、その立場をいっそうはっきりと示すものといえよう。「客観的にある真理なり、法則、知識というものは、……そういう生活実践の過程において動く過程においてある。」「それを実践の世界を抜いて、別個の知識の体系があると考えることは、問題だと思う[28]。」こうして、「問題解決学習とそれから客観的知識の体系をすぐイクォールと考えることは、間違いではないかと思う[29]。」という広岡説にたいして、海後氏は、「そのことは基本的な知識あるいは客観的な法則・技術に関する知識と実践の関係について誤った見解に基づいている。……こういうような問題解決を中心として、それに必要な基本的な知識というものがカバーし得るのだ[30]」と反対する。

このように問題解決学習のなかで科学の基本的知識をどのように位置づけるかという点を中心に、両者の意見はかなりのくいちがいをみせている。だから、「現在連盟で問題解決学習という限りは、科学的なもので、社会科学的に物を見るというふうに受取る方が正しい[31]」（春田）とか、「問題解決学習というのは、常に科学的な思考というものによって、科学的に解決してゆく。常に科学的法則をつかまえて解決してゆく[32]」（梅根悟）と、この頃以後の問題解決学習では、「科学的」という言葉がしきりに使われるようになるのであるが、その言葉が具体的になにを意味するかということは、かならずしも自明のことではない。しかも、それは科学的知識の体系をその体系にそくして系統的に学習することを主張する「系統学習」の立場において考えられるものとはそうとうのへだたりがあると考えられる。そして実際、そのことは「系統学習」論者との論争のなかで、はっきりと示されることになった。

問題解決学習の本質

一九五三〜五五年のころに矢川徳光・春田正治の両氏による「生活主義か、教科主義か」の論争（一九五四年）をはじめ、日教組教研集会をふくめた各所で「問題解決学習か、それとも系統学習か」の論議がさかんにおこなわれた。これらの論争を通じて明らかとなった新しい（つまり、牧歌的カリキュラムの批判以後、日本生活教育連盟を中心として考えられている）問題解決学習の特質をまとめてみればつぎのようになろう。

(イ)　日本の現実的問題に取り組もうとする問題解決学習では、その解決のために科学的知識が必要であることを認め、決して科学を軽視せず、むしろ尊重する。

しかし、科学的知識やその体系がどのようにして存在し、どのようにして獲得されるものかという点で、系統学習論者とは異なった見解にたつ。

(ロ) 問題解決学習は、科学的知識の体系を上から子どもに与えるという方法をとるのではなく、子どもが問題解決をすすめる過程で、そこに必要とされる知識を、主体的にとり入れ組織するようにしようとする。科学的知識の体系は、上から与えたのでは子どものなかで働く知識や体系とはならない。子ども自身が主体的に整理し構造づけた知識体系でなくては生きたものとはならないと考えるのである。このようにして、問題解決学習は、科学によって子ども自身の経験の深化・拡充・統合をはかるものであり、客観的に実在する法則といっても具体的な問題解決の過程を通してのみ実践知として働きうるものと考える。

(ハ) 問題解決学習が重んずるのは、したがって学習者の生活やその必要から遊離した科学や教科のたんなる知識ではなく、自主的創造力、科学的批判的思考力、総合的企画力、民主的行動力などの全体を、一人一人の内からの力として育てるということである。

(ニ) このようにして、問題解決学習の基本的立場は、結局「知識と実践との統一」をモットーとするプラグマティズムの主張に基づきながら、この知識または理論と実践との統一、あるいはこれら両者のあいだの矛盾の弁証法的発展において、基本的決定的役割をはたすものは「生活」であると考える「生活主義」の立場であり、「あくまでも生活から知識が求められるという順序」によって「経験と知識との統一」を求めようとする。したがって問題解決学習は、科学的知識(つまり理論)を重視するとはいいながら、それがより基本的なことと考えるのは、子どもの実際生活のなかでおこなわれる問題解決の過程なのである。問題解決学習は、また科学的知識の「体系性」ということさえ軽視するものではないが、その体系も、子どもが現実生活のなかで直面する問題自体の生きた総合性から出発するときにのみ保証されるものとする。

(ホ) しかし、それにしても問題解決学習はそのような問題から出発しながら、やがては「あらためて知識として構造づけ、法則づけしてつかむ」ことが必要であると考える。いわゆる「知識の整理、補充、総合」、それによる「系統化」ということである。だが、そのことは裏返して見るならば、問題解決学習における問題というのは、生活的には一定のまとまりをもっていても、科学的法則のうえでは、さまざまの法則性が複雑にからみあったものであり、その認識（学習）方法も一様ではあり得ないことを意味している。そこでは、ある時間には化学の法則を、つぎの時間には経済学の、そしてつぎには歴史の法則を学習するというようなことがおこり得よう。このようなことで、はたして学習に必要な集中と持続がたもたれるのかどうかも疑問となるが、ともかく生活上の問題としてはまとまりをもっていたそれらの知識を、つぎに上のように「整理」するというときには、それがはたして本当に「総合し、系統化」することになるかどうかが問われよう。実際には、それらの知識は「整理」の手を加えることによってかえって逆に個々の科学的法則にばらばらに解体されてしまうことになるとも考えられよう。

㈬　最後に問題解決学習は、「日本社会の基本問題」という大人ですら解決しがたい生活の大問題に子どもを取組ませ、しかもそのことによって生活現実の矛盾を科学的につかませ、そのような「問題の解決に苦悩する学習のうちから、次第に大人たちをもうなずかせずにはいない結果が生れてくる」といわれるのであるが、このような問題の解決を子どもに強いるのは酷なことであり、またそのために実際はまやかしの解決を教えることにもなるのではないか。子どもの主体的条件を大切にするといいながら、このような問題解決学習は、逆に子どもを大人の科学者、研究者にみたてるというあやまりをおかしているのではないかとの批判がなされよう。

初期の問題解決学習が、その牧歌性や児童中心主義を批判されたことを考えると、これは大きな変化であり、子どもの見方における一八〇度の転換とも考えられる。だが、これも問題解決学習の学習論そのものの本質に由来するものといえよう。問題解決学習は、子どもが生活のなかでつかんだ問題から学習を出発させようとするが、その問題自体には、特別の順次性や系統性があるわけでない。そこには、かんたんな事実が出てくるかと思うと、きわめてこみいった高次な法則性をはらんだ問題も出てくる。その場合、子どもの興味にしたがって表面的な現象の学習にとどまるときには、いわゆる、「はいまわる経験主義」となるが、そこへ「科学」をもちこみ、問題の「科学的」

解決に子どもを導こうとすれば、いきおい子どもの発達段階を無視して、高度の学習をいきなり子どもに強いることになる。学習あるいは問題解決の難易や複雑性は、基本的には問題事態そのものの論理的関係によって決まるのであって、子どもの興味とか問題意識などの主体的条件によって決まるものではない。子どもの認識の発達段階も、どれほど複雑な論理がわかるようになったかということによってきまるものである。

客観的実在の論理的関係を反映させた科学の論理あるいは体系に基づくのではなくて、生活のなかの問題にしたがおうとする問題解決学習は、こうして子どもの心理を尊重するようにみえて、実はそれをふみにじる結果におちいる場合がしばしばでてきた。後でくわしくふれるように、「教科主義」あるいは「系統学習」の主張は、こうした学習の正しい順次性を無視する行きかたにたいする批判としての意味を持っていたのである。

(1) 「新教育」の一般的・思想的特徴づけに「経験主義」なる用語も使用される。そしてたしかに「問題解決学習」は経験主義の哲学に基づいている。「経験主義」は、教育に限らず広い範囲に適用されるが、教育の分野においては児童中心主義と経験主義とは重なる部分が多い。すくなくとも初期デューイの教育論においては両者が統一されていたと見てよいだろう。
(2) 日本生活教育連盟編『問題解決学習の基本問題』一九五四年、五八～五九頁
(3) 同上、五六頁
(4) 永田義夫他編『理科教育講座二』誠文堂新光社、一九五三年、三九頁
(5) 梅根悟『問題解決学習』一九五四年、二六五頁
(6) 同、二三九頁
(7) 同、二二七頁
(8) 同、二一〇頁
(9) 同、二二六頁
(10) 同、二一二頁

(11) 同、一四四頁
(12) 同、五五頁
(13) 文部省『教育心理』下、三六二頁
(14) 重松鷹泰『社会科と学習指導技術』一〇九頁
(15) 通信教育テキスト『学習指導法』一九五二年、二六一〜二六三頁
(16) 梅根悟、前掲書、五五頁
(17) デューイ『思考の方法』第六章
(18) 梅根悟、前掲書、七六頁
(19) デューイ『哲学の改造』春秋社版、六七頁
(20) デューイ『確実性の探求』春秋社版、一〇四頁
(21) デューイ『民主主義と教育』春秋社版、三〇一頁
(22) 文部省『教育心理』下、三六二頁
(23) 大橋精夫『現代教育方法論批判』明治図書、一七一頁
(24) デューイ『思考の方法』春秋社版、三六頁
(25) 広岡亮蔵「牧歌的カリキュラムの自己批判」(『カリキュラム』、一九五〇年五月号)
(26) 日本生活教育連盟編『問題解決学習の基本問題』一九五〇年
(27) 広岡亮蔵『学習形態』二〇三頁
(28) 日本生活教育連盟編、前掲書、五八〜九六頁
(29) 同、五〇頁
(30) 同、六〇頁
(31) 同、三一頁
(32) 同、三〇頁

第5章　生活綴方的教育方法

「新教育」と生活綴方教育

「新教育」の牧歌的甘さや児童中心主義に鋭い批判を加えたものの一つとして、生活綴方教育がある。子どもが日々の生活現実のなかでつきあたる問題をめぐって学習をすすめるという点では、生活綴方教育は問題解決学習ともなにか共通するものをもつはずであるが、それにもかかわらず両者が鋭く対立する面をもったのは、なぜだろう。

生活綴方教育の考え方は、もともと戦前よりわが国土着の教育思想として発達したものである。

戦後の生活教育＝新教育がさかえるなかで見失われていたこの生活綴方の運動が、無着成恭編『山びこ学校』（昭和二六年）の出版を契機に急速に復活したのは、新教育にたいする失望や反省と関連していたことは明らかである。しかし、生活綴方の主張には、新教育の主張と共通する面もすくなくない。とくに「上から与える」、「概念をつめこむ」、「何か抽象的なことを、やや子どもの生活経験と関連づけて教えこむ」などの旧教育の方法を批判し、子どもの生活経験から出発し、子どもの生活の心理・興味・関心にふれながら、生活の指導をするというような点では、まったく同じ生活教育の主張のようにも見える。[1]

また「無着成恭氏の〈生活綴方〉を出発点とし、導入とする社会科指導は、まさにこのような問題単元にほかならない。そしてそれは、生活教育の正しいあり方である[2]」と新教育の指導者からも評価される頃には、「新教育」自身が、世の批判を受けるなかで、日本の現実に真剣に取り組む「問題解決学習」を生みつつあったということもあるが、ともかく生活綴方による教育が、このように評価される面をもっていたことはたしかであろう。

生活綴方教育は、このようにしてすくなくとも「つめこみ主義教育、抽象的・観念的教育」にたいする批判においては戦後の新教育と一致し、ある意味では新教育をよりてっていさせる教育でもあったが、新教育に鋭く対立する考え方としては、つぎのような特徴をもっていた。

「生活綴方」では、「ありのままのことをありのままに把握すること」から出発しながら、「何をこそ喜び何をこそ悲しむべきか[3]」、現実生活の中の何が真実であり、不正であるかを徹底的に追求し批判しなければならないとされた。「問題解決学習」が、とかく生活の問題から出発し、それを解決するという過程にのみ着目し、方法主義に流れる傾向があったのにたいして、「生活綴方」には、生活の中の「真に現実的」なもの、真実が何であるかをしっかりと子どもに把握させることを重んずるリアリズム、そして教育のうえでの実質陶冶（形式陶冶に対立する）の思想があった。

第二に、そのことと関連して、「生活綴方」には、教師の子どもにたいする目的意識的働きかけ、つまり教師の指導性を重んずる思想があった。「人間の自然成長性への盲信（児童中心主義、童心主義）に対する、いっそうの目的意識的な働きかけの重視の理論があった[4]」のである。

したがって、第三に、「生活綴方」が子どもの「生活から」の教育を主張したのは、「新教育」の場合のようにその考え方を教科指導全体の原理とし、科学の系統的教育を否定しようとしたのではない。「生活綴方」が鋭く対立したのは、国家権力のきびしい統制のもとで真実をおしつぶし、ゆがめるような形でおこなわれている教科指導であり、形式主義的観念的な教科指導であって、あるべき教科指導そのものではなかった。「綴方的方法の限界性」は、すでに戦前から生活綴方教師自身によって認識されており、「強烈な〈生活意欲〉とともに、正しい〈生活知性〉を育てるものは、たんに綴方というせまい分野にとどまるべきではなくて、他のすべての教科のよりいっそう生活的・科学的な建設の必要を反省したのである[5]。」「〈綴り方〉だけがんばっていても、〈綴り方〉だけも充分に伸ばすことはできないのだ、と知った。理科には、理科のものの見方、感じ方、思い方、考え方、行ない方がある。算数には、算数のそういうものがある。……各教科で、それぞれ、そういうものを大事にしあって、子どもの生活が耕やされ、その土壌の上に、各教科の〈力〉が育つのではないかと気づかされたのである。私は、このようにして、各教科を大事にするようになった。……それは、私だけでなく、仲間、みんなの行き方だった。[6]」

戦後では、この考え方はいっそう強く主張されている。「〈生活綴方〉による現実把握、そこからの感性的、自然発生的な認識にたよるばかりではだめで、これに対して、多くのすぐれた哲学者が教え、近くは毛沢東が『実践論』で教えた、〈理性的認識〉を高める方法を大切にすること、もっと論理的な思考をする習性を養うものとして、人類の歴史が遺産としてのこしたものの概括としての歴史の内容・教訓・法則から学ぶこと、自然科学の原理や法則から学ぶことの必要を強調して、他教科、いや全学校教育の科学的な営みかたをこそねがって[7]」いる。

生活綴方的教育方法の本質

生活綴方の教育は、たんに国語科の中の一分野の仕事にとどまらず、生括綴方的教育方法とよばれるような一般的方法論を生みだすほどに、日本の学校教育全般に対してのある主張をふくんでいる。わが国の特殊な歴史的・社会的・教育的諸条件のなかで生みだされたこの方法論的主張を科学的に整理し、現代の教授学のなかに正しく位置づけることは、今日のわれわれに課せられた重要な課題といえよう。日本作文の会は、生活綴方の戦後復興以来一〇年間の理論と実践の成果を基に「生活綴方」の遺産を整理し、その発展の方向を示すものとして『講座・生活綴方』を編集したが、その中ではつぎのように述べられている。「わたしたちは〈生活綴方的教育方法〉というものを、現代日本教授学建設のため、各教科教育における教授方法、方法論上の原理・原則への探求のための、その方法論的接近のこころみとしての、ひとつの歴史的・実践的資料として提供する。」「このような現代日本の教授学・教授過程論・教授原理などをうちたてるとき、もしも〈生活綴方的教育方法〉と言われるもののもつ方法論的意義やその内容が、この学問建設の一部に役立つならば、そのためのひとつの資料、事実的素材として、研究過程に包括されることを、わたしたちは歓迎するし、よろこんでわたしたちの経験や意見を提出する。[8]」

生活綴方的教育方法は、たしかに講義法・問答法・討議法、等々に並ぶような教授法の一つにとどまらず、教授学上の一定の原理・原則を指し示すものという性格をもっている。それが、どのような原則を意味するか、生活綴方的教育方法において特徴的に見られる子どものものの見方・考え方の指導の理論を、筆者なりにまとめてみれば、つぎのようになろう。

(1) 生き生きとした現実の把握、特殊的・具体的・個別的な真実の把握を奨励し、本質的な真理に近づくための部分的な真理、真実のかけらの把握などをまず大事にする。

これは別なことばでいえば、子どもたちの生き生きとした感性的知覚を大切にし、それに基づいて抽象的・一般的・本質的な見方・考え方に子どもを高めようということである。

(2) 上から、またマスコミその他によって横あいから子どもたちにおしつけられる独断や偏見を、現実の具体的事実に基づいて破壊し、それを通じて本当の真・善・美は何であるかをつかませる。

「概念くだき」と一般によばれるこの方法は、第一の原則と表裏の関係にあるものといえよう。現実にたちむかう場合は、どんな子どもにしてもまったく白紙の状態にいるわけでない。子どもがすでにもっている何らかの「見方・考え方」——それらは子どもの未成熟ということもあって多くの場合かたよった、ゆがんだものである——を正すこととつねに並行して、現実の生き生きとした感性的把握はおこなわれるのである。

しかし、子どもたちをとりまく環境がとりわけ好ましくなく、封建的なあるいは帝国主義的な偏見・固定概念が学校の内外からおびただしい形でおしせまってくるという状況のなかで発生した「生活綴方」は、まさにこのような偏見と闘う「概念くだき」の過程にこそその特質はあり、その存在理由もあると考えられている。「概念くだき」の過程と「概念づくり」の過程とが不可分の統一をなすということは、かならずしも両者の同一性を意味するものではない。「概念くだき」に重点のかかった指導では、おのずと「概念づくり」において十分な成果をあげることはできないだろう。「生活綴方の教育」と科学教育との関連を考えるうえでは、この点はとくに注意されねばならない。「事実を見てこそものをいい、ものを考え」「ありのままのことをありのままに把握」すると言うときにも、生活綴方の場合は、それによって「概念づくり」への積極的かまえが意味されるよりも、どちらかといえば「内容のない概念的把握の習性をうちくだく」という意味の消極的かまえの方が、主に問題にされているといえよう。

(3)「生活綴方」の教育では、「よりよく生きたい、人間らしく生きたい」という生活意欲、生活的欲求に結びついた情感を大切にする。それは、認識の発達には、いつも情感・情緒・情動といったものが、大きな役割をはたすことを認めるからであり、またそのことを通して認識の主体性を確立し、自主的・積極的に考え行動する人間を育てようとするからである。

「概念くだきは、一口にいえば、表現の主体と認識の主体を確立させることである……認識と表現の自由を獲得させるといってもよい[9]」といわれる。歪んだ固定的観念をもった子どもは、同時にその感情や生きかた自体もひねくれたり、ちぢこまったりしたものとなっている。こうした子どもにたいしては、教師がまず子どもとの間に気安い人間的な関係をつくることから、概念くだきのしごとははじまる。つまり、概念くだきのまえに「感情くだき[10]」ともよび得るものが先行するのである。こうして、「生活綴方」では、子どものもつ生活意欲を重んずるとともに、積極的にはそれをすすんでよび起こし、それを原動力として学習をすすめていこうとするのである。

(4)「生活綴方」の教育では、子どもたちの表現活動・初歩的な創作活動を通して、ものの見方・考え方を発達させようとする。これは人類・民族の文化遺産を一定のプログラムにしたがって体系的に学習するという方法とは対照的に、生の自然、生きた社会、生きた人間、目前の文化との直接的接触とそれらについてのことば・文章による表現活動・初歩的な創造活動を通して、学習をすすめようとする「ノン・プログラム」の指導である。それは「本の勉強」「本による勉強」に対して、「生活の勉強」「本をつくる勉強」ともよばれてきている。

(5)「生活綴方」の教師たちは、つねにひとりひとりの子どもの心理や個性に注意し、子どもの心の内側のうごきに即して指導をすすめようとする。子どもが自分の目、自分の体、自分の心でとらえた現実の事物、それらについての子どもの意見や感情表現が教材となる「生活綴方」の教育では、おのずと「プログラムのある教材」の場合よりもいっそう強く、子どもひとりひとりの見方や考え方のちがい、子どもの心のなかの「自己運動[11]」が大切にされるのである。

(6) 最後に、「生活綴方」によるものの見方・考え方の指導では、集団の中の話し合いを通じて、それらのものを一人よがりのものではない客観的なものに高めるとともに、またその過程を通して集団主義的連帯感を育てようとする。「ひとりの喜びがみんなの喜びとなり、ひとりの悲しみがみんなの悲しみとなる」教室の指導というのは、このことを言い表わしたものである。

「生活綴方」と教科教育

「各教科を大事にする」という考え方は、すでに戦前の生活綴方教師にあったということを先に見た。戦前の場合、それはつぎのような自分たちの教育についての深刻な反省に基づいていた。「窮迫した農民の生活現実を追求して、その原因は封建的な土地所有にあることを、子どもたちは自然発生的に感知したということがあっても、われわれは土地革命の必要を、あらわにはなしてやることはできなかった。……そのようなことを科学的に追求する積極的精神を、おおっぴらに培うことができなかった。……

そういうわけで、わたくしたちは〈知性の子ども〉〈批判する子ども〉〈自分の頭で考える子ども〉を求め、そのような子どもによって書かれた〈子どもなりの思想性と情緒性の結合〉による綴方作品が多く出てくることをのぞみながら、実践的にはあまり期待しえない困難があったのである。これは封建的なものに対する以上に、資本主義的なものに対しては、そうであったということができよう。都会児童の中から積極的な意義をもつ綴方作品が生まれにくかったのもそのためである。……日本の教育において、理性的な認識をもたせるということは、かなりに困

難なしごとだったのだと反省することができる。」（国分一太郎[12]）

このような戦前の生活綴方との比較において、戦後の『山びこ学校』はどのように評価されたか。国分一太郎氏は、「これらの作品には、事実に即した〈論理的思考〉の萌芽的形態があらわれはじめている。……まず身近かな現実をみつめさせ、その現実から学ぶことによって、その現実をどの方向に発展させなければならないかを、無着君は〝みずからの頭〟で考えさせようとしたのである。いや、そこから人類の歴史的教訓、社会科学が示す方向に一致するような〈ものの見方・考え方〉をする子どもたちを創造しようとしたのである[13]」と評価している。同じような評価は他でもなされている。「昭和七、八年頃の生活綴方ではリアリズムに徹底していた。一方戦後の生活学習は、……必ずしも現実主義ではない。無着氏の場合は、生活綴方より一歩進んで、子供が主体性をもち、よく現実の課題を追求しているが、戦後の生活学習ともちがい、概念的体系を重んじて本質的なものを掴んでいる。この点山びこ学校は、社会を法則的にとらえることに成功した一例といえよう[14]。」（宮原誠一）

つまり、「山びこ学校」では、たんなる具体的現実の学習から、さらにすすんで科学的法則的な認識に近づいており、この点で、（戦前の）生活綴方以上のものがあるということを両者は認めている。この相違は、無着氏の場合、生活綴方は、「ほんものの社会科をするための綴方」であって、社会を科学的に認識するための教科が綴方の外にもあったということからきている。そうだとすれば、「山びこ学校」の実践を一般化するにあたっては、たんにそれを戦前の「生活綴方」の復活・継承としてではなく、こうした科学教育との関連の面にもっと注目しなければならなかったはずであるが、実際は必ずしもそうはならなかったと見られる。「戦後に生活綴方が復活された当初においては、何もかも生活綴方でやれると考えて、ガリ版を手から離すことなく文集づくりに没頭し、他の何物もかえりみないというような傾向さえ生んだ[15]」と評されるような事態が一部では見られたのである。

「生活綴方」の教育は、やがてもっと一般化された形の「生活綴方的教育方法」として、各教科とのかかわりあいが問題とされるようになったが、この場合も、教科教育全体を、つまり教科の内容や目標までふくめて検討するというところにまで、ただちにはすすまなかった。

生活綴方運動家の「つかみ方は、本質的にプラグラマチック[16]」である。「生活綴方運動の欠点は、抽象的概念を拒否するあまり、かえって知らず知らずのうちに慣習的概念にもたれかかっているところにありはしないか[17]」というような批判は、もし生活綴方を書かせる教師が、「生活綴方」の教育や「生活綴方的教育方法」にのみ重点をおいて指導をしているとすれば、甘受しなければならない批判であろう。「生活綴方的方法の限界性[18]」は、その指導者たち自身によってはやくからくりかえし説かれてきたことだからである。「綴方だけでは、真に科学的な生活教育、人間教育ができない……したがって、綴方に熱心な教師であればあるほど、すべての教科、すべての学級・学校経営に力をそそがなければならない。[19]」

しかし、教科教育の方法自体が、生活綴方的教育方法に対応して十分に発展し、研究されないと、たとえは「教科の論理」と「生活の論理」とのかみあわせが必要であるというもっともな主張も、ともすれば、日常生活的論理や実践の中に「教科の論理」をひきよせ、埋没させてしまうことになる。東井義雄氏は、「授業は教科の論理と生活の論理の組織であり、……教師が、生活の論理に立つ子どもと、教科の論理を背負う教材を媒介として対決する営みだ[20]」と言う。この場合、教師はみずから「教科の論理を主体化」すると同時に、子どもたちの生活の論理を深く認識するときにのみ、二つの論理をうまく組織することができるのであって、生活の論理をどれだけ知ったとしても、それが授業にただちに有効に生かされるとはかぎらないのである。教科の論理がそれに応じて深く多面的に認識されていないと、それはよぶんなまわり道にすぎなくなることもある。これを子どもの側から言えば、生活綴方や生活綴方的教育方法で養われた認識や意欲も、教科の論理と結びつくことなしには飛躍的な発展をとげることができないということである。

要するに、諸科学の体系的認識を目指す教科の教育のなかで、生活綴方的教育方法がどのような役割をはたすかという問題は、教科教育の研究自体が深まることに応じて、明らかにされていく問題であったのだ。

(1) 国分一太郎『新しい綴方教室』三八〇頁
(2) 梅根悟「問題解決とは何か」『カリキュラム』昭和二六年七月号
(3) 国分一太郎、前掲書、三八五頁
(4) 須藤克三編『山びこ学校から何を学ぶか』三〇頁
(5) 同、八一頁
(6) 東井義雄『授業の探求』明治図書、二三八頁
(7) 国分一太郎、前掲書、三八三〜三八四頁
(8) 『講座・生活綴方四、生活綴方と教育実践』一七二頁
(9) 『講座・生活綴方一、生活綴方概論』一五七頁
(10) 小川太郎・国分一太郎『生活綴方的教育方法』二八頁
(11) 子どもの発達の源泉は子どもの心の内部の矛盾をもととして起こる「自己運動」にあり、その運動の方向づけをする教育は発達の条件として指導的役割をはたすというコスチューク、ザンコフたちの「子どもの発達と教育との関係」に関する理論は、「生活綴方的教育方法」の考え方に照応するものとして注目されている。(『講座・生活綴方四　生活綴方と教育実践』一六四〜一七〇頁)
(12) 須藤克三編『山びこ学校から何を学ぶか』八一〜八二頁
(13) 同、八四〜八五頁
(14) 同、二二三〜二二四頁
(15) 大橋精夫『現代教育方法論批判』二〇四頁
(16) 久野収・鶴見俊輔・藤田省三『戦後日本の思想』中央公論社、一九五九年、一三二頁
(17) 同、一四二頁
(18) 国分一太郎、前掲書、三八四頁
(19) 同、二三八頁
(20) 東井義雄『授業の探求』二七〜二八頁

第6章　初期系統学習の理論

問題解決学習との近似性

教科の体系にそって科学的知識や技能を子どもに系統的に学習させることを主張する系統学習の理論は、戦後はやくからあらわれており、一九五〇年以後になるととくに活発となるが、問題解決学習の理論が一般に風靡しているなかで、それのアンチ・テーゼとして主張されている初期のころのそれと、しだいに実践や研究が広まり、高まるなかで、それ自身の理論体系を築きあげるようになってきた最近の系統学習理論とのあいだには、かなりの相違ないし発展がみられる。その間の発展をくわしくあとづけることはできないが、まず初期の系統学習理論において典型的に見られる子どもの発達観、教育観を検討してみることにしよう。

系統的教育を戦後最も早くから主張したのは、歴史教育者たちである。しかし、日本の現実の歴史的課題を無視した新教育の牧歌性に早くから気づき、これに何よりもまず思想的イデオロギー的に対決しなければならないという姿勢が強かった初期の歴史教育者たちにあっては、子どもの発達に関する理論はきめ細かくはなかった。その発達論や学習論においては、後期の問題解決論者たちに似たところが見られる。両者は、日本の現実の課題と取り組み、現実の実践的問題から出発しなければならないという基本的な姿勢においては、ほとんど一致していたといってよいだろう。

義務教育期間中に日本歴史科を独立させ、系統的に歴史を学習させなければならないと主張した井上清氏も、小学校における問題解決的社会科については、「このような教育方法は全面的に発展させられなければならない」とし、

「小学校においては歴史科を単行の学科としないほうがよい」と述べている。その理由は、「社会科の実践的性格をきわめて尊重するからである。現実の進歩的実践的立場から過去を理解し、それをさらに現実の実践に役立たせるという考え方を確立することは、現代日本歴史教育建設の基礎工事である。私はそれを融合社会科に期待するものである。もしそのような基礎工事なしに、いま小学校で『国史』科などをはじめたら、本当の歴史教育の伝統のない、つい昨日まであやまった『国史』盲信が強制せられており、一般になおその偏見から解放されていないばかりか、文部省などはその偏見を変形して復活させようとたくらんでいるいま、その文部省の主導のもとにおこなわれる『国史』科は、本質的には旧来の『国史教育』の復活になるであろう。だから、そんなものはやらない方がよい。小学校では社会科一本でゆくのに私は賛成する。

こういったからとて、私はいまの文部省の社会科のコース・オブ・スタディーの所説や社会科の教材に賛成するのではない。それは徹底的な体系的な改革を要する。文部省は、社会科の任務とか、実践から出て実践に帰るという教育方法の原理とかはりっぱにたてたが、もう一つ肝心の社会にたいする文部省の理解のしかたは根本的にまちがっており、したがって、自己の教育原理と矛盾におちいっている。……私は社会科の実践的性格について賛成し、教師と生徒が、文部省の『指導要領』や教材テキストにまよわされることなく、あくまでも実践から出て実践に帰るという教育＝学習を発展させることに期待するのである(1)」。

文部省の社会科について、一方では、その社会観の非科学性などをはげしく批判しながら、他方、社会科の基本的性格、その方法原理については「りっぱな」ものとほめたたえる。しかしまた、小学校の融合社会科には賛成しながら、中学校では融合社会科に反対するというように、初期の系統学習論者の問題解決学習に対する態度は必ずしも一様ではない。それは、すくなくとも後期の問題解決学習とは近似した考え方であったといえよう。「新教育」を当時最も鋭く体系的に批判したと見られる矢川徳光『新教育への批判』にも、「教科の生活化」ということが説かれ、そのような考え方を述べている宗像誠也・周郷博・城戸幡太郎氏の意見が引用されている、たとえば、宗像誠也氏は、つぎのように述べていた。「予め設定された教義を教えこむことから、児童生徒に探求させ発見させることへの転換である。だから今までよりも児童中心という傾きを持ち、児童の興味と個性とを大いに重んずることになろう。もう一つは、既成の学問概念を離れて生活の問題の処理と生活の豊富化とに重心を置くようになったことである。例えば算数について言っても、公理・定理・系・応用、というような順序ではなく、生活上で出あう数処理の問題の解決の力を養うということに焦点を合わせるというふうに。この傾向は生活主義と名づけられないこともあるまい」（宗像誠也『教育の再建』一〇七頁）。矢川氏は、このような考え方に、「大いに賛成する」(2)のである。

コア・カリキュラム連盟の生活教育などをはげしく批判しながら、この頃の系統学習論者たちには、まだ明確な「自分たちの学習理論」はなく、主にカリキュラムの基本的編成原理や教科内容の科学性・思想性などを問題にして、子どもの発達の問題にまで深くたちいることはできないでいたということができよう。

そのことから、この頃の系統学習理論にはいくらかの誤りも生じたということが、その後「自己批判」されている。「歴史教育が教育の仕事の中でも最も政治的にきびしく権力に対決する性格をもっているために、とかくその対決の方向が歴史教育の内容そのもののとりあげかたにも強い影響を与えがちであり、そのためにもっと基礎的な仕事を見忘れがちになりやすいという危険について反省しておきたい。さらに科学的な歴史、進歩的な歴史といわれるようなものがきわめて観念的な内容、また方法で子どもに、父母に与えられることはなかったかどうかも反省したいのです……子どもたちののびのびとした空想を科学たらしめるためには、日ごろからできあがった評価ずみの歴史を与えるのではなくて、事実を与えて評価する力をきたえることでなくてはならないでしょう。『進歩的』な歴史教育に心酔する子どもをつくるのではなくて、事実をあくまでつきつめていく子どもにすることだと思うのです。」(3)

高橋氏が、ここで「もっと基礎的な仕事」といっているのは、「子どもに正確で具体的な事実」をあたえ、その「事実に即して真理を探求する」力を子どもに育てることであると思われるが、そのことは、井上氏が「現代日本歴史教育建設の基礎工事」とよんでいることと、根本的に矛盾するものではないだろう。しかし、井上氏が、系統的歴史教育を始めるまえの基礎と考えた「実践的」社会科が、とかく「進歩的な歴史を観念的におしつける」教育になりがちであったことの「自己批判」からきている高橋氏の意見は、問題解決学習的社会科の「実践的性格」に対する評価に多少の変化が生じたことを物語っているといえよう。

自然成長的発達論の批判

初期の系統学習論にたいして「子どもの姿があまり見あたらない」という批判がなされることがあった。問題解決学習の批判におわれて、自分たちの積極的な学習理論を十分に出せなかったという点では、この批判もうなずけるが、しかし「新教育」の発達観に対立させながらつぎのような発達観を明確に打ち出していた点は、積極的に評価されねばならないだろう。

「自由教育論者（生活教育論者）は自然成長的教育を主張する。……しかし、子どもの発育史を自然史的なもの、言いかえると、生物学的なものと考えることは誤りである。子どもの身体的および精神的発達についても、社会史的な認識が重要である(4)」

「経験カリキュラムによる生活指導は、今日ふたたび子どもたちに零の符号を発見させようとする〈発生的迂回〉の教育法なのである。……この〈経験〉は個人個人の経験であって、それ以上のものではない。これは全く〈はいまわる〉経験主義である。……われわれは、教育とは子供の経験を、法則によって実地的に指導することであると考える(5)」

系統的な年代誌的理解は、中学校までの生徒の能力をこえているという意見に対して「能力があるかないかをもっともよくあきらかにするものは、歴史教育をやってみることである。生徒に能力がないというとき、それは本来ないのか、それともその能力が開発されていないためかを明白にせねばならない(6)」と井上氏は語っている。系統学習の理論には、このように子どもの発達を規定するものは、「自然的」なものではなくて、むしろ「目的意識的教育」であるという考え方がある。この考え方に基づけば、子どもの発達法則は教育実践を離れては見出されない。実践が進められるなかで、子どもの発達の具体的姿も明らかにされていくのである。系統学習の理論では、教科の系統を作りだしていくことと子どもの発達研究とは統一的に進められるものであった。

生活綴方的教育方法の影響

戦後数年の実践に基づいて意識過剰の「進歩的」歴史教育を反省した高橋磌一氏は、子どもの歴史認識についても、つぎのような見方を実践のなかから導きだしてきている。

「ある女の先生が小学校二年生の子どもたちを連れて野道を歩いていたとき、曲りくねった細い旧道とまっすぐな大きい新道とを子どもたちにくらべさせて、どちらが便利かを考えさせたとき、これを世の中の進歩を便利になったで測る便利史観だと頭ごなしにいったとしたらどうでしょう。社会の進歩、発展を単なる便利ではかる便利史観で見ることは誤りであることをしっかりさせることはたいせつですが、しかし、この段階の子どもには古いものと新しいものをくらべさせることが歴史認識の基礎的な仕事だということを忘れてはならないと思います。社会をブツブツに機能で分けて考える社会科の機能主義は社会を正しく見ることを妨げます。私はこういう教育を縄ノレン教育とよんで批判してきました。しかし、ある段階で、たとえば小学校の二年生や三年生に「ともしびの歴史」や「衣服の歴史」を教えることを、これは歴史ではない、そんな教え方は歴史ではない、そんな教え方は歴史を誤るものだ、といったらどうでしょう。おかしくはないでしょうか。二、三年生にともしびの歴史や衣服の歴史で『ものは変るものだ』ということを知らせ考えさせることは、やがて社会発展の歴史を全体として学ぶ基礎として有益であると思うのです。(7)」

歴史教育にこのような反省を促した要因としては、一九五一年以後の生活綴方教育の発展が重視されるべきだろう。生活綴方教育は、問題解決学習にたいしては、日本の現実的課題に目を向けることを促したが、「進歩的」歴史教育にたいしては、子どもの現実に目を向けることを促したといえよう。

反省期にたった歴史教育者たちのあいだでは、「歴史教育は歴史学の成果の上に立たねばならない」という歴史教育内容の科学性を問題にするだけでなく、いくら「科学的」な歴史であっても、「それが子どもたちに自から事実に即して考え、事実に即して真理を探求する身構えと、自分の生き方の問題なのだという意識とをもたせることができていたか、いないか」[8]が問題とされるようになった。こうして「進歩的な歴史観」とか「批判的精神」あるいは科学の一般的「法則」などを言うまえに、まず「事実を教えることの意味について、さらに子どもが自ら真実をもとめていくことの意味について」深く考えられるようになった。さらにそうしたなかで、つぎのように言われるとき、「生活綴方」的考え方の影響がはっきりうかがわれよう。「そうした事実を生活の底辺から積みあげていくこと、民衆の地肌の感覚でそれをとりあげ、自分の血肉に溶かしこんでいく問題についてはもう重ねていいません。いわば事実に即してみる教育のリアリズムがひろく、あたたかいヒュウマニズム、民衆の心情、民族のもつもののとらえ方によって活かされる道を見出したかったのです[9]」

歴史教育研究の課題をこの頃、高橋氏はつぎの三点に要約している。第一、歴史教育の内容の科学性。第二、それが子どもに理解されるように子どもの成長の法則性に合っていなくてはならないということ、第三、社会的・民族的要求にこたえること。

この場合、第二の「子どもに理解できなくてはならない」という問題を、主にどのようにして解決しようとしたのかと見るに、「子どもに理解できるということは、やさしいことからむずかしいことへ、子どもの年齢に応じて教えなくてはならないというような常識的なことはもちろんですが、実はそのほかに、子どもを包んでいる社会的な条件、民族のおかれている条件というものによって大きな影響を受けるのだから、歴史教育はそのような子どもの実態に親しくふれ、さらに民族の課題にこたえる歴史意識をもった歴史教育者にしてはじめて子どもの認識のコースへ正しく歴史をのせることができるのだ[10]」という。

これによって見るに、歴史教育の内容を、「やさしいことからむずかしいことへ」、知識の低い段階から高い段階へ順序よく計画するということよりも「民族の課題」にどう答えるかに重点がおかれているように思われる。民族の課題や要求にこたえるということの中身は、もう少しくわしく見ると、「それは子どもの一人一人にそれぞれ個性がある。それを健全に伸ばしてやらなくてはならないという教育の当然の仕事です。そしておのおの個性をもった子どもたちは、また社会的な条件、さらに民族的な条件の中に生きており、そうした条件の中で一人一人の子どもがそれぞれ喜び悲しみ、苦しみもいきどおりも、いだいているのですから、教師がそうした子どもたちの喜びや悲しみを適確にくみとって、それに応じて教育の内容・方法に気を配らなければ、せっかくの教師の努力も一人角力に終ってしまうおそれすらある[11]」といわれている。

要するに、「子どもの認識のコースへ正しく歴史をのせる」については、小・中学校における歴史教育内容の順次性・系統性を明らかにするということよりも、(こうした研究もなされないわけではなかったが)生活綴方を通して知られるような子どもの現実の姿(その喜びや悲しみ)に教育の内容方法をあわせることの方に重きがおかれていたように見られるのである。もちろん、この二つのしごとはたがいに無関係なものではなく、相互にあい補いあう形のものである。しかし、すでに「この数年、現場教師の方々の実践が数多くだされて歴史教育の内容や方法がきわめて豊かになったことは喜ぶべきことですが、一方、実践、実践ともとめられて、そこにはやや経験主義のきらいが感じられないでもないのです[12]」と反省されているように、「実践から」ということにやや傾きすぎて、「歴史教育の系統」とは何かということを理論的に追求することがまだ弱い点に、この頃の、そしてまた、一般的に初期系統学習の理論の特色があるといえよう。ここでは、内容をくわしく検討している余裕はないが、この頃(一九五四、五年頃から)には各教科に関する教師の実践記録が多数出ている。それらは生活綴方的教育方法を適用した実践が多く、子どもたちの反応や思考様式は、子どもの綴方でもって示すという記録が多い。それらの反応を通じて、教材の批判や教授のあり方の反省がなされているが、教科の体系そのものを問題にしたものはすくない。これは実践記録としての当然の制約とも考えられる。これらの記録にあらわれた子どものものの見方、考え方などを基礎にし、一般化しながら、子どもの認識の筋道にそった教科の体系を構成するということが、学者・研究者たちに求められたのだが、実際にはそれは容易ではなかったのである。

系統化の仮説

教科の系統について学者の側から理論的仮説がまったく提出されなかったわけではない。しかし、それもまだあまりに一般的にすぎ、現場実践によってそれらを十分に検証するということは難しかった。たとえば、高橋磌一氏は、「歴史的なものの見かたをどう育てるか」において、つぎのような仮説的提案を出している。

小学校一、二年では、「ものごとを具体的に見させること」「ものごとをくらべてみさせること。」

小学校三、四年では、「ものごとは変わる、変えることができるということをわからせる」「変わるには法則があるということをつかませる。」

小学校五、六年では、「ものごとを変えるのはわれわれである。われわれがものごとを変えようとすれば摩擦が起こる。だから、これとたたかわねばならない。」[13]

これによって歴史意識をどう育てるかについてのある程度のめどを得ることはできるが、しかし、これではなおあまりに一般的であり、かつ図式的であって、各学年の教材を系統化するうえには十分でなかったといえよう。

また理科では、田中実氏が、「学習の心理」についてつぎのような仮説をだしている。

1　小学生は小さな大人である（もちろんそれ以前の時期と比較した上で）。

2　子ども（小学生）が自然についての認識を形づくる心理過程は、大人のそれと基本的には同じである。したがって、

3　子どもが、自然についての認識を形づくる心理過程は、科学の一般的方法と、その対象をとりあつかう特殊の諸科学の基本的方法とにしたがう。[14]

これは「学習の心理」と「科学の論理（方法）」とを対立的なもの、または、異質的なものとする見方に対するアンチ・テーゼとして出されているものであるが、この場合も「科学の論理とか方法」というものを、もっと具体化して示さないと、子どもの心理との対応を検討してみることは難しいであろう。しかし、「たとえば化学変化の学習にあたっては、子どもの思考のすじ道を見つける上で、われわれはまず化学の研究方法（体系ではない）から、学びとることができるのである」という田中氏の指摘は、やがて教育研究を教室実践にのみ埋没させるのでなく、科学の一般的方法や個別科学の方法から学びとったものを基にして、学習の計画をたて、それを授業を通して検証するという形のものに転化させ、第二部で述べる「教科内容現代化」への道を開いたものとして注目されよう。そして、理科では、一九五七、八年ごろから、このような研究方法に基づく実践がじょじょに現れるようになったのである。

一九五九年の頃から数学教育協議会（数教協）の人たちは、「数学教育の現代化」ということを主張するようになった。それまでは生活単元学習や問題解決学習の批判、さらには一九五八年の改訂学習指導要領の批判が論議の中心とされていたのに対して、一九五九年八月に開かれた数教協第七回大会では「現代数学と数学教育」、「転換期の数学教育」が二大テーマとなり、小・中・高を通じて、数学教育の現代化を貫くことが、活発に論議されるようになったのである。

ついで、一九六〇年になると、理科の内容の現代化が、同じく科学教育研究協議会の中心テーマとされるようになり、この頃から、民間の教育研究団体がすすめてきた教科教育の研究は、新たな段階へと飛躍的な発展をとげることになった。系統学習の立場からする新教育＝問題解決学習に対する批判から、体系的な教科理論の構築、現代科学の成果に基づく新しい教科の体系の創造へと質的な転化をとげるようになったのである。もちろん、そのような転化はいっきょに成しとげられるものではない。各教科によって研究のすすめかたにもさまざまの相違がある。しかし、一九六〇年以降は、数学や理科にかぎらず、ほとんどの教科において、教科の体系の根本的改革が問題とされるようになった。現代の教授学は、こうした新しい教科研究と結びつくことなしにはあり得ないだろう。

（1）井上清『歴史教育論』五八～六〇頁
（2）矢川徳光『新教育への批判』三六三～三六六頁
（3）高橋磌一『歴史教育論』四九頁
（4）矢川徳光、前掲書、三四〇～三四一頁
（5）同、二四四～二四五頁
（6）井上清、前掲書、六九頁
（7）高橋磌一、前掲書、一九頁
（8）同、四九頁
（9）同、五〇頁
（10）同、一九～二一頁
（11）同、二〇頁
（12）同、五一頁
（13）同、一三一～一四五頁
（14）田中実編『講座・学校教育―理科』明治図書、二一八頁

第2部　系統学習の理論

第7章　興味の発達と教育

1　デューイの興味論

生徒の興味から出発する

児童中心主義の新教育において、教科内容編成の中心原理とされたのは、子どもの興味に即応するということであった。「良い課程は単に知識のために知識を伝える目的を以て工夫されるはずがない。それはまず生徒の興味から出発して、生徒にその意味がわかる内容によって、その興味を拡大充実するものでなければならない」とアメリカ教育使節団報告書は述べていた。生徒の興味から出発するというのは、子どもを自主的に学習させるためであった。教師のおしつけによる学習ではなく、子どもがすすんで自主的に学習するためには、子どもが現に興味をもっていることを題材とし、それを出発点にして教育をすすめること、カリキュラムを組むことが必要であると考えられたのである。

新教育のこの考え方には、たしかに一面の真理がある。学習は自主的なものでなければならない。そのためには学習者の主体的条件、すなわち、その興味や要求、あるいは学習のレディネスが大切にされなければならない。これらは、否定することのできない、教育の根本原理である。

しかし、学習する子どもの主体的条件を大切にするという原理と学習の全プログラムは子どもの興味や要求に基づくものでなければならないという主張とは、同じではない。後者が、児童中心主義の教育思想において中心的命題の一つとされていたことについてはすでに述べた。これは、教育において子どもの主体的条件（興味）を大切にするという正当な原理のいちじるしい歪曲であると、私は考える。このような歪曲がどこから生じたのかを、まずデューイの興味論について分析し、教育における子どもの興味の正しい位置づけについて論及しよう。

本能論との結びつき

デューイは、「興味の問題、すなわち子どもの生得的な衝動や欲求の問題とはまったく独立に教材を選択し」「それから後に、教師はそれを興味あるものにすべきだというドクトリンほど頽廃的なものはない」と言う。このような主張においては、子どもの興味とか要求が、教育や学習からまったく切り離された自然的なものとして見られているのが特徴的である。デューイの興味論は、まず第一に、かれの本能論と結びついている。それは特にかれの初期の論文にいちじるしい。『学校と社会』（一八九九年）では、四つの本能を分類したのち、すぐさま「さて、これらの四種類の興味」といいかえたりして「本能」「衝動」「興味」をほとんど区別なく使用している。また「あらゆる興味は、なんらかの本能から生ずるものである」ともしている。

こうしてデューイが『学校と社会』で展開した興味の原理に基づく教育論は、つぎのようなものであった。「大多数の人間においては、明白な知的興味は支配的な力をもっていない。彼らは、いわゆる実際的な衝動や性向をもっている。」「児童は抽象的な研究にたいしてはたいして本能をもっていない。」「行動し、製作する興味が支配的である人びとに訴えるようなもろもろの活動を教育過程の中に取入れる」ことが必要である。「すべての教育活動の第一の根源は、児童のもろもろの本能的衝動的な態度および活動に存する。」教師の常に自問すべき問いは、「そのものは児童が自分自身の内部にその本能的な根源を有するものであるか、また児童の内部において発現しようと胎動しつつあるもろもろの能力を成熟させるようなものであるか？」ということである。「精神は、時期を異にするにつれて、さまざまに異ったすがたの能力と興味とをあらわすもの」だからである。

　ここには、大衆には知的興味は乏しいとして、知的教育のかわりに労働教育を重視する反知性主義がうかがわれると同時に、宿命論的な本能論がみられ、各人の興味の発達は、内容的にも、発達段階的にも、すでに先天的に決まったものと考えられているように思われる。今日では、もはやこの素朴な本能論的心理学を受け入れる人は少ないだろう。デューイ自身が、このような素朴な本能論はしだいに否定するようになる。しかし、彼の興味論の本質はその後もかわらなかった。かれの『教育における興味と努力』(*Interest and Effort in Education*, 1913) によって、それを見てみよう。

主観的観念論

　デューイによれば、「真の興味とは、自我とある事物または観念とが、自我の自発的活動の存続のために、その事物または観念が必要とされるがゆえに、行動を通じて同一化することにともなうものである。」「自然的興味の基礎は、この原初的状態の自然的衝動的活動のうちに存する。」だから、教育における「真の興味原理とは、学習される事実あるいは課せられた活動と、成長する自我との同一性を認める原理である。」

　すなわち、興味とは自我と事物とが「同一化」(identification) することだというのだが、これは主観的観念論に特有の表現と言わなければならない。デューイは、「習得されるべき事物・観念あるいは目標が、自我の外部に存在するという仮定」を否定する。「事物がすでにそこに存在し、そしてそれが行動が起きるように呼びかけていると仮定するところに誤謬がある」という。これは、「自我」から、すなわち個人あるいは意識から独立して存在する客観的世界を否定する純粋の主観的観念論にほかならない、本来、われわれの自我と事物とが、「同一化」するはずはない。それは、われわれの興味の外にあったものが、内にはいるということを意味するにすぎない。それによって、われわれの興味や関心は拡大され成長する、しかし、興味の内に入れられたからといって、それらが自我と同一化したり、自我の一部となるものでもない。それらが、われわれの利用すべき、あるいは闘争すべき対象としてわれわれの外に存在するという事実は、すこしも変わらない。「同一化」という表現は、こうした客観的事実の存在を認めようとしないもののみが使い得ることばなのである。

デューイの興味論は、このような主観的観念論を基礎としている。これが教材論に適用されると、教材とは、子どもの自我の自発的活動が必要とし、自我がそれに興味を見出すものとなる。それは、いいかえれば、子どもの興味とは無関係に存在する教材（客観的知識、技術の体系）を否定し、自我が要求するもの、子どもが興味をもつもの以外は、学習させてはならないという主張にほかならない。こうして、子どもの興味や要求の世界と教材あるいは教育目標とを、対立あるいは溝のない連続面のうえでとらえるところにデューイの教育思想の一つの根本的特徴がある。

興味と努力の同一化

しかし、デューイの教育論を興味一点ばりの教育論と見るのはなお早すぎる。かれは、努力の必要も説き、持続的な努力と結びついた興味こそが価値あるものと考えている。だが、注意すべきことには、デューイにおいては、興味と努力とは対立したものとは考えられていない。「努力は決して興味の敵ではない。」「興味と訓練とは相対立するものではない。」かれは、教育の世界から「興味と対立した意味での努力」を追放したのである。「興味と対立した意味での努力というものは、自我と習得されるべき事実、あるいはなさるべき作業との間の分離を意味する。それは常に行動を分割させるような習慣を打立てるであろう。外面的には、われわれは精神的な価値を何らもたない機械的習慣を得るとしても、内面的にはデタラメな活動、あるいは精神的流浪、行きつく先を知らないような観念の流れを持つことになろう。」

なるほど、生徒が教材に何らの興味も持たないとき、教材はたんに機械的に習得されるにすぎず、生徒の頭にはすぐさま忘れ去られてしまうような死んだ知識の重荷が積み重なるだけであろう。そうした教育を否定することはよいとしても、興味と努力とを対立させず、再びこの二つを連続的に、同一化してとらえるとき、結局は、興味中心の教育に陥らざるを得ないだろう。

デューイは「努力」もまた自発的衝動に基づくものと考える。「これらの衝動に基づく適切な行動の中に、努力は正常な発生をみるのだ。」努力と興味とは、いわば一つのものの二面であって、その一つのものとは自発的・衝動的活動にほかならない。興味のあるところに努力もある。活動の発端における自発的・衝動的・直接的興味が大であればあるほど、努力は大であるというのである。「実際にある衝動ないし興味を満足させるということは、……必然的に訓練……力の統御を内包する。」「もし児童がかれの本能を実現して箱を作るならば、そこには訓練と忍耐とを得る機会、障害を克服するために努力をする機会が……ゆたかに存在するのである。」(『学校と社会』二九〜三〇頁)

さて、このような努力と興味の同一視、あるいは興味の中への努力の解消は、主観的観念論の必然的な帰結とみなすことができよう。なぜなら、努力とは、一般に障害を克服することと考えられるが、自己の意志を阻む外的、客観的事実の存在を認めようとしないプラグマティズム＝主観的観念論にあっては、もはや本来の努力は必要でなくなるからである。したがって、努力は、興味の連続として、本能あるいは衝動の自然的成長としてしか考えられず、事実上、興味と努力とは同一化してしまうのである。

衝動や興味は、成長段階によって異なるものであった。したがって、それに基づく活動もしだいに複雑になり、活動の目標もだんだん遠くなる。活動範囲が拡張する。今まで「無関心であった事物、それ自身はむしろ反発させるようなものであったものが、しばしばわれわれがそれまで気づかなかった関係、連関をおびるに至って興味あるものとなる。」すなわち、それが「すでに注意をひいているある目的に対する手段であるということがわかったときに興味あるものとなる。」デューイは、これを間接的興味とよんだ。自分の衝動的な直接的興味に基づく活動に関係があるとわかったとき、そのものは興味あるものとなるというのである。このようにして、間接的興味、すなわち自我の衝動的活動の目的に対して手段となるものへの興味が拡大されていく。つまり、子どもの世界が拡大されていくのであるが、それは子どもの衝動的興味を中心として、その周りにじょじょに拡大されていく世界にほかならない。そしてデューイによれば、「努力は、この直接的興味から間接的興味へと進む活動の成長過程の一部分」にすぎないのである。

デューイ興味論の本質

プラグマティズムの主観的観念論は、自我に対立する世界を認めない。この世界観を階級的観点から表現し直せば、資本主義に対立する世界を認めず、自己の階級的利害に対立する立場や思想は、たとえそれがどんなに科学的なものであろうと黙殺するということである。自分の衝動的活動や興味に、自分の階級的利害に合致する世界や思想だけが認められ、当然、そうしたものだけが教育の対象となるのである。

努力や訓練の必要を一方で語るとしても、このような教育論が、結局は、興味中心の教育論にほかならないことは、すでに明らかであろう。デューイは自我の外に、われわれの興味とは独立に科学的知識や技術の体系が存在することを認めなかった。子どもの興味の世界と科学技術の体系の世界とは連続しており、その興味に対立して存在するものは、教材としての資格を認められなかった。しかし、その興味が、本来、子ども自身のものであるかどうかは、二次的な問題であった。なぜなら、「必須な刺激と必要な材料とを適切な時期に提供することを目的として、いかなる力が児童の発達のある一定の時期において発現しようと努めているかを知り、そしてまた、いかなる種類の活動がそれらの力を有益に発現させるかを知ることが、教師の仕事なのである」(『学校と社会』一三四頁)と言うとき、教材を決定するものは、「出発点は児童になければならぬ」とは言うものの、結局、教師にほかならないからである。ここに、児童中心主義の欺瞞性がはじまる、すでに第一部三六頁で述べたように、子どもの「興味の中心」に基づいて作られたというカリキュラムも、実際には、アメリカのおとなたちの興味と関心に基づいて作成された机上プランにすぎなかった。子どもの興味（interest）から出発するというのは名目にすぎない。アメリカのおとなたち＝支配階級の利益（interest）がむしろ中心とされるのであり、それに反しないものであったならば許される。児童中心主義、興味中心主義の教育観の本質は、ここにあると見るべきだろう。その主観的観念論は唯物論に対立し、科学に対立する。科学的知識や能力の発達、科学教育の発展を、この教育論に期待し得なかったのは当然だったのである。

2　ウシンスキーの興味論

興味と努力

デューイは、努力一点ばりの教育はもちろん、興味一点ばりの教育にも反対した。そして、努力と興味とを相互に関連づけようとしたことはたしかである。しかし、デューイは、この両者が対立しあうなかで相互に関連をもつものとは見なかった。二つははじめから自発的衝動的活動の中で結合しており、結局、努力は興味の中に解消されてしまっていたのである。学習の過程のなかで興味と努力とがどのような関係をもつかということは、両者の対立を無視してしまっては、正しくつかめないだろう。

学習の過程において、興味と努力とが、対立しつつ相互に関連しあうというのは、どういうことか。ウシンスキーの理論にしたがって、これを見てみよう。

ウシンスキーは、教師がその授業において、子どもの現にもつ興味を利用し、授業を子どもにとって愉快なものにすることの必要性を十分に認めた。しかし、かれは、すべての授業を、子どもの直接的興味にのみ基づいておこなうという「新教育」論者には強く反対した。授業においては、ときに子どもにとっておもしろくないもの、子どもの興味をひかないものをも学ばせなければならない。このような課業は、教育の不可欠の要素であるとかれは考えた。「もし教育学が、初等教育のすべてを子どもにとっておもしろい遊戯にかえてしまうことに成功したとしたら（もちろん、決して成功しはしないだろうが、最近の教育学はそれを熱心にしようとしている）、それは、教育にとって大きな不幸となろう」とウシンスキーは言う。「自分のしたくないことを自分を強制してやることのできないような人間は、決して自分のしたいことをも成しとげることはできないのだ。」このような自分を強制する力、自分の行動を意識的に調整する能力は意志とよばれるが、教育においては、この意志の力を利用し、その力を発達させることが必要である。すなわち、この意志の力を利用することによって、子どもにとって興味のない課業をも学ばせることが必要である。

だが、教育は、ここで止ってはならない。「教師は、有意的注意を利用しつつも、常にそれが無意的なものになるようにし、強制的な課業をも、じょじょに児童の愛好する課業に転化させねばならない。」

「子どもにとって真面目な課業を興味あるものにすること――これこそが初等教育の課題である。」（ウシンスキー『教育的人間学』学文社、一二七頁）

能動的注意と受動的注意の交替

しかし、興味のないものが、興味のあるものにどのようにして転化するのか。ウシンスキーの興味論の核心はここにある。われわれにとって新しい課業は、ほとんどすべてが、最初はわれわれの能動的注意を、「われわれの相当の意志の努力を要求する。」しかし、たとえば、教師の適切な指導によって、生徒のおこなう「その課業が、よりうまく行けば行くほど、そしてその課業により多く従事し、その課業が精神の中に残す痕跡に対しての意識の作業がより広汎に行なわれれば行なわれるほど、その課業はわれわれの興味をより多く喚起し、それに対するわれわれの注意は、より受動的なものとなる。」このようにして、「能動的注意、有意的注意は、自然に受動的注意へと移行するのである。」（ウシンスキー『教育的人間学』学文社、一一五頁）

ウシンスキーは、人間の精神の根本的特性は、「活動の要求」にあると考えた。したがって、子どもが起こした何かの活動に快感がともなうとき、子どもは、つぎには意識的にその活動を要求するようになる。その活動がくり返され、その活動の痕跡が精神の中にだんだんと深くきざみこまれ、固定化するようになれば、子どもの意識はますます強くその活動領域にひきつけられるようになる。すなわち、子どもの無意的注意がそちらに向けられる。子どもの興味も、このようにして形成されるのである。(1)

しかし、何らかの新しい領域にわれわれの注意を向けるには、最初は意志的努力を必要とする。けれども、意志の力のみによっては、その注意は、強固な持続的なものとなることはできない。注意が真に持続的なものとなるためには、われわれが自分の注意を意識し、注意するために努力をはらうというようなことをしなくても、自然に、われわれの注意が対象に向っているというようにならねばならない。言いかえれば、対象に対する興味が、われわれの無意的注意をひき起こすようにならねばならない。だから、「知的活動の何らかの領域におけるわれわれの注意の度合は、その領域における意志の訓練によって直接増大するのではなく、精神における痕跡のじょじょの集積、それのいっそう複雑化する連合の集積によって増大するのである。つまり、これはすでに意志の力ではなくて、興味の力、すなわち、痕跡とその連合それ自身の力である」（ウシンスキー、同前）

ところで意志の力が必要とされるのは、一回かぎりのものではない。「われわれの通常の思考過程においては、有意的注意と受動的注意とがたえず交互に交替している」とウシンスキーは言う。これは、もちろん、思考過程にかぎらない。学習過程、労働過程、あらゆる作業過程について言えることである。スミルノフは、ソビエトの教育大学用教科書『心理学』（明治図書刊、上巻、二一九〜二二〇頁）においてつぎのように述べている。

「有意的注意は、しばしば無意的注意に移行する。それはつぎのような場合におこる。すなわち何かの活動を遂行するとき、その活動にたいする興味がないために、はじめにはそれを遂行しようという意識的、意図的な志向性が必要とされ、多くの場合にはさらに意識的な努力さえも必要とされながら、やがてそのおこなっている活動にたいする興味がおこってくるにつれて、人はもはや特別の意図なしに、まして何の努力もなしに、その仕事に注意を注ぎつづけることができる。本を読みはじめたときには興味がおきず、自分で努力して注意を集中しなければならなかったのに、本を読んでいくにつれて、やがてその内容にたいする興味が増大し、注意はもはや努力を必要としなくなるようなことがある。

またこれとは反対の移行もある。すなわち、活動を遂行するにはつづけて注意を集中しなければならないのに、無意的注意がしだいに弱まり、または完全に停止してしまう場合である。こうした場合には、以前にはそれ自体が注意をひきつけたことに対する注意が、こんどは意図的、有意的に維持されることになる。

学校教育の実際では、こうした注意の移行は、しばしば見うけられる。すこしも無意的注意をひきつけず、終始、有意的な志向性、さらには意志的な努力を必要とすることにたいしては、長いあいだ注意をそそぎつづけることはできない。教師は、はじめには有意的注意を必要とする仕事にも、子どもがしだいに直接的な興味をよび起こすようにしなければならない。また、従事中の仕事にたいする直接的興味が失われてしまった場合でも、生徒が注意をなくしてしまうことは許されない。仕事が、それ自体ではもはや直接的に興味をよびおこすことがなくなった場合でも、生徒はなお注意深くしていなければならない。」

この説明には、つぎのような弁証法の論理がふくまれているといえよう。すなわち、有意的注意が無意的注意になり、無意的注意が有意的注意になる。努力が興味の発生をもたらし、興味が注意力を増大させる。両者は対立しつつ相互に影響しあう。そして、子どもの学習過程というものも、このように努力と興味という相対立したものが、交互に交替することによって進行するものであると、ウシンスキーたちは考えたのである。

学習は労働である

努力→興味→努力→という過程において学習は進行する。この過程は、いうまでもなく、子どもの認識の発展の過程であり、子どもの興味の世界が拡大、深化することが、この過程の結果であり、目標である。ウシンスキーは、この過程における教師の指導的役割を強調した。この過程を方向づけ、子どもの努力の目ざす目的を明確にしてやるのは、教師なのである。ここまで述べれば、デューイの興味論とウシンスキーの興味論との相違は明らかであろう。農奴制の末期にロシアにおける近代的国民教育制度の建設に取り組んだウシンスキーは、ツアーの官僚政治のきびしい抑圧や独善的施策の中で、国民が真実を獲得し、自由を手にするために大きな努力をはらった。ウシンスキーにとって、真理は、まさに障害を克服する中で（努力を通して）獲得されるものであるというのは当然のことであったのだ。

「学習は労働であり、労働でなければならない。それも思想の充満した労働でなければならない。そして学習の興味そのものも、まじめな思想に基づくものであって、本題に関係しないような粉飾に基づくものであってはならない」（『ウシンスキー教育学全集・第三巻』一五頁）このような労働においては、生徒のわがままは許されず、強制的な課業も避けることのできないものである。ウシンスキーは、「真実の自由の基礎は、まさに自己を束縛する能力、自己を強制する能力のなかにある。自分のしたくないことを自分を強制してやることのできないような人間は、決して自分のしたいことをも成し遂げることはできないのだ」（『教育的人間学』学文社、一〇三頁）と考えた。したがって、教師は、子どもに努力の目ざすところを示したならば、その目的の達成を義務として要求せねばならない。このような「生徒がそれを好むからするのではなくて、しなければならないが故にする」こと、つまり、「自分の義務を果すことに慣れさせることは、極めて貴重なことである」（『教育的人間学』同前）とウシンスキーは語っている。

それは、さらに次のような理由にもよる。「生徒がなお教育を受けているものである限り、たとえその性向がきわめて高尚なものであるとしても、決してかれが単に自分の性向にのみ専心することを許してはならない。そして、絶えずかれの有意的注意を訓練することが必要である。それゆえ、生徒がある一つの課業あるいはいくつかの課業に情熱的に専心しているからといって、もちろん、そのような性向は喜ぶべきことで、ほめてやるべきではあるが、それがために、その生徒を全教科の課業から解放するようなことをしてはならない。何よりも第一に、強い自由な意志を樹立せねばならない。この強い自由な意志のみが、人間をして、科学においても生活においても真理の側に立たしめることができるのだ。」（ウシンスキー『教育的人間学』一二七頁）

この最後のことばは、極めて印象的である。われわれは、子どもを客観的な真理の側に立たせなければならない。そのためには、自分自身を束縛し、強制することのできる強い意志を子どもに育てねばならないとウシンスキーは言う。子どもの自発的、衝動的活動をなによりも重んじなければならないとしたデューイ教育論との違いは大きい。

ウシンスキーの以上のような興味論が、諸科学の基礎を系統的に教授してゆこうとする系統学習の理論を心理学的に基礎づけるものであることは、明らかであろう。

3　学習に対する興味の形成

興味は活動の中で形成される

学習に対する興味は、学習そのものの過程の中で形成されるというのが、ウシンスキーの考えであった。現実の反映としての一切の心理現象、心理過程は、活動のなかで形成されるというのは、唯物論的心理学の基本命題の一つである。客観的現実に対する一定の態度としての興味も、われわれの頭脳における現実の事物や現象の特殊な形における反映にほかならない。その態度＝興味がどのような性質のものとなるかは、われわれにはたらきかける現実の特質に依存するとともに、それまでにわれわれに形成された人格の特質に依存する。人間による現実のあらゆる反映がそうであるように、興味も、客観的なものと主観的なものとの不可分の統一である。

したがって、興味はひとりでに発生するものではない。「興味は生徒の生活、活動の過程で形成され、発達するものである。歴史にたいする興味は、生徒が歴史を何度も学習するときに形成され、反対に、地理について学ぶことが少なければ、その生徒にはたいてい地理に対する興味は生じはしない。興味はやってみて成功したもの、そしてそれに対する能力や嗜好が形成されたものについて発生し、発達する。生徒の興味は、教師によって、学校・図書館・家庭などによって形成されるのである。興味は、生徒自身の能動的な生活や活動のなかで発達する。」（シャルダーコフ『学童心理学』明治図書、一九六頁）

この観点に立つならば、子どもたちがすでにもっている「興味の中心」を調べるようなことより、教科自体に対する新しい興味を形成することの方がより重要な問題となることは明らかである。生徒がすでにもっている興味を利用することもたしかに必要ではある。それは教科自体に対する新しい興味を形成するうえでの基礎ともなろう。しかし、すでにウシンスキーが述べていたように、「自分の授業をおもしろいものにすれば、あなた方は、子どもが退屈しはしないかと案ずることはなくなるだろう。しかし、学習においてはすべてをおもしろいものにするということは不可能で、つねにおもしろくないものがあるし、またなければならないということをおぼえていなければならない。子どもに、かれの興味をひくことだけでなく、興味をひかないことをもすること——それを自分の義務を遂行するという喜びのためにすることに慣れさせねばならない」（ウシンスキー『教育学全集・第二巻』八六頁）

間接的興味と直接的興味

自分の義務を遂行するために、あるいは教師の要求にしたがって、仕事そのものには興味はないのに、それに注意を集中させるには、意志的な努力が必要である。一般に、何かの新しい活動に従事する場合には、最初はつねに意志的努力が必要とされるということは、まえにも述べた。だがこの場合、子どもは活動の内容にはまだ興味はもっていなくても、学習の義務を遂行するということ自体に大きな関心、興味をよせていることがある。

入学前の子どもは一年生となることに非常なあこがれをいだいているし、学校へ入りたての子どもたちは、授業とか、教師の要求にしたがって何かをするということに興味をもっている。ただし、この興味は、活動自体によってよび起こされる学習の中身に対する直接的興味ではない。それは、学習に対する一般的な興味であり、学習によってさまざまの知識を獲得し、能力をのばし、社会生活への準備をするという学習の全体的結果に対する興味という意味で、間接的興味ともよばれる[2]。

算数がきらいで、算数には直接的興味をもたない子どもも、それが将来、自分のあこがれる飛行士となるために、あるいは大学へ入学するために何よりも大切な学科であるということがわかれば、彼は、算数の授業にまえよりは一段と注意を向けるようになるだろう。学習に対する興味には、このように学習の結果にたいする間接的興味と直接的興味の二種類があり、これらがともに必要とされる。間接的興味は、学習によって知識を獲得し、能力をのばすことに対する興味——学習一般の社会的意義に対する興味という意味で、それを学習に対する一般的興味とよぶ——という性質をおびることもあり、それは、長期にわたって固く保持され、生徒の毎日の学習活動に重要な意味を与えるものとなる。しかし、これだけでは生徒を実際の学習活動にたち向かわせるには、必ずしも十分でない。実際の学習場面では、もっと直接的な興味がないと、注意は持続しないのである。

興味の分化

ところで、低学年の子どもの場合は、一般に学習に対する興味がまだ未分化であり、あらゆる学習に対して、つまり算数にも国語にも、音楽や図工にも、学習としての明瞭な特徴をもちさえすれば、すべての活動にひとしく興味をもつ。ボジョヴィチの研究によれば、学校へ入ったばかりの子どもにとって、学校で一番おもしろいことは、学習活動のうちでも、義務的・組織的な活動、客観的に意義のある活動としての性格をもったものであった。つまり、この場合は、一般的な学習の義務を遂行すること自体が直接の興味となっているのである。

三、四年の生徒になると学習活動に対する興味が分化しはじめる。学習される教科内容が重要な意味をもってくる。本来の学習に対する興味、つまり、それのおかげで生徒の思考が活発化し、学習中の事実、現象をさらにいっそう深く理解し、探求しようとする意欲を生みだすような興味があらわれる。これこそが、真に価値ある興味と言えるのであって、それはまた認識的興味ともよばれる。

このような興味が生まれると同時に、他方では、ある種の学習は、興味がないように思われはじめ、教科の好き嫌いができてくる。好きになる学科は、たいてい自分の得意な学科であり、嫌いな学科は、ほとんど不得意な学科である。こうして好きになった学科には、その興味に支えられて子どもたちは自然に勉学にはげむが、そうでない学科では、点数その他間接的な興味に支えられて学習がすすめられなければならない。このことは学習活動をいちじるしく困難にするものであって、発達のおくれた子どもには特にむずかしい。この場合には、必要、義務の意識に迫られた意志的努力が必要となるのだが、低・中学年の生徒にはまだこのような力が十分に発達していないからである。しかし、点数が子どもにとって真の意味をもってくるのも中学年頃からである。それとともに、この頃から集団の世論というものが子どもの行動に大きな意味をもつようになり、集団に対する義務の意識が増大する。学級づくりが、子どもの興味の形成にも重要な意味をもってくるのである。

集団の影響

小西健二郎氏は『学級革命』のなかで、先生にほとんど口をきかず、授業中にも発表などまったくしない五年生のある子が、教師をふくめたクラス全体の力で、どのように他の子どもと同じような子どもにまで成長していったかを記録している。五年生になってはじめてみんなの掃除の手伝いをするようになったこの子は、「話し合い」の時に、先生やみんながほめてくれたことで、「ごっこう（たいへん）うれしかった」と回想している。この子を一人前にさせたのは、このみんなのはげましであった。こうした友愛に結ばれたクラスのなかでこそ、子どもの学習意欲も燃えあがり、健康に育っていくのである。

斎藤喜博氏は、こういう集団の燃焼の力を、火鉢の炭火にたとえている[3]。火鉢の炭は、上手に積み上げれば、一つ一つの炭が力を出し合い、強い火力を出して燃焼する。たとえそのなかに、燃えにくい炭が黒く一つあったとしても、全体の火力のなかで、それさえいやでも赤く燃焼する。興味は環境の影響の下に発生し、発達するものであるが、子どもにとってこのような環境となるものの第一は学級集団である。個々の子どもの興味は、非常に多くの場合、集団において支配する興味の反映なのである。子どもの学習に対する興味は、教師をふくめた学級のなかの人間関係によって目覚めたり、強く発展したり、ときには逆に窒息させられたりする。しかし、その興味が、具体的に学習のどの分野に向けられるかについては、学習指導の方法や技術が重要な意味をもつ。

教材に対する受動的興味

学習に対する興味といっても、いろいろある。たとえば、理科の教材のなかに子どものまだ知らないようなおもしろい動物の習性が述べられていれば、子どもたちは目をかがやかせるにちがいない。一般に、「われわれにとって新しいもの、しかしわれわれのまったく知らない、したがってまったくわからないほどの新しいものではなく、古いものを補足し、発展させ、あるいはそれに矛盾するようなもの、要するに、われわれのすでに知っているものと何らかの関連を見出し得るような新しいもの」（ウシンスキー）は、われわれの興味をひく。したがって、新しく伝えられることと既知のことがらとを結びつけること、さらに生徒の興味をひかないもの（それは新しい教材にはつねに出てくる）を生徒の興味をひくことと結びつけることが大切である。こうして科学の「退屈な」公式でも生徒の将来（間接的興味）と結びつけられることによって，いきいきと学習される。だが，教材の説明を，ただ単に生徒をおもしろがらせようとして，興味あるものにすることはよくない。このような興味は，その場かぎりのものであり，それをよび起した事態が過ぎ去るとともに消えてしまう。つまり，これは受動的興味であり，自主的積極的な学習活動とは結びついていないのである。それに，このような気晴らしを教授において濫用することは，子どもの人格形成にもよくない。知的道楽者ができてしまう。ウシンスキーは，このようなおもしろおかしい学習に強く反対していた。(4)

認識的興味の発達

認識的興味は，やさしいものとかおもしろいものでよび起すことはできない。むしろ，それは学習上の困難を克服するのに必要な努力と緊密に結びつくものであり，一定の努力の結果，思考力の緊張の結果はじめて成長するものである。だから，このような興味の形成には，目の前に与えられるような直接的楽しみではなく，明日の喜びを子どもに与えねばならない。課題の遂行には努力が必要だが，それは自分にもできることだということを，生徒に確信させることが大切である。こうすれば，有意的注意は容易に無意的注意へ移行し，困難の克服や，はじめには退屈に思われた作業を遂行することに，いきいきとした興味がおこってくる。

したがって，認識的興味を学習のなかで育てるには，生徒を問題解決の探求と結びついた自主的創造的活動にひき入れることが必要である。一定の困難とか矛盾を含んだ事態や問題を子どもたちに与え，その矛盾や問題を子どもたちに意識させ，それの解決に子どもたちをたち向かわせることが，認識的興味を育てる筋道である。山梨県の山奥のある小学校教師は，社会科で子どもに九州旅行の計画を立てさせたところ，子どもたちはこの架空の修学旅行を自分たちで綿密に計画していくなかで，九州旅行の交通路をはじめさまざまの地理知識をおどろくほどに学んでいった。系統的な知識も、こうした工夫により、子どもたちの自主的活動のなかで、興味をもって学びとられていく。教師の授業中に出す質問、いわゆる問答法も、子どもの認識的興味の発達には重要な意味をもつ。子どもたちの発言や思考に、つねに「どうして」とつっこんでいくことは、真実の探求ということに子どもたちの目をひらかせるもととなる。

小学校高学年から中学生になると、教科に対する興味も、いままでの不安定な状態からしだいに強固なものとなる。生徒に科学的知識というものの意義が理解されて、理論に対する興味が発達してくる。小学校高学年からは諸科学の真の系統的教授も可能となるが、この段階になれば、授業を正しく組織することと同時に、教科内容や教材の科学性、系統性を真に樹立することが、生徒に真の認識的興味を発達させるなによりの条件となろう。

(1) 興味と注意の関係については、「興味というのは、ある対象に対する態度であり、主としてその対象に注意を向ける傾向を生みだす態度をいう」とチェブロフ『ソヴェト心理学・下』(三七三頁) は述べている。
(2) デューイの場合、この直接的興味・間接的興味の意味が、普通の用法とは逆になっていたことに注意されたい (本書八六－八七頁参照) それは人間の複雑な意志的活動をも、衝動や本能によって鋭明しようとする無理から生じたものと考えられる。
(3) 斎藤喜博『授業入門』一九一頁
(4) ウシンスキー『教育的人間学 (新訳版)』学文社、一〇三、一七四頁

第8章　生活的概念と科学的概念

1　知識の役割——知識と自由

系統学習はつめこみか

科学の体系をその体系にそって順に教えていくことは、子どもの自主的思考をさまたげ、一方的つめこみになり、子どもの興味をもよび起こさない無味乾燥な教育になると「新教育」論者は主張した。が、はたしてそうだろうか？この疑問は、科学の体系を教科の系統に正しく組みかえること、教科の系統とはどのようなものかをきびしく吟味することと共に子どもの認識の発達についての正しい見方をとることによって、大部分解消されるだろう。系統学習は、子どもの自主的思考をさまたげるものではなく、逆に子どもに真の自由をあたえるものであるというのが、われわれの作業仮説である。この問題の究極の解決は、実践によるほかはない。授業でこそ勝負はつけられる。しかし、まず子どもが知識を獲得するということは、どのようなことを意味するのかを検討し、ついで子どもの認識の発達に関して正しい見方を可能にするような心理学的研究を紹介することにしよう。

記憶と教育

子どもに知識をむりやりつめこむことは子どもの自主的思考をさまたげるという非難は、たしかに古い型の教育、日本でも戦前のあるいは明治時代の教育にはある程度あてはまるかもしれない。漢文や古典語文法、勅語など子どもにはほとんどその意味もわからず、生活の上でも何の役にもたたないような知識をむりやり棒暗記させることは、子どもの頭脳に破壊的影響をおよぼすことがあったにちがいない。だが、この場合その主要な責任は、第一に、教えられる内容の無意味さにあったのではないか。子どもにその意味もわからず、何の役にもたたない知識の暗記を強いれば、多くの子どもは勉強がきらいになってしまうだろう。

しかし、他方、子どもには、意味はわからなくても、記憶することそのものに異常な関心をもち、何でもかでも覚えたがる時期、機械的記憶が強力にはたらく時代というものがある。一般に、小学校時代というのは、このような時期で、ウシンスキーは、これを機械的記憶の時代あるいは学習の時代とよんだ。この時代をすぎると子どもは論理的に考えること、悟性をはたらかすことに大きな関心をよせるようになる。ウシンスキーは、これを悟性的記憶の時代とよび、ついで理性がとくに活動する理性的記憶の時代がくるとした。こうした精神の順次的発達に応じて、それぞれの時代にふさわしい教育内容を用意する必要がある。この法則をやぶって少年や青年に機械的暗記を強いるときに、精神に破壊的作用がおよぶのである。だから、逆に、機械的記憶が強力にはたらく時代に機械的記憶を豊かにすることを軽視するときには、空虚な理屈家を生むことになる。「教師は、人生のこの短い期間を、思考能力がその活動のために必要とする表象や表象の連合によって子どもの内面的世界を豊かにすることに利用しなければならない。この時代を、もっぱらいわゆる悟性の発達に費すのは大きな誤りであり、子どもに対する罪である。しかし、最近の教育学はこのような誤りに無縁ではない[1]」とウシンスキーは述べている。

湯川秀樹博士も、自分の幼年時代を回想しながらこれと同じことを述べている。「人間が成長してゆくにあたって、はじめの時期、子供の間は無批判に真似をする、考えるというよりも、ただおぼえるということが必要な時期があることはたしかである。

……小学校にまだ入らないころから、いろいろな漢籍、論語とか孟子、その他の中国の古典を教えられた。もちろん小学校へ入っておらない五つ六つのころであるから、意味はわからないのであるが、祖父が大きな字の書いてある漢籍を私の前に置いて、一字ずつ字をつきながら読んでくれる。それをただ私がついて読むだけで意味はほとんどわからない。そういうようなことを何年かしている中に、主だった漢籍は全部教えてもらった。

そういうふうな教え方というものに一体なんの効果があり、なんの意味があったのかということはその当時は自分にはわからなかった。ところがのちに中学校に入り高等学校に入り、一人前の人間になってから振返ってみて、はじめて、その効果がわかった。それは学校で漢字を習うとき全然苦労しなかったということである。

漢文を習っても他の人より非常に楽であり、また幼いときのことは不思議によくおぼえているので、全然意味がわからなかったにもかかわらず、たしかに効果はあったのである。

こういうことはどの方面にもあり、ひとり学問だけでなく、芸能といわれるもの、例えば、音楽・舞踊などでは更にいちじるしいようである。語学もその一つの例で、英語その他の外国語を習うにしても、非常に小さい時分に習うと非常に楽におぼえられる。成長すると、そういうわけがわからずにおぼえる能力はだんだん減退してゆき、その代わりにいわゆる批判力が、だんだんと頭をもたげてくる。(2)」

記憶と創造性

湯川氏は、ここで漢文の素読のようなものを復活させよと言っているのではない。人間に批判力が発達し、独創的な仕事が生みだされる前に、まず無批判に模倣し、記憶することが主となる時代があり、そうした時代には模倣や記憶を大切にしなければならないという主張である。湯川氏は、いうまでもなく日本人のなかでもっとも創造的な仕事をし、すぐれた創造性を発揮された一人であるが、「人間のもつ創造性の本質は何であるか」を論じた書物の中でこのことを述べておられることに注目したい。湯川氏は、記憶と創造力との関係についてつぎのようにも述べておられる。

「人間の創造力というものは、ちょっと考えると記憶力と反対のもののようにみえますが、実はそうではなく、創造性の発現は、相当大量の、そして相当程度まで系統だった記憶を素地として、はじめて可能なのであります。……記憶というものは、極めて重要でありまして、実際に、ことにはじめの方の段階で、記憶を相当量蓄積しておくということがなければ、それからさきの、それ以上の高等な機能というものは発現しえないのであります。人間の頭の働きというものは、そういうふうになっているのであります。」

湯川氏は、とくに心理学の研究に基づいてこうしたことを言っておられるのではない。しかし、人間の創造性というようなもっとも高次の精神現象に関しては、今日の心理学とてなかなか容易には科学的解明をなし得るものではないから、へたな心理学者のいうことよりは大切にしなければならない意見である。そしてまた、多くの古典的教育学者もこれと同様の意見を述べているのである。

知識と自由

ウシンスキーは言う。「教育の仕事は、知能を発達させることにあるのであって、知識を詰め込むことにあるのではないという考え」がある。「だが、心理学は、まさにその知能そのものが、よく組織された知識の体系以外の何ものでもないことを明らかにすることによって、このような慰めが偽りのものであることを暴露している」(ウシンスキー『教育的人間学』三二頁)。さらに、新教育論者は〝自主性、自主性〟とやたらにわめきたて、ついには巧妙な手管で子どもの精神からしゃにむに引き出したようなものを自主性とよんでいるが、これはまったく見せかけの自主性にすぎない、と当時の新教育学を批判しながら、われわれの精神の自主性について次のように述べている。

「外界のわれわれにおよぼす影響の痕跡を保持する記憶の能力は、われわれの内面的生活に自主性を与える。われわれは、世界およびその世界にたいするわれわれの関係としてのこれらの変わり易い印象にではなく、われわれが獲得したそれらの痕跡にたいして、働きかける。そうでなければ、われわれは、植物のように外界にまったく依存した存在となるだろう。クロード・ベルナールは、外界の影響にたいする生体の自主性を内的な生理学的環境の所為にしている（実験医学序説）。われわれは、もっと大きな根拠をもって、記憶は内的な心理的環境を創造し、外界の影響にたいして心に自主性を与えるということができる」（『ウシンスキー教育学全集・第四巻』一六三頁）

　これは、もっとくわしく説明するなら、こういうことだ。われわれが外界の変化きわまりない現象にたいして、その表面的な外見上の変化にまどわされることなく対応できるのは、それらの現象についてのある程度の本質的知識をもっているからである。たとえば、風の変化、天候の変化、植物の生長変化あるいは他人の表情の変化――これらの変化にたいして、それらが変わるごとにものがすっかり変わったかのように考えて行動することになれば、われわれは、たいへんなことになる。外界の変化のままにそれにしたがうというのは、外界に完全に従属し、支配されていることを意味する。動物はこれに近い生活をおくっている。人間がこのような状態から解放され、自由になってきたのは、まわりの事物や関係の本質あるいは法則を、ながい自然とのたたかいと労働を通して認識したからにほかならない。その認識は、事物の一般化としてのことばに表現され、世代から世代へと受けつがれてきた。人間は、それでも外界の変化にしたがわざるを得ない面をもつ。その意味では人間も完全には自由でない。だが、人間は外界の変化に一定の法則があることを知ると、きたるべき変化を予想してそれに備えることができるようになる。またある場合には、その変化を、人間の生活に役立つように利用することさえできる。その意味では、人間は自由をもつ。自然や社会に存在する必然性を認識すること、これが人間の自由の根源なのである。

　この世には、われわれの思うようにはならない、われわれの意志から完全に独立してはたらく法則とか必然性が存在する。これらの必然性を知らなければ、人間はそれらに完全に支配されるが、しかしそれらの必然性を知れば、人間は逆にそれらの必然性を支配するしかたを理解する。したがって、科学的知識こそが人間に自由をもたらすものなのである。このことは、人類が自然の支配からじょじょに解放されてきた歴史についてもいえることだし、子どもがなにもできない赤ん坊の状態から、大きく成長するにつれて、さまざまの自由を獲得していく場合についても、まったく同じようにいえることである。この子どもにおける認識の発達、つまり自由の拡大について、次にかんたんにそのすじ道をたどってみることにしよう。

2　生活的概念について

兄弟とは何か

アルキメデスの法則を説明できる子どもに、「兄弟」というのは何だと聞くと、よく説明できないことがある。子どもは、兄弟とは何かよりも、アルキメデスの法則とは何かの方をよりよく定義するのである。子どもは、兄弟が何かはよく知っている。すくなくとも、われわれにはそのように見える。「兄弟」ということばはおとながよく使うことばだし、子ども自身もたいていまちがいなく使っているからである。ところが、一〇歳をすぎた子どもでも、ピアジェがやったように、兄弟の兄弟というような関係をふくんだ問題を出すと、たちまちまごついてしまう(3)。

意識化されない概念

子どもが日常使っていることばのなかには、このような状態にあるものが多い。子どもは、そのことばであらわされるものが何かはよく知っている。子どもは、その対象についてのある概念をもっている。ところが、その概念そのものがどんなものかは、子どもにはわからないのである。ヴィゴツキーは、就学前の子どもにたずねた。「君は、君を何とよぶか知っているかい?」かれは答えた。「コーリャ。」かれは、質問の中心が、何とよぶかにではなく、かれを何とよぶかをかれが知っているかにあるということを理解できなかった。かれは自分の名前を知ってはいるが、自分の名前の知識を意識していないのである。(4) このように、子どもは、対象についての概念をもってはいても、その概念そのものを、いいかえるとその対象を思いうかべるときの自分の思考活動を意識しない。このような概念を、ヴィゴツキーは「生活的概念」とよんだ。同じような意味で「自然発生的概念」とよぶこともある。要するに、子どもが生活のなかで自然と身につける概念を意味するのである。

子どもの自然発生的な思考や概念については、ピアジェが多くの観察や実験をしているが、ビアジェも、子どもの概念や思考一般のもっとも大きな特徴の一つが、このように自分が自然には正しく利用できる概念を自覚(あるいは意識化)できない点にあるとしている。たとえば、七歳頃の子どもに、「太郎は病気なので、あすは学校へ行きません」のなかの「ので」ということばが何を意味するのかたずねてみると、大部分の子どもは、「それは、太郎が病気だということです」とか、「それは、太郎が学校へ行かないということです」と答える。いずれにしても、太郎子どもたちは、「ので」ということばをふだん使ってはいても、そのことばの意味を意識化するまでにはいたっていないのである。だから、子どもはこのことばを意識的に、随意に使うことはできない。「ので」を使って短い文を書かせてみれば、そのことはすぐわかる。しかし、日常の生活のなかでは、あまりまちがいなく使っているのである。このことは、子どもはごくかんたんな原因や関係を理解することはできても、その理解を意識することはないということを意味している。

意識化の法則

このように自分自身の思想を意識できないこと、そしてまたそこから論理的関係を意識的に定立できないことは、ピアジェによれば、一一、一二歳頃まで、つまり、小学校が終わる頃までつづく。ピアジェは、その原因を子どもの自己中心性にあるとみた。自己中心性とは思考が自己のうちに止まって、社会化を目ざさないことであるから、逆に内観の豊富さが自己中心性の属性のように見える。だが、そうではない。われわれは他人を意識することによってのみ自己を意識するにいたる。他人との衝突、意見の不一致が、自己を意識する直接の原因である。そこで、ピアジェは、自己中心性から脱却し、われわれが自分自身の思想や概念の自覚に至る道は、第一には、クラパレードによって公式化された意識化の法則によるとした。それは、われわれの行為が外界の抵抗にあわないかぎり意識されず、行為が行きづまったときはじめて意識されるというのである。ピアジェは、さらに第二の法則として、「引き写しの法則」をあげている。何かの操作を自覚するということは、それを行動の局面から言語の局面へ移行させること、すなわち、それをことばで表現できるように想像のなかで再現することを意味する。七歳位までの間に、児童は行動の面において外界への順応を一応完成する。それの言語面への引き写しは、七・八歳からはじまり、一一・一二歳で完成するというのである。(5)

ヴィゴツキーの批判

しかし、ヴィゴツキーは、これら二つの法則は、学齢期のあいだに非自覚的概念から自覚的概念への移行がどのようにしておこなわれるのかを、なんら説明するものにはなっていないと、批判する。クラパレードの意識化の法則は、人が意識化をいつ必要とするか、あるいは必要としないかを指示するだけで、意識化の機能は説明しても構造の問題、すなわち、この意識化の手段は何か、どのような障害にそれはぶつかるのかは、説明しない。第二の引き写しの法則は、行動の局面と言語の局面との本質的相違を見落して、単純に二つの過程の繰り返しを説くだけであり、自覚あるいは意識化がどのようにしておこなわれるかの説明にはなっていない。

それでは、ヴィゴツキーは、意識化の過程の心理学的本性をどのようなものと考えたか。意識化するということは、「兄弟」なり「ので」ということばを別のことばできちんと説明できること、つまり定義できることを意味する。ということは、それらのことば、あるいはことばであらわされる概念のあいだに、一定の体系ができているということである。もし、それらの概念が、ばらばらにしか子どもの頭にはいっていなければ、それらをつなぎあわせることはできない。ということは、それらを随意に、自由に使うこともできないことを意味する。

ヴィゴツキーは、そこで、「概念は体系のなかでのみ自覚性と随意性を獲得することができる。それはちょうど自然発生性、非自覚性、非体系性が、子どもの概念の本性のなかの同一のものをよぶための三つの異なることばであるのとまったく同じである(6)」と語っている。概念の非自覚性の原因は、自己中心性にあるのではなく、自然発生的概念の非体系性のなかにあると、ヴィゴツキーは言うのである。

生活的概念の非体系性

子どものもっている知識が十分に体系化されていないということは、だれにも知られた事実といえよう。パヴロフの先生であったセチェノフは、それをつぎのように表現している。「子どもの知的世界には、個々のものがグループを形成することなく、ばらばらに住んでいるが、おとなの世界では、それらが一連の体系に分類されている(7)」つまり、子どもの思考の特徴は、ものを有機的に結びつけて見るのでなく、ばらばらに見ているところにある。だから、それらについての概念も、子どもの頭のなかでは、ばらばらに住んでいるのである。これは、異なる事物の関係についてだけあてはまるのではない。一つの事物でも、それにふくまれるさまざまの側面とか属性は、もともとは有機的に結びついている。ところが、子どもは、そのものをそのようなものとして頭に反映することができなくて、さまざまの側面を切り離して見ていることがある。

二つの形の等しい金魚鉢に同量の水をいれる。つぎに、一方の水を洗面器に移すと、子どもは水の量が変わったという。ある子どもは水がふえたというし、他の子どもは減ったという。ふえたという子は、水面の面積の広がりに着目したのであり、減ったという子は、高さの減少に着目したのである。つまり、子どもは変化の一面しか見ないのである。高さは減っても面積が広がれば同じだということ、あるいは面積が広がっても高さが減れば同じだということの認識は、多面的な認識であり、現象的把握ではなくて、本質的把握である。

一つの鉢の水を五つのコップに分けたとする。この場合は、現象的には、たいへんな変化である。しかし、水の量は変わらない。ところが子どもは変わったと断言する。

そういえば、おとなでも、一万円札をこわすと、時にはもうけたような、時には損をしたような感じをふっともつことがある。心理学で「退行」とよぶ現象があるが、これもその一種であろう。つまり、子どもの心にもどるのである。

感性的・印象的には、たしかにこれらの場合大変ちがって見える。しかし、本質たる量は変わっていない。このことを理解するには、ある程度の抽象的思考が必要である。しかし、この場合、量はどれだけ分割しても、もとへ戻せば同じになるということは、実際にそのような操作をしていればしだいに子どもにもわかってくる。そして、やがては実際に操作しなくても、頭のなかでその操作を代行し、量は変わらないのだと結論できるようになる。そうするうちに、「量の保存」という一般的概念が、つまりこういう場合はどんな時も量は変わらないのだということがわかってくるのである。ピアジェは、こうした量の保存概念は、物質の保存で八、九歳、重さの保存で九、一〇歳、体積の保存で一一、一二歳ごろに成立すると述べている(8)。

この概念ができると、たとえば粘土の形の変化によって、量が減ったり増えたりするという発言に、矛盾を感じるようになる。この矛盾を感ずるようになるというのは、高さが減った、幅が広がった、面積が大きくなったという個々の事実をばらばらに見るのではなくて、それらを一定のつながりのなかで見るようになったことを意味する。すなわち、一定の体系が、子どもの概念のあいだにできた

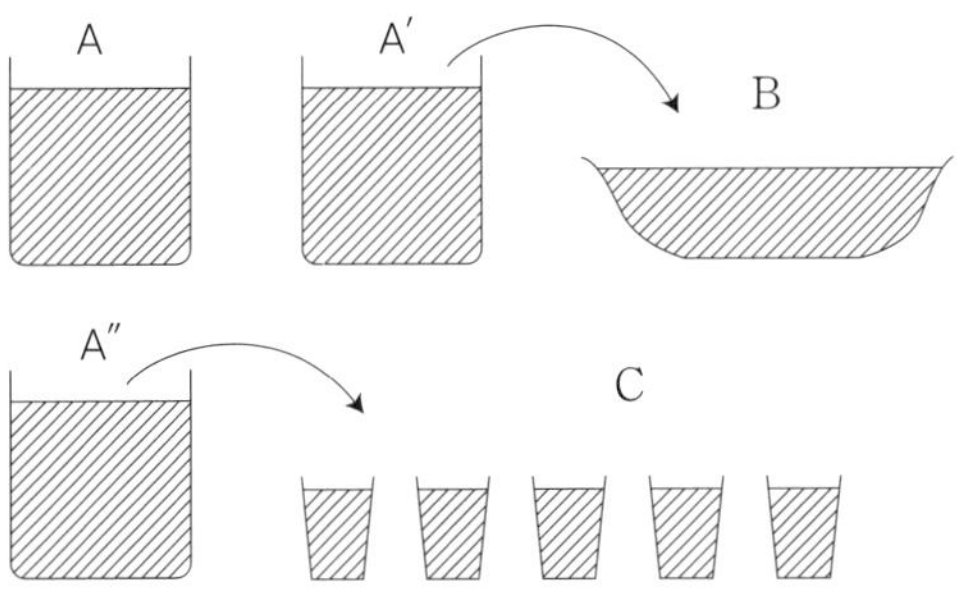

のである。

知覚の論理

このような体系ができていないときには、子どもは平気で矛盾したことを言う。ウソを言う。それは、矛盾を矛盾として自覚しないからなので、子どもに罪はないのである。たとえば、「これは、大きいから沈んだのだ」と言ったすぐあとで、「これは、小さいから沈んだのだ」と言っても、子どもはその間に矛盾を感じない。ヴィゴツキーは、「知覚の論理は、一般に矛盾を知らない」と言っている、子どもは、この論理の見方にだいたい立っている。実際、あるときは大きなものが、あるときは小さなものが沈むのを、子どもは自分の目で見ている。だから、いくら矛盾を指摘されても、子どもは「ぼくは、ちゃんと見たよ」と固執するだろう。つまり、子どもの判断にふくまれる思考というのは、実はたんに次のようなものにすぎないのである。「私は、大きなものが沈むのを見た」、「私は、小さなものが沈むのを見た。」だから、子どものことばのなかにでてくる「から」は、実は因果関係を本当にあらわしているのではなく、そのような関係はまだ子どもには意識化されていないのである。

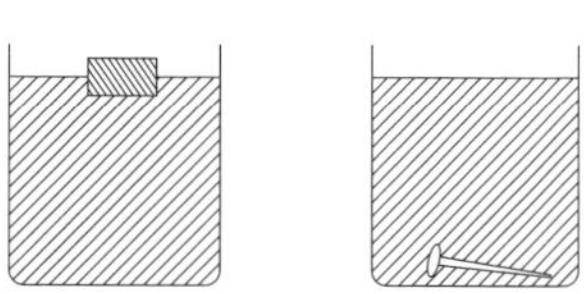

概念の体系性

ヴィゴツキーは、このようにして、あれこれの概念の心理学的特性を規定するうえで基本となるものは「体系性」であると主張した。体系の外にある概念は、一定の体系の内にあるときとはまったくちがったしかたで対象と関係する。たとえば、「花」という概念の対象にたいする関係は、サクラ、バラ、チューリップなどのことばをまだ知らない子どもの場合と、これらのことばを知っている子どもの場合とでは、まったく異なる。体系の外では、対象のあいだに経験的に設定される結合のみが、概念のなかに存在し得るにすぎない。ここから児童に特有な行動の論理や混同心性、あるいはピアジェのいう自己中心的思考が生まれるのである。体系とともに、他の諸概念との関係を通した、ある概念の対象にたいする間接的関係が発生する。こうして、概念のなかに超経験的な結合も可能となるのである。

ヴィゴツキーは、「自然発生的概念とそうでないもの、とくに科学的概念との第一のもっとも決定的な相違は、それらが体系の外にあるということである」と言っている。自然発生的概念や生活的概念が、まったく体系の外にあるというのは、言いすぎであろう。ほかの概念との何らかの関係なしには、個々の概念の存在さえ不可能である。概念は、感性的直接的知覚よりも現実をより豊かに反映するものである。そのことは、対象のあいだに複雑な結合、関係をうちたてるという道による以外はあり得ない。「机」の概念は、さまざまな色・形・大きさをもった机、イスやテーブルなどとのあいだに関係をつけるときはじめて形成される。だから、概念の本性そのものが他の諸概念との一定の関係を前提とするのである。

だが、マルクスは、「もし、物の現象形態と本質とが直接的に一致していたら、あらゆる科学が余分なものとなろう」(9)と言っている。生活的概念は、対象をその外的現象において反映するにすぎない。科学的概念がそれと同じようなものだったら、あらゆる科学的概念は余分なものであろう。科学的概念は、対象にたいするある独自な関係を前提としなければならない。その関係は、ヴィゴツキーによれば、つぎのように特徴づけられる。「科学的概念は、いかいかいか、ほかの概念を媒介とするものである。したがって、それ自身のなかに、対象にたいする関係と同時にほかの概念にたいする関係をも、すなわち、概念体系の要素を含むのである。」この場合の概念相互の関係は、現実の直接的知覚から得られるような関係ではない。それは、現実をただありのままに見ていただけでは出てこないのである。その関係をつかむためには、現実をいちおう離れる必要がある。ということは、概念の一定の体系として存在する科学を学ぶことにほかならないのである。

3　科学的概念の形成

上から下への発達

科学的概念は子どもにどのようにして形成されるか。科学的概念の子どもにおける発生は、生活的概念の発生とちょうど逆の道をたどると、ヴィゴツキーは言う。生活的概念の発生は、子どもがあれこれの事物に直接に関係することと結びついている。たしかに、その場合同時に、おとなの側からの説明にもあうかもしれない。だが、とにかくそれは生きた現実の物である。そして、子どもは長い発達の過程の後に、はじめて対象の意識化に、それから概念そのものの意識化に到達するのである。これに反して、科学的概念の発生は、物との直接的な接触によるよりも、むしろ対象にたいする間接的な関係から始まる。つまり、概念そのものにたいする作業から、概念のことばによる定義から始まる。だから、科学的概念においては、子どもはしばしば物よりも、概念そのものをよりよく意識化している。生活的概念では、子どもは物から概念へと進むのにたいし、科学的概念では、しばしば逆の道、つまり概念から物へと進むのである。

知識体系の教授の過程では、子どもは自分の眼前にないもの、自分の直接的経験の範囲をはるかに越えたものごとを学ぶ。しかし、外国語の学習が、すでに獲得している母語の知識に基礎をおくのと同じように、科学的概念の習得は、子ども自身の経験の過程で形成された概念に基礎をおく。科学的概念の体系の習得は、子どもの思考の自然発生的活動によって発達した、すでに広範に形作られた概念組織を前提とする。そして外国語の場合に、その習得が実世界との新たな交渉なしに、すでにいちど歩んだ発達過程を繰り返すことなしに、実世界と新たに習得する言語とのあいだにある、以前に習得した他の言語体系を通じておこなわれるのと同じように、科学的概念の体系の習得は、まさに客観世界へのこのような間接的関係を通ずることによって、以前に形成された他の諸概念を通ずることによって可能である。このような概念形成は、概念体系内の自由な運動、以前に形成された一般化の一般化、以前の概念のより意識的・随意的な操作と結びついたまったく新たな思考活動を要求する。

科学的概念は、このようにして、子どもの自然発生的概念が、その発達においてまだ到達していないところの水準から生活を始める。科学的概念の強さは、それが概念の高次の特性――すなわち、自覚性と随意性――をもつところに現われると、ヴィゴツキーは言う。これらの特性は、自然発生的概念においては、学齢期を通じて未発達のままにとどまることもまれではない。つまり、生活的概念の弱さがあらわれるところで、科学的概念の強さがあらわれるのである。一方、生活的概念の強さは、具体性や経験の領域にあらわれるが、まさにそこに科学的概念の弱さがあらわれる。生活的概念の発達は、具体的な経験の領域に始まり、概念の高次の特性――自覚性と随意性へと運動する。が、科学的概念の発達は、自覚性と随意性の領域において始まり、その後に個人的経験と具体性の領域へと進んでいく。これはまさに正反対の道である。生活的概念は、下から上へ、概念のより初歩的な低い特質からより高い特質へと進む。これにたいし、科学的概念は、上から下へ、より複雑でより高次な特質から、より初歩的で低い特質へと発展する。

科学的概念と生活的概念との相互関係

とはいっても、科学的概念がとつぜん上から天降るわけではない。科学的概念の発生には、いわばその前史がある。子どもが一般に科学的概念を習得し、それを自覚し得るためには、生活的概念の発達が一定の水準にまで達していなければならない。体系やそれと結びついた自覚性は、子どもの概念界に、外部から、子ども自身の概念形成の方法や使用の方法をおしのけてはいってくるのではない。それら自身が、十分に豊かな成長した子どもの概念の

	２年生	４年生
「ので」という因果関係の接続詞をもった文の完成		
科学的概念	79.7	81.8
生活的概念	59.0	81.3
「のに」という矛盾関係の接続詞をもった文の完成		
科学的概念	21.3	79.5
生活的概念	16.2	65.5

生活的概念と科学的概念による問題解決の比較
（数字は解答率）

存在を前提とする。これらの概念なしには、子どもは自分が意識化し体系化すべき対象をもたないことになる。だから、たとえば、子どもの歴史的概念が、その発達の道を歩みはじめるのは、子どもの過去についての生活的概念がある程度分化し、かれの生活、かれの周囲のものの生活が、かれの意識のなかにごく初歩的な一般化の形であるにせよ、「昔と今」という概念をうえつけたときにのみ可能なのである。

また、他方、子どもは科学的概念を習得しはじめると、比較的容易に、「兄弟」という生活的概念がもっていたような弱さを克服する。生活的概念は、科学的概念を通じて上へ成長し、科学的概念は、生活的概念を通じて下へ成長するのである。「下から上への自分の発達の長い歴史を歩んだ生活的概念は、科学的概念の下への成長の道を踏みならす。なぜなら、それは概念の低次の要素的特性の発生に必要な一連の構造を作りだしているからである。同じように、上から下への道程のある部分を歩んだ科学的概念は、そのことによって生活的概念の発達の道を踏みならし、概念の高次の特性の習得に必要な一連の構造を用意する。」

ヴィゴツキーのこの理論は、かれの指導の下におこなわれた実験のデーターに基づいている。それは、社会科の授業で子どもに形成された科学的概念と生活的概念との比較研究をおこなったものであるが、右の表は、科学的概念の分野においては生活的概念におけるよりも高い自覚水準に生徒がいることを示している。それとともに、科学的知識の習得がすすむにつれて、生活的概念の自覚も因果関係の分野においては急速に高まることを示している。矛盾関係に関する思考は四年生で、二年生の因果関係に関する思考と似た状況に達する。生活的概念が十分に成熟していないときには、科学的概念も発達し得ないことをこの表は示している。

科学的概念と生活的概念とのこのような相互関係は、外国語と母語との関係にほぼ近いとヴィゴツキーは言う。外国語は、子どもの母語に基づいて発達する。そして、自分自身の発達につれて、逆に母語に影響をあたえはじめる。ゲーテは、「一つの外国語も知らない人は、自分の国語も本当には知らない」と言った。外国語の習得は、子どもの母語をも、言語形態の意識化、言語現象の一般化、思考の道具・概念の表現としてのことばのより意識的・随意的な利用という面において、より高次の段階にまで高めるのである。

ヴィゴツキーは、またこの関係は、代数と算術との関係にもあてはまるということを述べている。代数の習得は、すべての算術的操作を代数的操作の特殊例として理解することを可能にし、具体的量の操作により自由で抽象的・一般的な、そしてそのことにより、より深くて豊かな見方を与えることによって算術的思考をいっそう高い水準に高める。

科学的概念が発達すると、それとともに体系もまた発達する。概念体系にも、当然、低次のものと高次のものとがあるわけだが、科学の学習が進むにつれて、子どものもつ概念の体系はより高次のものに発展する。そのことは、子どもの精神のなかにある概念全体が、じょじょに体系化することを意味する。科学的概念の分野で発生する最初の体系は、生活的概念の分野へも構造的に移行し、それらを改造し、それらの内的本性を上から変えるのである。

科学的概念と生活的概念とのこのような相互関係は、科学的概念が生活的概念とまったく同じ発達の歴史を繰り返していたのでは生じないだろう。これらのあいだの関連と、たがいが他におよぼす大きな影響は、二つの概念の発達が、異なった道、異なった方向をとるからこそ可能なのである。もし、科学的概念の発達路線が、生活的概念の発達路線を繰り返すものにすぎなかったとしたら、どうだろう。科学的概念の習得は、新しい概念の増大、概念界の拡大、子どもの語彙の増加にすぎなくなろう。だが、もしヴィゴツキーのいうように、科学的概念の習得が、生活的概念の発達を先回りし、子どもがまだ通過していない発達のある領域を発達させるとすれば、つまり、子ども自身にはまだそれに対応する可能性が成熟していない領域でその教授＝学習がおこなわれるとすれば、そのときには、科学的概念の習得は、子どもの知的発達の過程において実に偉大な役割をはたすことができると考えることができよう。

それと同時に、科学的概念の発達に関するヴィゴツキーのこのような理論は、学校における科学教育のあり方にもさまざまの示唆をあたえる。すなわち、科学の体系にそった系統学習の必要を基礎づけるとともに、子どもの興味とか生活を中心にすえて、教育内容を編成しようとする生活教育の思想が、どのように危険な誤りをふくんだ考えであるかを明らかにしてくれる。ヴィゴツキー自身、ソビエトの学校に導入された生活教育、コンプレックス・システムは、子どもの発達に関する誤った理論に基づくものとして、きびしく批判している。しかし同時に他方、ヴィゴツキーの理論は、科学教育が実生活から遊離することの危険をも指摘し、科学教育の基礎となり土台となる生活的概念を豊かに準備することの必要を明らかにしている。低学年教育の問題や生活綴方の役割を考えるときに、この理論は重要な意味をもつだろう。

それらの問題の検討に移るまえに、生活的概念と科学的概念との比較検討から、発達と教育との関係というより一般的な問題に関してヴィゴツキーが到達した興味ある理論を紹介しておこう。

4　発達と教育との関係

児童中心主義の発達観

学校教育を受けつつある子どもの頭脳において科学的概念はどのように発達するか？　そのさい、教授－学習の過程と子どもの意識における科学的概念の内面的発達過程とはどのような関係にあるのか？　ヴィゴツキーは、まずこれらの開題に関する従来の学説を検討する。

第一に、教育と発達とを二つの相互に依存することのない独立の過程として考える見方がある。子どもの発達は、自然的法則に従い、成熟のような形で進行する過程と見られ、教育は発達の過程で発生する可能性の純粋な外的利用として理解される。この見解の典型的表現は、子どもの知的発達の分析において、発達からくるものと、教育からくるものとを綿密に区別し、これら二つの過程の結果を純粋に孤立した形でとらえようとする試みである。

ピアジェの研究はこのタイプに属する。また児童中心主義者の発達観もこれに属することは明瞭である。この見解にたつと、教育が発達に依存することはあっても、発達は教育に依存しない。発達は、教育のために可能性を作りだすが、教育過程において実現されるこの可能性も、完全に自分自身のうちで作りだすものと考えられる。教育は、このようにして、いわば成熟の上に建て増しされるものにすぎないのである。二歳の子どもに読み書きを教えることはできない。五歳の子どもに歴史を教えはじめることはできない。したがって、教育が可能となるためには、どのような種類の機能がどれほどの成熟段階に達していることが必要であるかを明らかにすることが、教育心理学のもっとも重要な課題となる。この見解の本質は、発達が先行し、教育はつねに発達の後に追随するということばに表現されると、ヴィゴツキーは述べている。

また教育と発達とを二つの独立した過程と見るとき、生活的概念と科学的概念とはしばしば敵対的関係にあるものと見られ、科学的概念は自然発生的概念より発生したり、それらを改造するというよりも、むしろそれらを追い出し、それらに取って代わるものと考えられる。自己中心的思考とかアニミズムは、このような退治されるべき悪とみなされ、子どもの実感、子どもがありのままに見たこと、感じたこと、考えたことなどがおさえつけられてしまうことになりかねない。

連合主義の発達観

第二に、子どもの意識内における科学的概念の発達過程と教授‐学習過程とがまったく一致するという考え方がある。科学的概念は、子どもの意識のうちにはそれ自身の成長の歴史をもたない。それはできあがった形で外からあたえられる。したがって、科学的概念の発達は、子どもにたいする科学的知識の教授、子どもによる科学的知識の習得の過程に帰せられる。

この見解は、より一般的には教育（学習）と発達とを同一視する考え方といえよう。この理論の基礎には、古い連合主義がよこたわっている。連合や習慣の形成が、学習および発達のすべての基礎によこたわることを明らかにしようとしたアメリカのジェームズ、それにソーンダイク、さらにその後の行動主義心理学に、このような考え方の傾向を認めることができる。条件反射を機械的なものに考えてしまうと、やはりこのような発達観になるだろう。子どもは教育されただけ発達する。教育の一歩一歩が、発達の歩みに対応している。第一の理論では、発達が教育に先行するのであったが、ここでは、発達と教育は同時的に進む。いやそれよりも、教育と発達とは同意語であり、両者の相互関係というようなことを言うのがすでに無意味となる。

したがって、この見解は、発達の独自性を認めない。発達が、教育と不可分に結びつきながらも相対的な自立性、独自性があるということを認めないと、人間を一種の機械的な存在と見る機械論的な誤りにおちいることになる。発達と教育とを統一的な過程としてとらえ、教育が子どもの発達に決定的・主導的役割をはたすと主張してきたソビエトの心理学や教育学でも、このような機械的な見方にまま陥ることがあったと反省されている。(10)

概念の形成は、連合のたんなる集積ではない。それは、複雑な真の思考活動であり、科学的概念が意識に発生するためには、子ども自身の思考がその内部的発達において高度の段階に達していることが必要である。概念は、心理学的にはことばの意味と考えてもよいが、それは必ずしも一定したものではなくて、特に子どもにおいては低次のものから高次のものへとつねに発達する。その発達の本質は、一般化のある構造からより高次のタイプの構造への移行にある、だから、子どもが、一定の意味と結びついた新しいことばをはじめて習得するとき、ことば（あるいは概念）の発達は終わるのではなくてその瞬間から始まるのである。

このような概念の形成あるいは発達の過程には、有意的注意、論理的思考、抽象・比較・一般化などの諸機能の発達が必要であり、単なる記憶だけでは決してすまない。また、実際にも概念の直接的伝達は、事実上不可能であり、また無益であるということを、教育経験は示している、トルストイは、それを子どもに平衡の法則によって歩くことを教えるのと同じように不可能なことであり、むだなことだと言った。要するに、それは、たんなることば主義の教育にほかならない。

科学的概念と生活的概念との正しい相互関係に目を向けるとき、発達と教育との関係について**第三の**見方が可能となる。科学的概念の形成は、生活的概念が一定の発達水準に達していることを前提としていた。しかし、それと同時に、科学的概念の習得は、生活的概念の発達を先回りし、子どもにはまだそれに対応する可能性が成熟していない領域で、その習得がおこなわれるということを上で見た。ヴィゴツキーは、これを書きことばの習得を例にして説明している。

書きことばの習得

子どもにおける話しことばと書きことばとの発達水準はいちじるしく食い違う。それは書きことばが、「ことばの代数」であり、抽象的思考が直観的思考と区別されるのと同じように、話しことばから区別されることに基づく。話しことばと書きことばとの食い違いは、自然発生的・無意的・無自覚的活動の発達水準と抽象的・有意的・自覚的活動の発達水準とのちがいである。そして、注目すべきことには、書きことばの学習の開始期には、書きことばの基礎によこたわるすべての基本的精神機能がその発達の過程をまだ終えていないばかりか、始まったばかりのところであるということである。たとえば、話しことばによるコミュニケーションの欲求は幼年時代を通じてつねに発達しているが、書きことばに対する欲求や動機は、文字を習いはじめる子どもにはまったく未成熟なのである。

こうして書きことばの学習は、未成熟のまだ発達を開始したばかりの心理過程に基づいておこなわれるのだが、同じことは、算数・文法・理科などの学習に関してもいえる。そして、実はこれらの教科を学習するなかで、自分自身の能力を随意的に操作する力、自覚性など――これらの学習に必要な基本的精神機能――は発生し、成長するのである。つまり、これらの機能の発達は、学習の開始に先行するのではなく、学習の過程と不可分に結びつきながら、そのなかでおこなわれるのである。書きことばと話しことば、科学的概念と生活的概念とが、ここから複雑な相互関係をもつということはすでに述べた。

発達曲線と教育曲線

発達の過程と教育の過程とが一致せず、発達のリズムとかテンポは、教育のそれとはちがう例として、ヴィゴツキーは、さらにつぎのような事実をあげている。

加法は乗法の前に教えるというように、算数では一定の順序で知識は教えられる。しかし、発達の観点からすると、この過程の個々のモメント、個々の環は、まったく異なった価値をもつことがある。算数教育の過程における第一、第二、第三、第四の環は、算数的思考の発達にとって本質的意味をもつほどのものではないが、第五の環は、その発達にとって決定的な意味をもつということがある。発達曲線はここで急激に上昇し、その後の教育過程の環を先回りしてしまう。学習のこの点で、発達に急変が生ずるのである。子どもは、もちろん、教育過程のつぎの環をも習得せねばならない。しかし、それらは以前の環とはまったくちがったしかたで習得される。というのは、それらは事実上、すでにいま習ったことの中にふくまれているからである。すべての教科にこのような本質的モメント、根本的概念が存在するのではないかと、ヴィゴツキーは言う。後に述べる、算数の水道方式における「水源池」

も、このような根本的概念に相当するものだといえよう。

ところで、もし発達過程が教育過程に完全に一致するものであったら、教育の各モメントは、発達にとって同様な意味をもち、両曲線は一致するだろう。事実はそうではない。子どもには学校で、十進構造をこのようなものだとして教えることはできない。子どもには、数字の書き方、加法・乗法・計算問題・応用問題の解き方が教えられる。これらの結果、子どもには十進構造についてのある一般的概念が発達するのである。以上から言えることは、何かの算数的操作、何かの科学的概念の習得によって、その操作や概念の発達は終わったのではない。むしろ、発達はそこで始まるのであり、発達曲線は学校の教育課程の進行曲線とは一致しない。そして、基本的には、教育は発達の前をすすむのである。

発達の最近接領域

それでは、発達の一定水準が教育の前提となるということと、上の命題とはどのように関係づけたらいいか。ヴィゴツキーは、ここで「発達の最近接領域」という概念をつくりだした。自分の果樹園の状態を明らかにしようと思う園丁が、成熟した、実を結んでいるリンゴの木だけでそれを評価しようとするのはまちがっているのと同じように、心理学者も、子どもの発達状態を評価するときには、成熟した機能だけでなく、成熟しつつある機能を、現在の水準だけでなく、発達の近接領域をも考慮しなければならないと、ヴィゴツキーはいう。どのようにそれをするか。

従来の知能テストによって測られるのは、現在の発達水準である。二人の子どもをテストし、両者とも知能年齢が八歳だったとする。ところが、これらの子どもについてさらに八歳より上のテストをあたえ、教示、誘導的な質問、解答のヒントなどの助けを与えながらこれを解かせると、一人は一二歳までの問題を解くのに、他の子どもは九歳までの問題しか解けないことがある。この知能年齢、あるいは自主的に解答する問題によって決定される現在の発達水準と、子どもが共同のなかで問題を解く場合に到達する水準とのあいだの相違が、子どもの発達の最近接領域を決定する。

従来のテスト論者の考えでは、子どもが自分一人で解いたのではなく、他人の助けを借りて解いたようなテストは、何の価値もないとみなされる。しかし、ヴィゴツキーは、子どもの発達過程を真にダイナミックな姿においてとらえるためには、このような解答をこそ大事にせねばならないと考えた。それは、すでに成熟したもの、発達のすでに完成した機能ではなく、いままさに成熟しつつある機能を明らかにしてくれる。おとなの助けを借りて子どもが今日なし得ることは、明日には一人でできるようになるだろう。だから、発達の最近接領域というのは、子どもの明日の発達水準を示すものなのである。

ここで共同学習とか模倣の教育的意義をあらためて考えてみなければならない。子どもは、共同のなかではつねに自分一人でやるよりも多くのことをすることができる。子どもはできることからできないことへ模倣を通じて移行する。発達にとっての学習の意義も、実はここに基礎をおく。模倣は、教育が発達におよぼす影響の実現される主要な形式である。言語の教育、学校における教育は、ほとんどが模倣に基づく。まさに学校において子どもは、自分が一人でできることではなく、自分がまだできないこと、しかし教師の協力や教師の指導のもとでは可能なことを学ぶのである。教育において基本的なことは、まさに子どもが新しいことを学ぶということである。子どもの時代の教育は、発達を先回りし、自分の後に発達をしたがえる教育のみが正しい。しかし、子どもの教育は、子どもがすでに学習できることについてのみ可能である。教育は、模倣が可能なところでのみ可能である。その可能性は、子どもの発達の最近接領域によって決定される。教育が、発達においてすでに成熟しているものを利用するにすぎないのであったら、それ自身が発達の源泉、新しいものの発生の源泉となることがなければ、教育はまったく無用のものとなろう。

明日の発達水準

したがって教育学は、子どもの発達の昨日にではなくて明日に目を向けなければならない。ところが、実際には、このように子どもの明日の発達に基づくのではなくて、昨日の発達水準、あるいは今日すでに成熟している子どもの思考の特質にのみ基づいて、教育をおこなわねばならないと主張する教育論がある。ソビエトの二〇年代における「コンプレックス・システム」も、その一つであった。このシステムは、子どもの思考の特質にあうものだと主張された。だが、ヴィゴツキーは、それは、子どもが学校へ入学したら追いこしていかなければならないものを子どもの発達のなかに定着させようとするものであり、就学前の子どもにふさわしい教育システムを学校にもちこむものとして批判した。デューイの児童中心主義的教育思想に影響をうけたコンプレックス・システムは、子どもにもっとも抵抗の少ない線を目安とし、就学前の子どもの思考の弱い面を学校教育で定着させようとした。それは、子どもの発達を自分の後にしたがえるかわりに、その尻にしたがう教育だったのである。

「教育は、それが発達の前を進むときにのみよい教育である」――これが、発達と教育との問題に関して、ヴィゴツキーが到達した結論であった。教育は、発達の最近接領域によこたわり、まさに成熟せんとしつつある一連の機能をよび起こし、活動させるような教育でなければならない。このような教育は、現在の発達水準ではなく、発達の最近接領域、つまり明日の発達水準につねに目を向けておこなわれなければならないのである。

5　生活学習の諸問題

科学的概念を、それ自身の体系と論理にそくして学習する系統学習に対して、子どもの社会的生活を学習の中心的題材とし、この生活を通し、生活との密接な関連の中で学習を進めようとする生活学習の主張がある。しかし、生活学習にもさまざまの種類がある。なによりも教育の全体系の中でそれがどのような位置を占めようとしているかによって、生活学習がはたす機能にも根本的相違が出てくる。これらの生活学習が教育的にどのような意義をもつかを、上述の科学的概念と生活的概念との相互関係という視点から検討してみることにしよう。

デューイの生活教育論

科学の系統的教授を極度に排斥し、すべてを子どもの生活を中心に学習させようとしたのが、デューイを主唱者とする経験主義の教育理論である、それは、科学的概念の発達の独自性を認めず、生活的概念の増大・成長のなかで、あるいはその連続線上におのずと科学的概念が発生するという見方だといえよう。「教育は経験の連続的改造として考えられねばならない」という（デューイ「教育信条」）思想はその端的な表現とみられる。要するに、デューイは、科学的概念と生活的概念との質的な相違を重視しなかったのである。この両者の相違は、科学と常識との相違に近い。常識は、日常経験のなかから、日常生活に直接に役立つ範囲内で形成された概念の比較的にまとまった体系である。それは、その社会の限られた条件のなかでは有効であるかもしれないが、広い一般性はもたない。科学は、こうした直接経験の狭い範囲を乗りこえ、物の現象形態を通り抜けて本質にせまるところに特質がある。科学は、そのために現実をいちおう離れる。科学もやがては生活に役立つことを願うけれども、しかし生活への直接的効用ということからもいちおう離れなければ、本質の把握はできない。ところが、生活にとっての有用性を真理の基準と考えるプラグマティズムの哲学にあっては、科学の法則や真理も現象的世界・日常的世界の枠内にとじこめられ、主観的なものに解消されてしまう[11]。こうした世界を乗りこえようとする科学は、古い形而上学として排斥されるのである[12]。したがって、当然、学校の教育も、生活を中心に営まれることとなる。「学校は現在の生活、すなわち児童にとって彼が家庭において、近隣において、あるいは運動場において営んでいるところのものと同じように、現実の活き活きした生活を表示せねばならない。……学校生活は、じょじょに家庭生活から成長すべきである。学校は、すでに家庭において児童に親密であるところの活動をとりあげ、かつ継続すべきである。[13]」こうした教育が、生活的概念の発達路線をくり返すものにすぎず、子どもの明日に目を向けずに、昨日の発達水準に依拠する教育であることは明らかであろう。生活的概念を離れて、それとは質的に異なる科学的概念を子どもの教育にもちこむことは、「児童の本性を冒瀆」（デューイ「教育信条」）するものとして非難されたのである。

低学年社会科の問題

教育の全体系をこのような生活学習におきかえようという主張は、さすがに今日ではあまり見られない。わが国で今日、このような生活学習の主張が比較的純粋な形でとどめられ、実践されているのは、低学年教育、とくに理科・社会科の分野である。

低学年社会科は、純粋に経験主義教育理論の産物といえよう。身近な社会生活の直接的観察や経験、生活上の具体的問題の解決が、そこでは何よりも重んじられる。しかし、直接的な生活経験のなかから、社会生活上のどんなことが子どもに認識されるのだろう。

子どもは、ふだんの日常生活の中で生きるための生活技術や生活的概念を直接身につけていく。しかし、それは、学校以外のところで大部分身につけられるものである。さらに今日の学校では、学校内外の子どもの生活に関して「生活指導」をとくに用意することが考えられている。したがって、当然、社会科では、社会生活に関するより知的な認識をねらうことになろう。だが、社会生活の諸現象は入り組んだ多数の要因の産物である。子どもたち、いや、おとなたちの目をあざむくこともまれではない。

「しごとによって、はたらく人たちのふくそうはちがっています。ビルディングをつくる人たちは、てつのぼうしをかぶって、ちかたびをはいています。」

「ゆうびんやさんは、あめの日やゆきの日でも、ゆうびんをとどけてくれます。」

このような現象的なことがらを子どもに確認させることも、後に述べるように、やり方によってはまったく意味がないわけではない。子どもは、身のまわりのことでも、ぼんやり気づかずにすごしていることもまれではないからである。農村の子どもでも、田植えは何月にするのかという問に答えられないことはよくある。だから、こういうようなことを意識化させるのは、意味のないことではない。しかし、問題は、これを社会科としてやることになると、たんに事実を確認させるだけでなく、事実をいろいろと意味づけしようとする。それでなくては、社会科の存在理由もなくなるからである。だから、あれが「おまわりさん」ですということだけでなく、おまわりさんは、わたしたちが安心してくらせるように、町をみまわります。こんなおまわりさんにみなさんも感謝しなければなりませんね、というようなことになる。そしてこれが、実は、文部省学習指導要領の立場にほかならない。

だが、このような道徳的社会科になることにはある必然性がある。というのは、低学年の子どもに身近な社会生活のいろいろな事象について説明する場合には、このような行き方――つまり、子どもたちの生活にそれらがどんな意味をもつか、自分たちにどんなことをしてくれるか、どんな役に立つか、というようなことを教える行き方をとるほかはないからである。この頃の子どもは、まだ自己中心的に物を考える傾向が強い。

だから、自分たちにどんなことをしてくれるのかが関心のまとになる。この頃の子どもに、いろいろな物を定義させると、このことがよくわかる。「ミルクというのは飲むものです」、「馬は乗るものです」というように、そのものの用途、有用性に、子どもの関心は集中している。生活的概念の中身は、多くはこのようなものだといえよう。(14)だから、アメリカの社会科が、おまわりさんやら、交通機関、お百姓さんらの一般的機能（仕事）だけを教え、社会を機能主義的にのみ分析して、社会の構造や矛盾を子どもに気づかせようとしないのは、すくなくとも低学年の場合には当然でもあったのである。しかし、このような機能主義を社会科全体に貫くということになると、そこにはもっと別の観点がはたらいていると考えざるを得ない。一言でいえば、実用主義の世界観である。自然なり社会をあくまでも科学的客観的に、本質や法則の発見をめざして探求するのではなく、たんに自分たちにどのような効用をもつかという観点からのみ見ていこうとする立場である。そこでは、物事の真実性が有用性におきかえられてしまう。

そこで、わが国の良心的教師たちのなかには、このようなアメリカ的社会科では、日本社会の真の問題を把握させることはできないとして、学習指導要領が表面的な現象あるいは機能分析にとどまっているところで、その現象を本質に結びつけ、社会の構造までも子どもにわからせようと努力するものがあらわれた。だが、この行き方にも問題がある。社会現象の本質や構造をつかむには一定の段階をふまねばならない。言いかえれば、科学的概念の一定の体系を必要とする。ところが、何と何を教え、準備したら、本質を教えることができるかを十分に考えることもなしに、いきなり高次な知識をあたえようとする。おまわりさんは給料をもらってはたらいている月給取りで、そのお金は人々の税金ではらわれるものである。だから民衆に奉仕するのがおまわりさんの当然のしごとなのに、おまわりさんは警棒で人をなぐったり、労働者や学生に乱暴したりすることがあり、えらい人ばかり世話して、みんなのことをよくしてくれないことがある、というようなことで民主政治のあり方をここで一気に教えようとする。しかし、これでは子どもの頭を混乱させるだけだろう。おまわりさんは、たしかに交通整理をしてくれたり、泥棒をつかまえてくれたりしてよいことをする人である。その同じ人が、先生の話によると悪いこともするという。子どもの頭では、こういう矛盾したことがらを統一的に理解することはむずかしい。このような同一物の矛盾を統一的に把握する弁証法的思考は、中学生になってようやくできかかるくらいのものである[15]。それをも無視して、教師が強引に教えこもうとするときには、たんなることば主義の教育におわるか、裏返しの道徳主義、民主主義のお説教になるほかはない。このような教育が子どもの人間形成に益することはほとんどないであろう。

低学年社会科廃止論

このようにして、低学年の社会科は、現象に深くくい入っていこうとすればするほど、現象のたんなる羅列（常識主義）から実用主義・機能主義の社会観へ、あるいは精神主義・恩情主義の道徳教育へと、社会認識の正しい発達のためにはかえって有害な作用を子どもにおよぼすことになりかねない。

低学年社会科廃止論の根拠はここにある。例外やら矛盾やら虚偽の多い、まさに非自然的な社会現象のなかから本質的な要因や因果関係をつかみ取ることは、おとなにとってさえ容易なことではない。そのためには、いったん現象からしりぞいて、社会の歴史的な発展過程を構造的につかみとる訓練が必要である。現在の日本の社会問題を正しく理解させるためには、それぞれの問題が社会の歴史的発展のなかでどのように発生し、転移し、現在にいたっているのか、世界史的視野にたてば、それがどのような位置にあるのかを、歴史教育・地理教育などにおける基礎的知識の積みあげの上にたって解明すべきであろう。こうした地理・歴史の系統的教授が可能となるのは、それまでにどのような準備教育がなされているかということと無関係には言えないにしても、だいたい四年ないし五年からだと思われる。

このような主張に対して「低学年の子どもでも現実に社会のなかで生きており、さまざまの悪影響を社会から受けているのだから、非科学的・非人間的な社会的知識や態度が子どもたちに定着することを防ぐ学習が必要ではないか」という意見がある。

今日のゆがんだ社会のなかで子どもたちがゆがんだ観念や態度を身につけていることはたしかである。教育の力によって是正し得るものについては、是正するのも当然必要なことといえよう。この点で、生活綴方がはたす役割は正当に評価しなければならない。しかし、まさに日常の生活経験の圧倒的な影響のもとで子どもたちが身につける観念や態度を、低学年社会科によってかんたんに防ぐことがはたして可能であろうか？　それは、現実の社会を批判し、両親もふくめたおとなたちの考えや態度に批判の目を向けることを意味する。だが、批判するからには、子どもたちにも確固たる信念が形成されていなければならない。そのような信念のもとになる客観的知識や論理、いいかえれば科学的概念の体系が、子どもたちには決定的に不足している。口さきだけの小理屈をならべたてる子どもというのは、こうした生半可な知識をもとに、しっかりした信念もなしに批判する子どものことをいうのだろう。かってな悪口や不平不満はだれにでも言える。戦後の社会科は、こうした「実行のともなわないような口先だけの小理屈をならべたてていい気になっているような人間をつくって」いるとして多くの親からの不評をかった。

低学年に限らず学校教育全体についても言えることだが、子どもにまず必要なのは、自然や人間、社会に関する確実な知識を積みあげることであり、同時に美しいものを「美しいと感じ、正しいことをしてよかったと感ずるような、すなおな人間感情を育てる教育」[16]である。ウシンスキーが、「この年齢の人間にとって、否定的態度ほどに不似合なものはない。かれらにおいては、すべてが建設的でなければならず、何ものをも破壊してはならないのだ」[17]と言っていることも、低学年教育の問題を考える場合とくに注意してよい原則といえよう。

以上のような理由から、低学年社会科を教科として存続させることに私たちは反対するのだが、社会認識に関する指導あるいは生活学習を、低学年からいっさい排除すると言っているのではない。

生活綴方の教育

とくに生活綴方をとおして「自然や社会や人間についての見方、考え方、感じ方を指導する」ことは大切であろう。この指導は、生活指導ともよばれてきた。しかし、生活指導は、本来、学校の全教科、全生活にまたがっておこなわれるべき性格のものである。それを、現在の低学年社会科や「道徳の時間」のように、特定の時間を設けて形式的におこなおうとすると、しぜん現実生活の具体的な生生しさは失われ、きまりきった結論を上からおしつけることになってしまう。子どもたちが現実の生活のなかで受けとる諸問題は、まさにその場の具体的内容に即して指導されることが必要である。しかもその場合、その問題の解決は、子ども自身の主体的な「ものの見方、考え方」にそくしてなされなければならない。その点、生活綴方は、こうした事実にそくし、具体にそくした指導を可能とするものとして重視されるべきだろう。

すでに第一部でも指摘したように、生活綴方の教育は、人類・民族の文化遺産を一定のプログラムにしたがって系統的に学習する教科の方法とは対照的に、なまの自然、生きた人間や社会、目前の文化との直接的接触に基づくノン・プログラムの指導を特色とする。このノン・プログラムの指導によってプログラムに基づく教科の指導を乗っ取ろうとするのではない。むしろ両者が互いにあい補うとき、真にゆたかな人間形成が可能となると考えるのである。科学的概念の形成に直接たずさわるのは、系統的な教科の学習である。しかし、ヴィゴツキーが述べていたように、科学的概念の発達は、教科の学習によって終わるのでなく、そこから始まるのである。科学的概念が真に子どものものとなり、主体化されるうえに、生活との結びつきが重要な意義をもつことは明らかであろう。他方、生活綴方の教育は、生活的概念の改造、変革、体系化をとおして、それの意識化、科学的概念への高まりを指導するのである。

生活綴方を通しての生活学習と教科学習との関係については、もう一つの要素を加えて考えてみることが必要である。生活綴方は、戦前日本の学校の教科内容が極端なる国家主義・軍国主義の思想によって完全に統制され、画一化されていたときに、子どもに真実を教え、科学への目を見開かせることのできる唯一の窓として、日本の教師により創造され、発展させられたものであった。そこでは、教科学習と生活学習は、たがいにあい補うというような協力関係ではなく、むしろ敵対的な関係をもつものであったといえる。したがって、その生活学習は、おのずとたんなる生活の学習にとどまらず、戦前の「調べる綴方」あるいは「科学的綴方」の主張に見られるように、より直接的に科学の学習にせまったり、教科の学習にもより積極的に関与する姿勢をとることがあった。教科書のなかの非科学的な教育内容に生活学習でもって対抗するという姿勢である。

生活綴方ないし生活学習のこのような役割は、戦後の今日においても、なお完全に消失してはいない。とくに最近のように教科書検定や基準性学習指導要領を通して教育内容の国家統制が再び著しく強められつつある状況のもとでは、こうした生活学習が否応なしに要請されてくる。それは、「政治のわるさが、教育の自律性のよき発揮を圧迫していることへの抵抗の側に立つものが活用せざるをえない方法」であり、「教育の教育らしさを十分発揮するための、その時、その場所、その人の状況に応じた当意即妙、変幻出没自在の、創意性・機動性に富んだ方法[18]」なのである。しかし、その際常に忘れてならないことは、科学教育の本道は、科学的概念を系統的に学習する教科学習であり、生活的概念の改造、指導を通して生活や経験を超えた科学の体系的知識にせまることには一定の限界があるということである。

低学年の読み方教育

子どもたちの生活的概念を改造し、豊富にし、徐々に体系化していくことが、科学的概念の習得の基礎として大切なことは、すでにこれまでにも述べてきた。上述のように子どもの抽象的・概念的思考がまだ十分に発達していない低学年の段階においては、本来の科学教育以前の、こうした生活的概念の指導がむしろ中心的位置を占めるということも考えられよう。ここに、生活学習の第二の意味がある。アナニエフ他編『ソビエト小学校の教授と訓育』(明治図書、五三頁)では次のように述べられている。「小学校教育では、周囲のものに関する表象の形成とその発達は、教育的教授の最も重要な条件の一つである。小学校教育での思考の教育において中心的位置を占めているのは、概念を直接的に目ざした指導ではない。それは、生徒たちのなかに、周囲の現実についての具体的で深く正確な表象をつくり上げること、これらの表象を体系化すること、このことを基礎として一般的な表象および若干の初歩的概念を形成することである。このような条件の下ではじめて、高学年になって生徒たちが習得する科学的概念、およびそれらのものの体系の、内容の豊かさが保証されうるのであり、また唯物論的世界観の形成にむけての小学校生徒の準備が保証されるのである。」

ただし、このような内容の学習を生活学習あるいは生活教育とよぶ慣わしは、わが国にもあまりない。そして実際に、これをあえてそのように名づける必要もないのであるが、この学習の中身は、生活的概念の拡充深化として特徴づけることができるだろう。

この学習の具体的方法としては、「生活綴方」と「読み方教育」とが中心となる。しかし、これらのことばの学習は、ともに具体的現実の観察を基礎とし、つねにそれと結びついて行われなければならないという意味で、とくに「観察」を第三の方法としてあげてもよいだろう。低学年においては、事物の学習とことばの学習とが深く結びついていなければならない。子どもは、文字・書物を読むことによって間接経験（民族と人類の文化遺産）を獲得するしごとを始めたばかりのところである。また、すぐれた人の美しい正確な文章表現を通して、自分が生活から直接に得てきている知識（生活的概念）をより正確なものとしたり、正確な論理や思考の方法を学習し始めたばかりのところである。こうした段階でおこなわれる読み方教育は、絵図や標本はもちろん、実物の観察や見学などを十分に取り入れたものでなければならない。ウシンスキーは次のように書いている。「直観教授の主要な目的は、観察力・論理力を訓練し、自分の観察およびそれからの論理的結論を言葉に正しく表現する能力を訓練することにある。これは、国語の初歩的練習でなくてなんだろう！　だから、直観教授を国語教授から切り離すことは完全な誤りである。このように初等教育において二つの教科をむりやりに分離するときには、直観教授は自己の主要な目的を失なうことになるし、国語教授は自己のもっとも堅固な基礎——鋭い観察力・観察したことを一つの思想に正しくまとめる能力、その思想を言葉で正しく表現する能力を失なうことになる」（『ウシンスキー教育学全集・第二巻　初等教育論』五三頁）

この「科学への入門」（ウシンスキー）としての読み方教育、すなわち、体系的な科学教育がはじまる以前の段階においてなされる自然・人間・社会に関する認識の指導は、当然、総合的・直観的・個別的性格のものとなろう。科学的な分析によって単純化された抽象的一般的な概念からはじまる科学の体系に対して、ここではいわば未分化な生きた全体、抽象に対する具体、一般に対する個別が重視されるのである。しかし、それにしても生の現実がそのまま教材になるわけではない。「われわれは、連続的なものを切断せず、単純化せず、粗大にせず、分割せず、生きたものを殺さずに、運動を表象し、表現し、測り、描写することはできない。」（レーニン『哲学ノート』）つまり、現実を具体的に表象し、表現する場合にも、ある程度の分析は不可欠である。読み方教育において、どのような特殊的・具体的現実を切り取ってくるかということは、将来の科学教育の体系と無関係には考えられない。のちに形成されるべき科学的概念を前方に見すえながら、ここではしかし、抽象へ深く入りこむことなしに、それ以前の特殊的・具体的表象を豊富に提供することが課題となる。そうした表象が正確に豊かに用意されていればいるほど、つぎの一般的・抽象的概念から出発する科学教育はより容易となる。つまり、特殊的・具体的なものが一般的・抽象的なものを準備するのだが、この両者を結びつけるものは、のちに述べるように、分析と総合という科学の基本的方法にほかならない。低学年では、こうした理科・社会科あるいは文学科などと分化することなしに、社会的事象、自然的事象が不可分に結びついた現実の生活の具体的表象を、主として読み方教育を通して、子どもに豊富に提供するという意味での生活の学習が重要な役割をはたすのである。

なお、読み方教育によって、生活に関するさまざまの具体的事実を子どもに知らせる課題は、必ずしも低学年だけのものではない。四年生頃から科学の系統的教育を始めるとしても、それと並行して国語の読み方教育のなかで自然認識や社会認識を育てるという仕事は、すくなくとも小学校の六年までは必要であろう。科学的概念の系統的学習のなかではあつかえないような生活のなかの重要な諸事実を国語の学習と結びつけて認識させるのである。これは、生活綴方の教育が、低学年だけでなく高学年においても利用されるのと同じことだといえよう。[19]

（1）『ウシンスキー教育学全集・第四巻』一五三頁
（2）湯川秀樹『創造的人間』筑摩書房、九〇頁
（3）ピアジェが作った兄弟テストの一例を示そう。「芳郎には三人の兄弟があります。守男と利夫と正利です。守男には何人兄弟がありますか。利夫には。正利には。この家には全部で何人兄弟がありますか。」このような問題に、だいたい正答し得るのは一〇歳以後の子どもである。波多野完治『ピアジェの児童心理学』国土社、七八〜八〇頁参照。

(4) ヴィゴツキー『思考と言語』新読書社、二六五頁
(5) 波多野完治、前掲書、六九～七三頁
(6) ヴィゴツキー『思考と言語』二六八頁
(7) セチェノフ『思考の要素』明治図書、一〇頁
(8) ピアジェ・インヘルダー『量の発達心理学』国土社
(9) マルクス『資本論』青木文庫版、第三部第六分冊、一一五二頁
(10) コスチューク「子どもの発達と教育との相互関係について」『ソビエト教育学』一九五六年一二月号
(11) 山本晴義『プラグマティズム』、青木書店、七六～八〇頁
(12) デューイ『確実性の探求』春秋社、一六四頁
(13) デューイ「教育信条」(デューイ『経験と教育』春秋社版所収) 一四七～一四八頁
(14) アントノフは、子どもにいろいろな概念を定義させることによって思考の発達段階を調査した。それによると九歳位までの子どもは、物を用途によって定義するか、感性的に知覚されるさまざまの特徴を、本質的なもの偶然的なものをごっちゃにして並べたてる。そして一〇歳頃に「具体的思考から抽象的、概念的思考への発達における決定的、徹底的、急激な変革」がおこなわれると、ソ連の心理学者たちは考えている。
アントノフ「就学前および学齢児童における思考と言語の発達」『ソビエト教育学』一九五三年一号
カバノヴァ・メレル「生徒における論理的思考の発達」『ソビエト教育科学』第三号、明治図書
(15) 上述のアントノフは、子どもが完全な科学的定義をおこない、事物を全面的、本質的に認識する弁証法的思考が可能となるのは一三歳頃からだとしている。
(16) 金沢嘉市「低学年の社会科をどうしたらよいか」『教育』一九五七年一月号
(17) 『ウシンスキー教育学全集・第三巻　子どもの世界』序文、一三頁
(18) 小川太郎・国分一太郎『生活綴方的教育方法』明治図書、三頁
(19) このような読み方教育の本質、読み方教育と科学教育との関係については次の文献が参考になろう。奥田靖雄・国分一太郎『続国語教育の理論』麦書房。教育科学研究会社会科部会『社会科教育の理論』麦書房

第9章　教科内容の現代化

1　教科の現代化とはなにか

数教協の主張

日本の教育界で「現代化」という言葉がとくに使われ出したのは、一九五九年頃からである。数学教育協議会（数教協）の人たちが、この頃から「数学教育の現代化」を強く主張し始めた。それまで主に生活単元学習や問題解決学習の批判、さらには一九五八年の改訂学習指導要領の批判が研究や論議の中心とされていたのに対して、一九五九年八月に開かれた数教協第七回大会では、「現代数学と数学教育」、「転換期の数学教育」が二大テーマとなり、現代数学の成果と方法を積極的に数学教育の内容に取り入れ、小・中・高を通じて数学の教科体系を根本的に再編成することが論議された。そして、そのような研究の方向や中身を「現代化」とよんだのである。一九六〇年には、「現代化」の成果と方法を最初に典型的に示すものとして注目をあびた「水道方式」関係の書物、論文が多数あらわれ、また数学教育現代化の理論的根拠を示す遠山啓『教師のための数学入門』や『算数・数学教育の現代化』（遠山啓・横地清他著）という書物も出版された。

理科教育の現代化

このようにして教科の現代化は数学教育の分野から始まったが、その後この考え方はしだいに他の教科でも問題とされるようになった。理科では、一九六〇年頃から理科の教科内容の現代化が、科学教育研究協議会の中心的テーマとされてきている。

二〇世紀、とくに第二次世界大戦後における科学・技術の未曽有の発展は、社会生活の諸側面に大きな変化をあたえつつあった。教科内容もこれらの発展・変化に呼応して質的・根本的に改革しなければならないという問題は、今日世界各国の教育改革の主要なテーマの一つとなっている。その場合、数学、物理学、化学、生物学など自然科学関係の教科に改革の重点がおかれるのは、ある意味で当然であろう。しかし、自然科学のこれら諸分野が急速に発展していっているので、教科もそれにたちおくれぬよう平行して発展せねばならないのだと考えるだけでは、「教科の現代化」の真の意味をつかんだことにはならないだろう。

数学の場合も理科の場合も、現代科学の新しい内容をいたずらに学校教育にもちこむことが、現代化の主要課題だとは考えられていない。そうではなくて、現代科学の観点から従来の教材を批判し、整理し、現代科学の観点にたって教科体系の再編成をしてみようとするのであり、しかもそのさい、たとえば現代数学の集合論や「構造」の理論の考え方が子どもの認識発達の法則とも一致するということが主張されているように、こうした再編成を通して、より教育的な、教授学的により根拠のある教科の体系を建設しようと目ざしているのである。

現代数学の考え方や方法が現代の物理学・化学・生物学などの方法とただちに一致するわけではないから、理科教育の現代化と数学教育の現代化とではおのずとちがいも出てくる。しかし、両者の行き方は基本的には一致しており、ともに「教科の現代化」とよぶにふさわしい内容をもつ改革といえよう。

現代化の考え方のひろがり

しかし、社会科や国語、芸術教科などになると、数学で最初言われていた現代化に対応するような原理や方法をこれらの教科のなかでただちに見出すことは困難となる。これらの教科においても現在おこなわれようとしている改革のなかに、数学や理科の現代化と共通する考え方がないわけではない。しかし、そのあらわれかたは、それぞれの教科においてかなりちがっており、それらを「現代化」とよぶことには相当の無理も出てくる。たとえば、国語では、いまだに近代科学として成立することさえできず、数学における和算に相当するとさえいわれるような国語学が、いわゆる学校文法を支配している現状では、さしあたって問題になるのは近代化ではあっても、現代化ではないということが言われる。これがさらに、芸術の諸教科になると、現代芸術の考え方を学校教育のなかに取り入れることが、はたして教育的なのかどうか、疑問となろう。

「教科の現代化」は、このようにもともとは数学教育という特殊な具体的研究問題から出てきた発想である。それが、数学教育だけにとどまらず一般化されてきたのは、数学教育の当面する問題それ自体がそのような広がりをもち、自分の領域にだけとどまっていたのでは、その問題自体が十分に解決されないという事情のほかに、他の諸教科にもやはり同じような研究問題がいろいろな形において実際に存在するからだと見ることができよう。しかも、こうした現代化の動きは、一九六〇年代に入るや期せずして国際的な潮流ともなり、アメリカやソ連では教科内容の大規模な改革が始まったのである。

しかし、「現代化」が教育界で話題になり始めるとともに、一方ではそれへのさまざまな反感から、数学教育などで実際にやられていることとはほとんど無関係に「現代化」の言葉だけをとらえて反対するものが出てきたり、他方では、流行に乗りおくれまいとする事大主義から「現代化」を勝手に自己流に解釈して、誇大宣伝するようなものもあらわれてきた。このようにして「現代化」、という言葉だけがひとり歩きしそうな状況のもとでは、無用な論争を避けるためにも、この言葉はあまり使わないようにしようという意見も出てくるしまつである。

たとえは、現代とはなにか、近代とはなにかを論ずることは、教育のうえでも大切なことであり、そのかぎりで数学教育の現代化を考えるうえにも無視することはできないが、しかし、その問題は「教科内容の現代化」とは直接に関係することではない。現代の矛盾をどう克服するか、現代の課題にどうこたえるかということは、教育の全体あるいは全体としての国民教育運動のなかでは取り組まなければならない重要な課題であるが、その課題は、教科研究の中身や方法にすぐにつながるものではない。またそれをすぐに直接的につなごうとすれば、教科研究の独自性は失われ、政治主義やイデオロギーだけが先走る観念論がはびこることになろう。

他方、ティーチング・マシンやプログラム学習など新しい教育方法・技術の導入を現代化と呼ぼうとするむきがある。教育技術発展の歴史のなかで、それらが特別の意義をもつかぎり、それらに「現代化」の言葉を使用することもあながち否定はできないだろう。だが、それはまさに「教育方法の現代化」であって、「教科の現代化」ではない。

数学教育の分野から提起された「教科の現代化」の主張は、なによりも、教科の内容を現代化することであり、内容の変革にともなって方法・技術をも変革することであった。この主張は、教育学の歴史のうえでも極めて重要な意味をもっていると、私には思われる。現代の教授学は、この「教科の現代化」を基礎とすることなしには考えられず、現代の教授学を発展させる基本的推進力は、今日では、教科内容の研究にあると思われる。そこで、ここではまずはじめにこの主張の一般的教育学的根拠を究明し、つぎにその主張のなかみを教授学上の一般的な原則として明らかにすることに努め、さらにその原則がさまざまの教科のなかでどのように具体化されようとしているかを検討してみることにしよう。

2　その教育学的根拠

外部的要因

教科の現代化の主張がなぜあらわれるようになったか。その要因は、いちおう外部的なものと内部的なものとに分けて考えることができよう。

科学・技術の飛躍的発展が、労働内容の質的変革をもたらし、同時に社会生活の諸側面にも変化を加え、それらのことが教育に改革を求めるというのは、教育改革にとっては外部的な要因である。教育改革とこれら要因とのあいだに直接的なつながりを見出すことは困難なことが多いかもしれない。しかし、教育が社会現象であり、社会の根本機能の一つであることを認めるかぎり、一般にこれらの社会的要因が基本的動因となって教育が動いてきていることは容易に確認される事実といえよう。

社会生活の全体を根底的に規定するものは、社会的生産の発展水準である。現代の生産あるいは労働内容に質的変革をもたらしつつある科学技術の要求は、教育にとって強大な強制力であり、教育を動かすもっとも大きな力の一つと見ることができよう。

この要求は、ある意味では政治の論理よりも強い。真実および国民大衆の側に立たない権力者は、常に科学を国民の手に完全に手わたすことを忌避するものであるが、そのような権力者自体が、技術革新に呼応する科学技術教育の振興を叫ばずにはいられない事態が、現在生じている。民間の側から出されてきた「現代化」の主張が、権力の側に全面的に取り入れられる可能性は、残念ながらわが国の場合極めて乏しい。一方で「振興」を唱えながら、他方でそれを制限するというように、権力者の科学教育政策には矛盾がある。しかし、ともかくもそのような矛盾をひき起こし、激化させる要因が、現代における科学技術の発展そのものにあることは疑いのないところである。「現代化」の主張は、このようないわば自然的合法則的な要求に基礎をおくものであるということを、われわれは第一に認めねばならない。だが、この技術的・経済的要因だけによって「現代化」が発生したり、規定されたりすると考えるのは、大きな誤りである。

まず、生産力は一定の生産関係のなかでのみ実現する。敵対的な階級対立が存在するところで、生産力の発展が二つの階級に同じように役立てられたり、利用されたりすることはない。したがって、現代の科学・技術の発展に呼応する「現代化」も、それがどのような生産関係のもとで、どのような階級的利害に基づいて主張されるかによって、おもむきはずいぶん変わることとなろう。

科学化と民主化

教科内容を現代科学の成果に照らして現代化し、科学化しなければならないという主張が民間側から強く叫ばれるのは、現在の学校の教科内容に非科学的な要素が多分にふくまれていることからきている。しかも、その非科学性は、偶然的な無意図的な誤りというようなものではなく、学校の教科内容の決定に実際的な力をもつ権力者の意図を反映したものであるということをわれわれは知っている。権力者のある種の科学的真実にたいする恐怖と憎悪は歴史的事実であって、それを証明する必要はいまさらないほどである。戦前、戦中におけるわが国の教科教育の歴史は、その事実をたんてきに物語っているし、最近では、教科書検定制度の検閲に等しい濫用によるその違法性・違憲性が、最近の反動化した国家権力の意図を露骨に示している。(1) 科学と学校の教科内容とをある程度断絶させておくということは、明治以来わが国の文教政策が堅持してきた基本方針の一つであったのだ。

民間の教育研究諸団体が教科内容の科学的研究を目指して生まれ、その研究に取り組んでいることには、このような歴史的、政治的状況が背後にあるのであり、既存の教科内容を根本的に再検討し、その現代化を図れという主張も、このような状況を背景にして生まれたものなのである。

世界教員組合連盟の「民主主義教育の原理憲章草案」は、「教育は本物の、系統的な科学的知識をもって年少者を武装しなければならない。このような知識を基礎とすることによってはじめて、人間は科学的な考え方と現実に対する正しい態度とをつくりあげるのであって、このようにして若い世代が自然と社会との発展法則を理解することができるようになる」ことを民主主義教育の基本原理の一つとしてあげている。

教育において科学的真実を貫くこと、教科内容を首尾一貫して科学的なものにするということは、それ自体が重大な教育の民主化を意味し、大きな政治的意義をもっている。教科内容を科学化するということそのものが、教育民主化のためのたたかいを意味するのである。

内部的要因

教科内容の現代化は、しかし、このような外部的要因だけに基づくものではない。外部的要因は、教育内部の教育固有の論理や矛盾を通してはたらくものである。また、そのような改革でなければ、真に主体的な教育改革とはなりえない。外部的要因に刺激されて、よその国の教科内容をそのまま移し植えようとするようなものでは、たんなる流行の移り変わりにすぎないのである。

では、教科の現代化をおしすすめる教育固有の論理はなにか。教科の現代化は、どのような内部的矛盾、内部的要因に基づくものなのか？

教科の現代化の主張に含まれるもっとも主要な観点の一つは、生活単元学習あるいは経験主義教育理論の批判・克服であるといえよう。子どもの個性を尊重するとか、子どもの自主性や興味を大切にするのだとか、子どもに考える力や態度を育てるのだとか言いながら、生活単元学習は、実際には国語・数学の基礎学力をはじめ、科学的に思考する力や態度あるいは自主性などを、子どもに十分与えることのできないことが明らかとなってきた。科学的知識や能力がますます必要とされる現代において、このような教育の欠陥はしだいに深刻とならざるをえない。教科の現代化は、このような欠陥を取り除き、経験主義の教育理論がもたらした教育界の混乱を救う手段の一つとしてあらわれたのである。

ここで、現在のわれわれが当面している教育状況をよりよく理解するためには、かつてデューイが中心となって一九世紀末から二〇世紀の初頭において展開した教育改革を、比較の対象として取り上げてみることが有効であろう。

二〇世紀初頭の教育改革

デューイは、周知のように『学校と社会』のなかで、産業上の変革によってひき起こされた社会変化に対応する学校改革を説いているのであるが、その要点は、工場制度の出現によって子どもたちの周囲から失われていった生産生活の過程を、学校のなかに取り戻さなくてはならないということであった。工場制度は生産の地域的集中をもたらす。子ども達は、もはや生産がどこでどのように行われているのか知るよしもない。父親のしている仕事がなんだかもわからない。まして、その親や兄弟の仕事を手伝い、生産になんらかの形で直接に参加するということは不可能になった。これは、子どもの成長発達にとって大きな損失である、したがって、直接に生産に参加することのなかに含まれる「訓練ならびに性格形成の諸要因、すなわち、秩序や勤勉の習慣、責任の観念、義務の観念などの訓練という要因」を子どもにとりもどすことが、デューイの学校改革の中心であり、いわゆる「学校の社会化」であった。デューイにとっては、それが従来の書物中心の学校を「現代化」することであったともいえよう。

しかし、これに似た改革意識は、すでに古くルソーやペスタロッチなどにもあったと言える。彼らは、古い、もはや役にたたなくなった死んだ知識のつめこみに終始している旧学校に、新しい生気をよみがえらせようとしたのである。しかし、これら近代初頭の改革者たちにあっては、その合自然の生活教育は、当時の社会制度に対する鋭い批判と結びついていたが、一九世紀も末、帝国主義の段階になって主張され出したデューイの生活教育論においては、ルソーの自由教育論に見られたような革命的性格はほとんど喪失していた（本書四一頁参照）。「小型の社会、胚芽的な社会」とよばれた学校のなかで幅をきかせるようになった生活経験は、古い知識を追い出すとともに、知識全体の軽視をもたらし、たらいの汚水とともに赤ん坊までも、つまり社会的矛盾を見抜くべき科学的知識の教育までも捨て去るという結果を、意識的・無意識的にもたらした。

生活教育のこの矛盾は時代がすすむとともに深刻化するが、それがとにもかくにも半世紀以上にわたって学校のなかに生きつづけた理由は、つぎの三点から考えることができよう。

(1) 生活教育がもつ積極面——子どもの経験や自主性・個性などを尊重する原理

(2) 国民教育の実権をにぎる権力側における科学への敵視

(3) 生産力水準の相対的低さ、国民大衆の労働内容の単純さ

デューイの『学校と社会』以後における生産力の急激な発展をわれわれは見逃すことができない。第一次産業革命による労働内容の変化が、労働者大衆に要求した資質というのは、知識のうえでも技術のうえでも大したものではなかった。デューイが重んじたのは、むしろ直接の体験から得られる勤勉や秩序の習慣であり、科学的知識や技術にしても、まさに直接経験から学びとり得るような限られた範囲のもので足りたのである。

しかし、ここで注意する必要のあるのは、生産力の高度化、つまり生産技術に高度の科学的知識が応用されるようになれば、それにともなって、すべての労働者にも高度の科学的知識が要求されるようになるかというと、必ずしもそうはならないということである。実際には、自動機械の導入によって、労働内容はかえって単純化され、規格化され、反復化されることが多い。一方では、高度の技術学的知識を必要とする技術的労働が出現するとともに、他方では、それよりはるかに大量の単純反復労働を生みだすというのが近代工業の実態である。したがって、デューイの生活教育論は、高度の技術者養成には不向きであったとしても、労働者大衆の教育にはちょうど適した訓練

方式であったのかもしれぬのである。

技術革新と教育

では、第二次世界大戦後における科学技術の飛躍的発展は、現場の労働内容にどのような変化をもたらしているのだろう。第一に言えることは、技術の革新にともなう労働内容の再分化、すなわち労働の技術水準の上に述べたような「上向」と「下向」の分裂や階層化は、現代においても決してなくならないばかりか、いっそうはげしく進向しつつあるということである。単純労働に対する需要は、減少しないばかりか、供給の漸減——すなわち中卒者の高校進学率の上昇——にともない、かえって「産業の要求」は今日ではむしろこの部分に集中しているかのようであり、それが六・三制民主的教育制度への非難、学歴尊重あるいは普通科偏重の風潮への攻撃、そして後期中等教育の多様化、適性・能力に応じた人材の養成という主張となってあらわれているのである。(2)

しかしまた他方において、「新しい型の技術的労働者」が生まれつつあることも事実である。アメリカの全国教育協会（ＮＥＡ）教育政策委員会の報告書「ハイ・スクールよりも上の教育の機会をすべての者に」（一九六四年）は次のように述べている。

「不断に進行する技術革新のもとにあって、ほとんどどんな専門的技能もたちまち時代おくれになりがちである。職務が複雑になり、いままでよりも多くの一般的・基礎的技能が必要となるにしたがって、職業のために要求される訓練は高度化される。準専門職とされている下級技術要員でさえ、一系列の技能の習得を要するだけではなく、それらの技能の理論的把握をもとめられるようになってきている。こうして、じつに職業的目的のために、多面的に活用できる一般的な、融通性のある知識・技能を習得することによって、抽象的なものと実際的なものとのギャップをなくすことが、各人に必要となっているのである。」

「新しい型の労働者」にたいする要求はソ連でも強く主張され、一九五八年公布の「学校と生活との結合の強化とソ連邦の国民教育制度のいっそうの発展に関する法律」は、前文で次のように述べている。「生産の機械化、オートメーション化、化学化の急速な発展、電子工業と計算機械の広汎な応用、電化の全面的発展、その他の科学・技術の達成が、労働の性質を根本的に変えている。労働者およびコルホーズ農民の労働は、その本質において、技師・技手・農業技師その他の専門家の労働に、ますます近づいている。いまでは最新式の工作機械、超精密計測・管理用の機器をとり扱う能力、複雑な技術上の計算や図面についての知識が、社会主義的生産における労働者に要求されている。ソ連邦の技術的・経済的発展のみとおしは、われわれの社会のすべての勤労者にたいして、ますます高い要求を提出している。多面的な教育が、かれらにとって切実な必要となっている。」

このようにアメリカ、ソ連、さらにイギリス、フランス等の諸国で一九五〇年代の後半からあいついで始まった後期中等教育の改革は、技術革新による新しい型の労働者の需要にこたえてより高度の一般教育・科学技術教育をすべての国民に与えるという方向にすすんでいる。これに対し、わが国の「後期中等教育の拡充整備について」の中央教育審議会答申（一九六六年一〇月三一日）は、こうした世界的動向を「各個人の適性・能力・進路・環境に適合する」中等教育の多様化という——いいかえれば、高校の格差などを是認して、英才教育を目論む一方、高校全入運動を抑止し、職業専門教育の拡充をはかり、高校以下の教育機関の制度化をはかるという——極めて歪めた形において反映させているが、しかし「新しい型の労働者」はわが国でも産業の現場で、とくに労働者自身の側から積極的に要求されるようになってきているのである（宮原誠一、前掲書、一三九頁）。

教育内容の決定に基本的原理的意義をもつ、この労働内容の技術革新にともなう質的変化の分析は、科学者・技術者・教育研究者がともに参加するなかで綿密になされる必要があるだろう。かつての旋盤の操作と超精密計測・管理用機器の監視とでは、直観的思考と抽象的思考とに比せられるような相違があるのではないか。いずれにしても、一九世紀と二〇世紀の後半とでは、国民教育のなかで科学教育が占める比重は飛躍的に変化してきているといえるだろう。わが国の資本家・政治家・官僚たちは、現在はさしあたって需要においつかない低賃金単純労働者の確保の方に目をうばわれているのかもしれない。しかし、より高度の一般的・科学的教養に対する要求は、広汎な国民大衆の要求である。この要求は、いつまでもおさえきれるものではないだろう。それは、不断に発展する生産力の必要に支えられた合法則的な要求だからである。

科学教育の改革

さてこうした要求にこたえる教育は、かつての生活単元学習とは異なり、科学の体系そのものの習得を重視する教育となるだろう。子どもの直接経験や興味から出発し、これを中心に教育をすすめることを原則とするような考え方では、今日の科学教育はもはや成り立たないのである。ソビエトでは、このことに早くから気づき、すでに一九三〇年代に生活単元学習から脱却して、科学の体系的教育を重んずる方向に改革の重点を向けてきた。資本主義諸国におけるこの面のたちおくれ――二〇年以上も遅れてデューイの克服が問題となり、科学の体系的教育に力をいれていることは、資本主義の矛盾、権力の教育政策における矛盾のあらわれと見ることができよう。

だが、現在この改革に非常な力をいれているのは、デューイの国アメリカである。一九五七年のスプートニク打ち上げの頃より、アメリカにおける生活教育批判の論議は沸騰し、デューイの権威は地に落ちるとともに、積極的には、科学教育に革命をもたらすと自負するようなPSSCの物理教科書をはじめ、数学・化学・生物学などのカリキュラムを根本的に刷新する研究委員会の活動を生みだしている。五〇年代末から活発になったこのカリキュラム改革運動は、まさに爆発的なものであり、アメリカ教育界におよぼしつつある影響は甚大である。科学教育の「ルネッサンス運動」だと呼ぶ人もいる。「進歩主義教育」の美名の下にアメリカの教育界を約半世紀支配してきた経験主義哲学は、科学教育の立場からすれば、暗黒の時代の哲学であり、アメリカの社会の「反知性主義」(anti-intellectualism)を積極的に擁護するものであった。これに対する不満が積り積って爆発したのが、最近の改革運動であると、この運動への参加者たちは語っている。(3)

ノーベル賞受賞の世界的に著名な科学者たちがこの運動に加わり、高校以下の教科書作りに真剣に取り組んでいる。現代科学と教育とを直結させること、科学教育の復興が、この運動の第一の特徴といえよう。プラグマティズム＝実用主義への反動として、科学そのものの系統的教育に純粋なまでに徹しようとしている。例えば、ＰＳＳＣ（物理科学研究委員会）の指導者は次のように述べている。

「従来アメリカにおける教科書は、物理を工業その他の実用面で役立てるという観点で書かれたものが多いが、高等学校教育の目的からいってこれは間違いである。自然界に関する種々の事実の発見とこれを統一する学理とは人類がその好奇心と必要性とを満足させようとするたゆまない努力によって生まれたものである。われわれの作った物理的世界像は実に人類の思考の勝利品である。そうしてこの世界像とこれを形造る筋道こそは文化の最も本質的な部分に他ならない。次の時代において、種々の問題を解決し、文化を発展させるという責任を帯びている現在の少年少女には科学の何たるかを十分に知らしめなければならない。これこそ高等学校において物理を教える最大目標で、実用面に役立たせるというようなことは末の問題である[4]」

アメリカにおけるカリキュラム改革の第二の重要な特徴として、子どもの学習能力の再評価をあげる必要があろう。新カリキュラムは、子どもが、これまで抽象的でむずかしいとされていた科学の基本概念や法則を、容易に次々と習得していくことを実証しているといわれる。ここから、ブルーナーの有名な「どの教科でも、知的性格をそのままに保って、発達のどの段階のどの子どもにも効果的に教えることができるという仮説[5]」が生まれた。そして、この仮説の有効性はますます多くの教育者に認められつつあるといわれる。「経験カリキュラム」はいまやこの面からも、破産を宣告されているのである。

3　科学教育の現代化

ソビエトの場合

六〇年代にはいるとソビエトでも教科内容の根本的改革が大きく問題とされるようになった。科学教育の全体的（全国民教育的）水準からいえば、恐らく今日でもソビエトの方がアメリカをしのいでいるだろう。小学生から科学を系統的に教授する努力は、三〇年代の後半から始まっており、帝国主義諸国の包囲の中で「ソ連邦は科学と技術の発達において世界のトップグループの一つに躍進し、専門家養成のテンポと質において最も発達している資本主義諸国を追越した」のである。しかし、六〇年代にはいると小中学校の教科内容が「科学の現代の水準を反映しておらず、一九世紀科学の水準にとどまっている」ことが鋭く批判されるようになり、教科内容を科学・技術の現代的水準にあわせて根本的に改革するという問題が、教育研究の中心的課題となってきた。

ソビエトにおけるこのような教科内容改革にアメリカの改革の動向がなんらかの影響をもったことは否定できないだろう。しかし、五〇年代にソビエト教育学の中心的問題とされていた総合技術教育、あるいは教授と生産労働との結合のなかで、進歩した科学や技術との結合がつねに求められていたことは事実だし、教科内容の真の科学的基礎づけ、すなわち、何を教えるかという問題の教育科学的解明を欠くことが、教授学研究の第一の欠陥であるという批判は、早くからくり返し強調されてきたことであった。しかし二〇世紀の科学の進歩は、専門家さえ予想し得なかったほどに驚異的なものであった。各科学で蓄積される知識量は、いまや一〇年ごとに倍増するともいわれている。(6) こうした科学の急激な発展に対して、従来の学校の教育内容はあまりにも「古典的」であり、生徒をニュートンの同時代人にするに留まってアインシュタインの同時代人にはせず、多くが「一九世紀的」水準に留まって

いると、専門の科学者たちからも非難されるようになったのである。(7)

一九六四年一〇月、ロシア教育科学アカデミヤ幹部会とソ連邦科学アカデミヤ幹部会とは、中学校で学習される各教科内容の範囲と性格を決定する委員会を発足させた。一五の教科委員会と中央委員会とからなるこの委員会には、教育科学アカデミヤの正会員・準会員、三〇人のソ連邦科学アカデミヤ正会員・準会員、一〇〇人をこえる科学の諸分野の博士、モスクワ大学ほか六つの大学の教授、六〇人をこえる中学校教師等が参加している。ソビエトのカリキュラム改造が極めて組織的・計画的におこなわれていることの一端がうかがわれるが、この委員会の中心課題は、「現代の科学・技術・文化の達成を学校教育の内容・組織・方法により完全に反映させる必要、学校の教科課程および教科書より古くなり二義的となった教材を除去すること」を考慮して、小・中学校の教授内容を根本的に改革することであった。この委員会はすでに各教科課程の作成に取組み、実験的な検討をおこないつつあるが、ソビエトにおける科学教育の現代化に特徴的なことがらを、最近の動向からいくつかひろってみよう。

① 第一に、こんどの改革も一九五八年末に公布された法律に基づき、「教育と労働、教育と共産主義建設の実践との密接な結びつき」を教育の基本原則とするなかでおこなわれていることに注意せねばならない。ソビエトの学校の科学教育は総合技術教育と緊密に結びつき、「ポリテクニズムの諸原理は科学の基礎の学習に一貫して適用される」のである。アメリカのPSSCが、物理を工業その他の実用面からいっさい切り離そうとしていることとの相違に注目しなければならない。「物理・化学・生物学・数学その他の科学の工業・農業への適用、現代的生産の科学・技術的基礎を生徒が広範に知ることを保障する必要がある」(8)と教育科学アカデミヤ総裁カイーロフは述べている。

② 現代科学の成果を教科に結びつけるという場合、部分的な改正ではもはやだめだということが強調されている。新しい科学の成果をつけ足すという行き方では、教科課程や教科書を過重にするだけであり、同一の教材について違った学年で矛盾した説明を加えるというようなことが起きてしまう。したがって今日必要な「科学知識の現

代的水準に基づく教科内容の改定は、科学そのものの最新の構造的変化に応ずる諸教科の新しい構造を要求している。」しかし、実際にこの課題を解決する方法には、「(a) 科学の古い層に関係する教科内容を短縮して、〈上層〉を強化することにより、教科内容を変更させる行き方と、(b) 教科課程を根本的に改造し、最初の段階から、子どもにも理解し得る教材に基づいて現代科学に呼応する一般的原理や思想を導入する行き方」の二つがあり、前者は科学の発展の歴史的道程と子どもの精神発達との関連をとくに考慮したものだと、ダニロフはいう。[9] この二つの方法は、恐らくはたがいに補足しあうものなのだろうが、今日とくに注目されているのは、第二の方法であるといえよう。

③ 自然科学教科だけでなく、地理・歴史・国語のような教科でも、記述的性格の教材をおさえて、教材の理論的水準を現在のそれよりも高める必要があることが強調されている。そのことによって、帰納・演繹・分析・総合・比較・推理などの方法を広く利用できるようにするとともに、古くなった二次的教材を除去していけば、生徒の負担はむしろ減少するだろうと言われている。

これに関連して、演繹的叙述、あるいは「一般から特殊へ」という方式をとくに重視する意見が多くの人々から出されている。従来は、明らかに帰納的方法が支配的であった。そして現在でも、最近の改革者たちにおける演繹的方法の過大評価に反対する人もいるが、アレクセエフ（モスクワ大学）は、「これまで、この方法がほとんど利用されてこなかったことを考えれば、特別危険ではない。その長所は、多くの知識を叙述できることにもあるが、重要なことは、それらを体系化できる点にある」と述べている。

演繹的方法の重視は、理論の役割を重視し、生徒を科学の主導的理念にできるかぎり早く導入することを意味する。低学年から代数を教える実験に取り組んでいるダヴィドフは、「〈一般〉そのものの扱い方にもさまざまの方法がある。唯物論的弁証法は、一般の特別な感性的具体的存在形式を認める。これは、一般から特殊への図式の上にたつ教科を弁護する力強い論拠となる[10]」と述べている。

④　科学と教科との異同について、「これまでの教授学は両者の共通点を明らかにするよりも、相違点を明らかにする路線を進んできた。」しかし、「われわれの課題は共通性を見出すことにあり、教授法の多くの具体的問題は、それによって容易に解決されよう」とヤンツォフは述べている。教育科学アカデミヤでは一九六五年「科学と教科」の問題に関する討論会を開いたが、そこでの主な発言に次のようなものがある。

ログヴィノフは、すべての科学は、「理論的骨格と方法と応用的要素」とをもっており、教科もこの科学の構造を反映して三つの側面をもたねばならないという。科学的知識が一〇年間に倍増するというとき、そこで言われているのは科学的事実にすぎない。科学の理論的骨格は長いあいだ相対的に安定しており、教科の内容は主としてこの骨格に基づいて決定されるのである。また科学の方法は、学校では認識の目的であるだけでなく手段でもあり、知識を伝達する方法ともならねばならない。科学の方法を教科の内容としてもっと学ばせる必要があるということについては、この他にも多くの人が主張している。

科学および教科の論理や体系性については、両者の共通点を見出そうとする意見が強いが、必ずしも明快な解答は得られていない。教育科学アカデミヤ副総裁のマルクシェヴィチは、「科学の論理は、いつも変化するだけでなく、多義的であり、その多義性は極めて大きい。どんな科学においても、科学の論理に反することなく、いくつかのまったく違った叙述の順序を示すことができる」と述べ、このような多義性を理解し、多くのさまざまに可能な体系のなかから、教育目的にもっとも適したものを選びだすようにせねばならない、と討論をまとめている。

⑤　教科の独自性については、ダヴィドフが次のように述べている。「教科のもつ特有の矛盾は、それが理論的知識を内容としながら、まだ形成中の子どもの知能に照応した形で、それを内容としなければならないところにある。この矛盾は、子どもをその理論の獲得にまで導くことによって解決されるが、その獲得を保証するものとして重要な意味をもつのが、子どもの具体的活動である。この活動の伝達およびこの活動に基づいて子どもを理論的知識へ導入するところに教科の性格的特徴がある。」ダヴィドフのこの意見は、明らかに、レオンチェフ、ガリペリ

ンたちの「知的行為の段階的形成の理論」に基づいているが、この理論については後に（本書一九四頁）ふれる。

⑥　科学と教科との相互関係に関する問題は、これまでは結局のところ、たんなる個人的経験や常識に基づいて解決されてきた。真の科学的研究はこれからおこなわれるのだということを、このダヴィドフたちが強調している。以前は、教科内容の基本は伝統によって与えられており、その綻びをかがったり、プログラムをいくらか現代化することは、教師の直観や経験、学者の個々の提案で可能であった。教育学は、個々の部分的成果を一般化するだけでよかった。三〇年代においては、こうした「先進的経験の一般化」が積極的な意味をもち、教育学の向上を促した。だが教科内容の全体を根本的に改造しようとするときには、もはやこのような行き方ではだめである。「教育科学アカデミヤに課せられている基本的課題の一つは、この分野における総合的な実験研究を組織することである。この研究には、専門科学者、教育学者、論理学者、心理学者、医学者の日常的参加が必要である」と言われている。「教育科学の立ち後れを克服せよ」という呼びかけは、この数年来くり返しおこなわれてきているが、現代科学との結合の必要は、いまだに一九世紀的研究方法を武器としている教育学自体の問題でもあり、教科内容の研究をはじめとして、教育学研究全体の性格が根本的に改革されねばならないと主張されているのは注目されよう。「これらの問題のすべては、教育学がこれまでに作りあげてきた方法をもってしては解決できない。方法だけでなく、教育科学の研究の全性格が根本的に変革される必要があるのだ。」(11)

現代化の諸原則

さて以上に垣間見たアメリカおよびソ連における教科内容現代化の動向は、わが国で民間の教育研究団体を通じ独自に教科の現代化に取り組んできた教師・研究者たちにとっては、決して珍しいものではない。むしろ、これらの国々で主張されている教授学的原則の多くが、そのままわが国で教科の現代化に取り組んできた研究者たちが追求している原則であり、両者のあまりの疑似におどろかされるほどである。ここで、ふたたびわが国における教科内容現代化の動向にふれながら、現代化の試みに共通に見られる主要な原則をひき出してみることにしよう。その前に、ここでどうしてもふれておきたいことは、わが国の文部省が現在すすめている学習指導要鎖の改訂は、あまりにも貧弱であるうえに、極度に官僚主義的であり、教科内容現代化の要求にとうていこたえ得るものではないということである。アメリカでもソ連でも、現代化をおしすすめる改革には、第一線級の学者が多数動員されているのに対して、わが国では文部省に都合のよいわずかの学者が動員されて、非公開にこそこそと審議しているにすぎない。ソ連のカリキュラム改革は極めて組織的・計画的だが、なによりも注目されることは、多くの研究所、大学、実験学校のスタッフがこれに協力し、同一教科についても各種の実験が数年がかりで大規模に展開されるなかで、この改革がおこなわれているということである。

アメリカの場合は、このような国家的計画性、組織性はない。しかし、今日の改革には、国家的あるいは私的財団の資金援助を受けた大規模な実験プロジェクトが、ＰＳＳＣのような有名な研究のほかに同一教科についても多数あり、これに多くの専門科学者が参加して、活発な研究活動がおこなわれている。そしてさらに、「アメリカの学校には、どのようなカリキュラムも上から押しつけることはできないし、すべきではない。カリキュラム改革は、それが成功的におこなわれるためには、学者・教師・学校関係者の真の共同的努力にまたなければならない(12)」と言われていることに、日本の文部省当局者たちはとくに耳を傾けてはしい。文部省や教育委員会は、最近ますます指導要領の基準性を強化し、国定教科書とかわりないような教科書検定を強行し、教育内容の画一的統制に狂奔している。こうしたなかで、アメリカやソ連に見られるような活発な創造的研究を教育現場に期待することは無理な話である。そうなると、こんどの指導要領改訂も、現場での実践や研究とは無関係に、一部の学者や官僚が独善的に作りあげたものとか、どこかの国から借りてきたようなものを、上から強制的に押しつけることになるほかはない。このような改訂によって教科内容の現代化が達成されるはずはなく、科学・技術のたえざる進歩・発展に対してわが国の学校教育はますます大きな立ちおくれを見せることになるだろう。

わが国で「教科内容の現代化」の研究に自主的に取り組んできたのは、民間の教育研究諸団体である。その研究は、全国に散らばる小さなサークルを母胎とし、それにまったく自発的に参加する学者・教師の協同によっておこなわれるものであって、ソ連の改革に見られるような組織性はなく、アメリカの研究が国や財団から受けているような資金援助も皆無だが、その研究の理論的水準や質の面では、必ずしもこれらの国々の研究に劣っているものではない。このような研究の水準は、真実を求め、日本の子どもの真の幸福を願って、日常的な教育研究活動に参加する教師と学者の真の自主性、民主的な国民教育の発展を願う広範な父母大衆に支えられた強い連帯性によって、劣悪な諸条件の中でようやく確保されているのである。

教科内容の根本的改造

さて、教科内容現代化の基本的原則としては、第一に、現代科学の成果と方法にてらして、教科内容を根本的に改造するということがあげられよう。現代科学を子どもの教育に結びつけるというとき、多くの人々に懸念されることは、それでは教科内容がますますむずかしくなり、過重となるのではないか。子どもは、はたしてその重圧にたえられるのだろうかということである。

この問題については、科学そのものがある程度の解答を下している。遠山啓氏はいう。「数学の発展そのものは、決して新しい知識が加算的に附加されていくような量的な拡大にだけあるのではない。すでに得られた知識を統一的に見渡すような観点がたえず探し求められ、そして広い知識の領域が一望の下にながめられるような観点がたえず発見されていく。このことは数学に限らず、あらゆる科学に共通の動向であるといえる。[13]」

つまり、科学の体系というものは、新しい原理や法則の発見によって質的に作りかえられるということがある、そのことによって、科学の諸知識が再統合されるとともに、もはやあまり意味のなくなった古い知識はおいやられることになる。したがって教科内容のうえでも、現代科学の観点に立って、こうした「ガラクタ教材」を排除するとともに、基本的な原理や法則を子どもにつかませれば、大きな負担をかけることなしに子どもに広大な知識を統一的に把握する可能性があたえられるのである。

原子や分子の発見は、さまざまの物質、さまざまの現象を統一的に把握することを可能ならしめるものであった。生物学の分野でも生化学の発展は、これまでとかくばらばらに記述されていた個々の生命現象を、その観点から統一的に説明する可能性をあたえている。科学の基本的・一般的概念の重視とガラクタ教材の排除——これが、教科内容現代化のもっとも重要な原則といえよう。

現代科学と子どもの認識

しかし、このようにして広い知識を統一的に把握させる基本的な原理や法則が、子どもにとって非常に理解の困難なものであるとしたら、教育的にはなお問題は残る。ところが実際には、必ずしもそうではなかった。たとえば、「前世紀の後半に現われた集合論は現代数学の出発点となったが、それは集合論がそれまでの数学の発展に一歩を進めたという形ではなく、むしろそれまでの数学とはまるで異質の思考法を打ち出したからである。その理論の重要な特徴は、複雑さや精緻さではなく、反対に意外な単純さのなかにあった。集合論の基本原理は、就学前の子どもの数学的思考活動にも内在しているもっとも基礎的なカテゴリーでもあるのである。[14]」

集合論の一対一対応は、幼児の数認識においても基本的なものである。この事実に着目して、現代数学の基本的カテゴリーに相当するものが、子どもには何歳頃に形成されるかを実験的に明らかにしたのが、ピアジェの研究であった。ピアジェが取り上げた基本的カテゴリーは、一対一対応に対する不変性、順序変更に対する不変性、分割に対する不変性などであるが、これら数概念を作りあげる基本的カテゴリーは、五、六歳ごろに子どもに形成されることがわかった（ピアジェ『数の発達心理学』国土社）。

二〇世紀に発展した現代数学の基本原理が、就学前の子どもの思考のなかにすでに内在しているということは驚くべきことにも思われるが、これは現代数学の発展が、「必ずしも同方向的な量的発展ではなく、方向転換的な質的発展をも意味していた。それは、遠心的拡大であるよりは、むしろ求心的深化であった。そのなかには出発点に立ちかえって考え直そうとする強い要求が秘められていた(15)」ということで理解されよう。

このように科学のもっとも基本的な、出発点となる原則にまでたちかえるということが教科内容現代化の重要な特質となっている。しかし、もちろん現代科学と子どもの初等教育とを結びつけるということは決して容易なことではない。初等教育の最初の段階から、すべてを現代科学の基礎的一般的概念によって統一された体系でもって教えることができるものでもない。つまり、ダニロフのいう現代化の二つの方法が必要となるのであろう。遠山啓氏は、これを「認識の微視的発展（児童心理学）、認識の巨視的発展（科学史）、現代数学」の三つの観点の総合としてとらえている。

しかし、科学の基本約・一般的概念をできる限り早くから、特に重視して教えることが大切だし、またそれが可能であるという原則は、今日各国の現代化の試みにおいて共通に主張されていることである。

「中心的問題は、将来の思考や活動にたいして最大の適用範囲と最大の力をもった観念や思考様式を伝えることである。ＰＳＳＣは、この目的のためには、中等学校物理の重点をテクノロジーから物理の基本思想およびそのような思想を生みだす探求方法のより深い解明に転ずるのが賢明であると判断した」（Rosenbloom, ibid. p. 40）

初等教育の根本的な改革を目ざすソビエトのザンコフ、エリコーニン、メリニコフたちの実験的研究でも「一般化へのより大胆な依拠」が主張されている。これらの研究は、現代の子どもの知能発達や知識習得の能力は、これまで考えられていたものよりはるかに高いことを示しており、三年間の初等教育で従来の四年間の初等教育内容ばかりか、それをさらに拡大し、深化したものまで教えることが可能であり、困難性のもっと高い水準で教授を組み立てること、低学年から教科の体系性を強化することが、生徒の発達をよりよく促進するものであることを主張している。現在、先に述べた教育課程中央委員会が検討中の新しい三年制初等教育課程案によってみても、まず「算数」にかわっていくらかの代数的要素を加えた初等数学が導入され、学校における数学教育全体の有機的部分として、四年以降の数学教育の基礎となるような法則性をじょじょに習得させることが課題とされている。またロシア語の教育では、文法の基本的知識の習得において一般化の利用が拡大され、読み方の教育においては、「自然科」の独立とあいまって、その教材を通じてあたえられる理論的知識の水準を高め、より一般的な性格の自然知識を生徒にあたえることになっている[16]。

さて、こうした教科内容現代化の諸研究から、現代教科の体系に関する何らかの一般的原理を明らかにすることはできないものだろうか。「現代化」のすすめ方については各国でさまざまの特徴があり、わが国でも各教科の研究者たちのあいだで現在なおさまざまの意見がだされ、実験が試みられている段階であるが、いずれにしても各教科の内容を編成するうえでの基本的原理や理論を探求し、現代教科の内容編成に関する一般的原理を明らかにしていくことは、現代の教授学に課せられたもっとも重要な課題の一つといえよう。

(1) 家永三郎『教科書検定』日本評論社、一九六五年
(2) 宮原誠一『青年期の教育』岩波新書
佐藤興文「産業の現実と教育」『国民教育研究所論稿5　戦後教育内容研究の成果と課題』国民教育研究所、一九六三年
(3) R・W・ヒース編『新カリキュラム』国土社
(4)『PSSC物理・上』岩波書店
(5) ブルーナー『教育の過程』岩波書店、四二頁
(6) モスクワ・シンポジウムの報告『現代の科学・技術教育』明治図書、五九頁
(7) カイーロフ『ソ連邦共産党の新綱領と教育科学の活動』一九六二年
(8) カイーロフ「教育科学と学校」『ソビエト教育学』一九六五年第五号
(9) ダニロフ「知能の育成」『ソビエト教育学』一九六四年 №12
(10)「科学と教科」『ソビエト教育学』一九六五年第七号

（11）ダヴィドフ「教育科学の立ち後れを克服せよ」『ソビエト教育学』一九六三年、第一〇号
（12）P.C. Rosenbloom, Modern Viewpoints in the Curriculum, *National Conference on Curriculum Experimentation*, 1964.
（13）遠山啓「数学教育の近代化と現代化」教育科学研究会編『現代教科の構造』国土社、二六頁
（14）遠山啓「国民教育における教科の役割」『思想』一九六一年四月号
（15）遠山啓「数学教育の近代化と現代化」前掲書
（16）ザンコフ『教授過程と子どもの発達』明治図書
「新しい三年制小学校教科課程案」『ナチャリナヤ・シュコーラ』一九六七年、一、二月号

第10章　教科内容編成の基本原理

水道方式の原理

教科内容を編成するうえでの基本的原理なり方法というものがあるだろうか。各教科の研究が今日当面している課題は、それぞれの教科の特殊性に応じて決して一様ではない。そこにすべての教科に通ずるような一般的な原則を見出すことは容易でない。しかし「現代化」のはしりとなった数計算の指導体系としての「水道方式」は、教科内容の現代化をおしすすめていくうえでの基本的方法のいくつかを典型的に示しているように思われる。

水道方式は、① 分析と総合、② 一般と特殊、という二つの原則を組み合わせたものといわれる。

水道方式は、「分析総合方式」とよばれたこともあった。分析・総合は、あらゆる科学の普遍的方法であり、人間の認識の基本的方法でさえあって、とくにこと新しいものでもないのだが、それを教科の内容編成に意識的に適用しようとするところに、特色があるのだといえよう。水道方式では、

① 複雑な計算過程をもっとも単純な計算過程に分解し、それを素過程と名づける。
② 素過程を結合して、もっとも典型的な複合過程をつくる。
③ 典型的な複合過程からしだいに典型的でない複合過程に及ぼしていく（退化）[1]。

分析総合方式というのは、一般化していえば、教科の内容となるものを、まず徹底的に論理的に分析する。そして、できるかぎり単純で本質的な要素（素過程）にまで分析された内容は、つぎに一定の原理で分類され、複合される。すなわち、そこで論理的な「一般と特殊」あるいは「典型と非典型」というような内容相互の関係が明らか

にされる。そこで、この単純な要素およびその複合からなるもっとも単純で一般的な法則（あるいは典型的な法則）の学習から始めて、しだいに複雑な諸要素をも加えた複雑な法則性を認識し、こうして最後に具体的な現実の全体的理解にまで到達するというのが、この方式の要点である。

このような方式が実際にはどのように適用されているか、「分析と総合」、「一般と特殊」の意味をさらに明らかにしつつ、諸教科において現在すすめられている教科内容の再編成をつぎに検討してみることにしよう。

1　分析と総合

生活単元学習の場合

分析と総合は、経験主義の社会科、生活単元学習でもある程度はなされる。社会を、生産・消費・交通・保健・教育・政治などの諸機能に分けて、学習するのがそれである。しかし実際には、分析総合方式と生活単元学習とは鋭く対立する。社会科の単元学習というのは、「児童がその現実生活の中で具体的に直面する問題」の解決を中心として学習をすすめ、「道徳的な判断力や態度も、地理的・歴史的な見方・考え方も、それらが互いに結びあう問題解決の過程において養われるのが効果的である」として、「これら三教科が分立するよりも、それらが本来自然に結びついている現実的な問題の性格にしたがって、社会科の単元学習のなかで、それぞれのねらいを実現しようとする立場(2)」である。

ここでは、あくまでも生活の中の具体的問題が学習の単位（単元）となる。「具体的」というのは、分析や抽象を行う以前の「全体的」ということでもある。経験主義の教育学は、全体性を強調するゲシュタルト心理学の考え方と深い結びつきをもっている。単元学習では、分析をできるかぎり排除し、なまの具体的問題をそのまま子どもにぶつけることが、子どもの心性（その興味や思考様式）に合うことだと考えられたのである。

この「心理学主義」ともよばれた学習理論が、実際にはどれだけ子どもの心理を正しくつかんだ学習理論だったのか疑問なのだが――ちなみに、ゲシュタルトの法則というのは、もともと知覚の法則であって、それを思考の分野にまでもちこむことにすでに問題がある――ともかくも論理的な分析・総合に対立することは、その主要な特徴の一つとなっているのである。

論理的な分析・総合では、現実をまずできるかぎり単純な要素にまで分析し、その上でそれらの要素が相互に論理的に構造的に結びつくように総合する。そこでは、おのずとそれらを学習するにあたっても、事実の単純な分析・総合から複雑な分析・総合にまでいたる順序が立てられる。ところが、子どもの興味とか問題意識によって切りとられる具体的問題は、論理的には複雑で、法則性の違ういろいろの要素が複雑にからみあっている。「現実的な問題」ごとの学習によっては、これらの法則の習得に順次性をつけることはほとんど不可能となる。現実の問題のなかには、簡単な法則が出てくるかと思えば、非常に高次な法則も出てくるというように、さまざまの法則性が複雑に偶然的に結びついてあらわれる。これらの法則性をいちいち本気に学んでいくとすれば、学習に必要な持続性も集中性も保つことはできなくなろう。

このような生活単元学習では、たんなる生活技術やばらばらの知識、あるいは常識的な生き方や観念的なイデオロギーを習得させることはできても、対象の客観的・科学的認識に子どもたちを導くことはできないだろう。

現実の具体的問題は、つねに複雑で多面的である。科学者でも、これをいきなり解くことはできない。自然科学者の実験は、さまざまの器具や試薬によって、なまの現実をできるかぎり単純化したうえでなされる。

「かしこい人はいつでもやさしい問題を解き、愚かな人はいつでもむずかしい問題を解こうとする。」われわれに問題が解けないのは、たいていいろいろな事柄が複雑にからみあって、何が問題なのか、自分自身にはっきりしないからである。問題が明確になれば、すでに半分の解答はできたのである。

「資本論」の科学的な方法

社会の研究、社会の科学的認識においても、当然、分析・総合の方法はとられねばならない。マルクスは、複雑な資本制的生産様式を分析するにあたって、次のように述べている。

「実在的で具体的なものから、現実的な前提から、したがって、たとえば経済学では、全社会的生産行為の基礎であり主体である人口（住民）からはじめるのは正しいことのように見える。だがこれは、もっと立ち入って考察すると、まちがっていることがわかる。たとえば、人口は、もしそれを構成している諸階級を除外するなら、一つの抽象である。これらの階級も、たとえば、賃労働、資本等々といったその基礎になっている諸要素のことを知らなければ、やはり一つの空語である。賃労働、資本等々は、交換・分業・価格等々を前提とする。たとえば、資本は、賃労働がなければ無であり、価値・貨幣・価格等々がなければ無である、だから、私が人口から始めるとすれば、それは全体の混沌とした表象なのである。」

一七世紀の経済学者たちは、こうした生きた全体、すなわち人口・国民・国家などからはじめ、分析によって少数の規定された抽象的、一般的関係、たとえば、分業・貨幣・価値などを見つけだすことに終わった。だが、やがてそれら「労働・分業・欲望・交換価値のような単純なものから国家、諸国民間の交換、世界市場にまでのぼっていく経済学の諸体系がはじまった。このあとの方法は、明らかに科学的に正しい方法である」（マルクス『経済学批判への序説』）

ここでマルクスは、第一に、具体的なものから抽象的なものへ下降するのではなく、反対に、後のものの理解の前提となるような単純な要素的・抽象的な概念から始めて、具体的なものへ上昇するのが科学的な方法だと述べているのであるが、その際かれは、歴史的な資本制生産様式を徹底的に分析していって最後には非歴史的・非経済的な概念――欲望・労働・分業などといったどの歴史時代にも見られる超歴史的な概念――にまで到達し、そのもっとも単純で抽象的・一般的な概念から出発して、資本主義の全体像を描こうとしていることに、私たちは注目しなければならない。

見田石介氏が、その著『資本論の方法』（弘文堂）でこの点を特に重視し、マルクスの弁証法的方法が、経済学上これ以上分析をすすめてはならない最終単位としての商品から出発し、弁証法的論理の歩みは歴史の歩みに照応するという見解に立って、つねに生きた全体から全体へ、すなわち、貨幣・資本一般・資本のあらゆる具体的カテゴリーへと内的必然的に上昇するものであるかのように考える通説を批判しているのも、われわれにとって参考になる。『資本論』の弁証法的方法は、なるほど商品や資本などの客観的な事物を生きた有機的統一体とみなし、その諸側面をすこしも切り離すことなく、複雑な諸モメントからなるその総体を歴史的発生的にとらえることを最大の特色としている。しかし、弁証法的方法が、分析・総合というこの科学の唯一の手段を否定するものであるなら、弁証法的方法はまったく不合理な、神秘的なものとなってしまう。だから、「歴史的に規定された生きた全体を、超歴史的なものをふくんだ抽象的な諸要素に分析し再構成することは、そうした弁証法的方法とすこしも矛盾するものではない」と見田氏は説いている。

『資本論』は、われわれの表象にあたえられた商品を前提とし、それを分析することから始まっている。「第一章・商品」の分析過程を全体としてみれば、物・欲望・具体的労働・抽象的労働・社会的労働などのもっとも抽象的なカテゴリーから出発して、使用価値というより具体的なカテゴリーにすすみ、それから最初に目標として表象されていた、もっとも具体的な商品の概念にまで上昇する過程となっている。

この弁証法的方法と分析・総合法との関係は、教科の体系を考えるうえでもしばしば問題となろう。たとえば、現代の地理教育では社会科学的（弁証法的）な地理認識あるいは地域認識が教科の目標にすえられるにしても、地理的認識にとって自然的要素が不可欠のものであるとしたら――実際に、社会科学としての経済地理でも、自然環境との関係をたちきって経済地理的現象を理解することはできない――地理教育の体系のうえで、自然地理を正しく位置づけることは重要な問題となる（この問題については。教育科学研究会社会科部会著『社会科教育の理論』麦書房参照）。

なお、ここでいう「方法」と教科の「体系」との関係については、戸坂潤の「組織し体系づけるためでない方法はあり得ないし、方法なしに出来上った組織・体系もない。して見れば、二つは同じ過程を指す二つの言葉である他はない」（『科学論』）という言葉にもあるように、「体系」を構成する基本原理として「方法」を考えることができよう。

また、単純な抽象的概念から出発するのが正しいということについては、もう一つの注釈がいるだろう。それは、その概念そのものはどのようにして得られるのかという問題である、しかし、これはあらためていうまでもなく、具体的事実の分析によってしか得られない。科学史、いいかえれば人類の認識の発展はその道をたどってきたし、子どもの認識も、当然、それ以外にはあり得ない。したがって、抽象的なものから具体的なものへという科学の方法あるいは体系は、実際には、具体的なものから抽象的なものへという探求の方法、事実の分析を前提としており、その意味でそれを含んでいるのである。この場合、教授学的には、前者を教科の体系とよび、後者を学習の方法とよんでおいた方がはっきりするだろう。個々の概念の習得は、つねに具体的事実と結びつけられ、それの観察や実験をとおしておこなわれるのである。それゆえ、内容編成の原理としての抽象および具体と、学習過程において問題とされる具体および抽象とは、区別しなければならない。科学教育の体系においては、抽象的なもの一般的な原理が、上述のように最近の教科研究のなかで、ますます重視されるようになってきている。しかし、学習指導の過程において、具体的な事実の観察や実験をおこなうことの意義は、決してそれによって軽くなるものではない。かえって、ますます重視されることであろう（具体と抽象との関係については、後で「一般と特殊」の関係について論ずるなかでもう一度ふれることになる）。

「具体的なものは現実的な出発点であり、したがってまた直観と表象との出発点ではあるにしても、思考においては、具体的なものは総括の過程として、結果として現われるのであって、出発点としては現われない」（マルクス）のである。直観から概念への歩みと、思考における（現実認識のための）概念運動の方向とのこのような相違は、教科の体系を構成する場合に十分考慮すべき原則だと思われる。

自然科学教育の場合

右に述べてきたことは、要するに、教科内容の編成においては、現実をできるかぎり単純な要素にまで分析し、さまざまな条件を捨象したものであるがゆえに単純であると同時に抽象的な、基礎的であると同時に一般的・本質的な要素から始めて、しだいに複雑で具体的な、特殊的現実の全体的・法則的理解にまですすまねばならないということ、しかしその個々の要素あるいは概念そのものは、つねに具体的・特殊的現実と結びつけられ、それらの観察や実験などに基づいて学習されねばならないということであった。

自然科学教育の場合はどうだろう。まず現代の自然科学そのものが、分析の徹底によって、物質を構成する基本要素の単純化、自然全体を見わたすプリンシプルの単純化をおこない、まさにそのことによって革命的な、物質認識の拡大と深化をもたらしていることに注目しなければならない。湯川秀樹氏は、「自然はその本質において単純だ」ということを述べている。「自然現象が見かけの上では、どんなに複雑、多様であってもその奥底に立ち入って見れば、必ずそこに簡単な法則が見出される。科学者はそれを信じて研究をつづけ、実際、科学の進歩のいくつかの段階で、そういう法則を見つけだしてきたのである。今日私たちは多種多様な素粒子の存在を認めるところまできている。素粒子の世界はまだ深い霧につつまれている。しかし私たちはそこに自然界の最も根本的な、そしてわかってみれば非常に簡単な法則がひそんでいると信じて研究をつづけているのである。」(3)

前世紀までの自然科学は、実験や観察された現象をありのままに記述し、それから帰納的に経験法則を導くという経験主義的な性格を強くもっていた。これに対し、「現代の自然科学は、原子論の立場をとり、原子や分子などの基本粒子の運動として、さまざまな諸現象を統一的に把握することに成功している。それはたんなる現象の記載ではなく、諸現象の本質を明らかにすることであり、その方法は経験主義的であるよりも、理論的であり、帰納的であるよりもむしろ演繹的である。(4)」

こうして、物体は分子・原子よりなり、原子は素粒子よりなるというように自然の階層的構造が明らかにされつつあるが、もちろん、だからといって現実の子どもの学習順序が、素粒子の階層から始まってだんだんとより大きな階層へすすんでいくというようなことにはならない。子どもの自然認識の発達にあわせて、教科の体系はあらためて再編成されねばならないが、その体系の基礎には、単純な一般的要素から始めて複合的な具体物へ進むという方法がつねに横たわると見られるのである。

一つの例として、気象の学習を取り上げてみよう。気象はさまざまの要因がからみあう極めて複雑な現象である。これを「四季おりおりの天気を調べ、その特徴に関心をもつ」という程度のことにほとんど終始する現行指導要領のような現象的把握にとどまらずに、より本質的、科学的な理解に到るためには、まず気象の三要素として気温・風・雨をとりだし、これらの概念の基礎的学習を先行させることが必要である。温度・気体・密度・水の三態変化などの物理的理解がそれである。つぎに、これらの要素を総合しながら、地表における複雑な気象全体を貫くもっとも一般的な法則として、大気の運動の法則を学習する。その場合も、大気の運動が、太陽の加熱と地球の自転とによってひき起こされる全地球的な大循環から地面近くの乱流にいたるまでいくつかの階層的な構造をもつのに対応して、最初に、大気の大循環の法則性とそこから導きだされる世界の気候帯を学習し、ついでより特殊的な地域の気候を決定する水陸分布・海流・地形などの諸因子を加えながら、気団と世界各地域（日本）の気候、微気象的な小対流・乱流と郷土の気候というように、しだいに具体的現実にせまっていくのである。(5)

気象あるいは気候を、小・中学校でこのような観点で学習している例は、まだ少ない。理科でおこなう場合、地理でおこなう場合、あるいは小学校・中学校によって、学習の細かな系統案はさまざまに違ってくるだろうが、気象教育を現代化する場合の大まかな原則は変わらないだろう。すなわち、複雑な気象現象を、まずもっとも単純で本質的な要素にまで分解し、ついでそれらの単純な要素の複合からなるもっとも単純で一般的な法則から、しだいに複雑な要素をも加えた複雑な法則性の認識へと進み、こうして具体的な現実の科学的理解にまで到達するのである。

真船和夫氏は、理科の内容の系統性を見出す方法として、次の四つをあげている。

① 分析と総合――概念や法則を、より単純な要素に分析した上で、それらの構造的な関連を考えて総合する。

② 低次の法則と高次の法則――高次の法則をより低次の諸法則、より具体的で（抽象性の度合のより低い）、より直観的な、一群の法則に分析し、これらを低次のものから漸進的に高次の法則へと学習させる。ただし、これは、一つの法則を認識していく順次性である。

③ 一般と特殊――一般的な（条件の少ない、適用範囲の広い）概念・法則から、特殊な（多くの条件の下でないと成りたたない、適用範囲のせまい）概念・法則へ

④ 浅い理解→習熟→深い理解――たとえば、仕事・エネルギー・分子・原子・細胞・物質交代等の科学の基本概念は、浅い理解でよいから、できるだけ早い時期に学習し、それらの概念をさまざまな現象に適用し、使いながら、深い理解へと発展していく。

真船氏は、これらの原則は互いに排除しあうものではなく、補足しあうものであるが、内容の系統性をきめる主要な法則は、③の一般→特殊、すなわち、重さ→力（物質の普遍的な量である質量を反映する一般的な量としての重さから、運動の状態や物質の状態に変化を与えるより特殊な量としての力へ）、温度→熱（分子運動のはげしさをあらわす一般的な量としての温度から、物質の状態が変化するときの特殊な量としての熱へ）の意味での一般→特殊であり、それについで低次法則→高次法則が重要な原則になる。他の原則は、これらの原則を補足する副次的な原則となるので

はないかと思う、と述べている(6)。

しかし、内容を系統化するうえでの基本的原則としては、むしろ「分析と総合」を第一にあげるべきだろう。一般とか特殊は、その分析・総合の結果はじめて見出される関係だからである。同一の概念が、そのとらえ方により一般であったり特殊であったりもする。教科の内容を編成するうえでの基本的原則は、すでに述べてきたように、まず分析と総合にある。そして、できるかぎり単純で一般的な要素から学習を始めるというとき、一般↓特殊は、分析・総合の方法と不可分に結びついているのである。しかし、子どもの認識の発達の順次性を考えるとき、低次法則↓高次法則、浅い理解↓習熟↓深い理解、といった原則があわせて考慮されねばならないだろう。

2　一般と特殊

水道方式の場合

「一般↓特殊」は、水道方式をはじめ、「教科内容現代化」の大きな特徴として注目されている。

科学の発展は、すでに得られた知識を統一的に見渡すことのできるようなより一般的な原理や法則が、たえず探し求められることによって進められているということを先に述べた。そして、この一般的なものの方が理解しやすいことが多いのである。一般的で適用範囲の広い概念や法則ほど、抽象的で子どもに理解が困難であると従来は常識的に考えられていた。ところが、「広汎な定理の方が証明しやすく、一般的な定理ほど解きやすいものである」(ポリア)ということは、数学ではかなり一般的に見られることなのである。

水道方式は、この点に着目し、「特殊から一般へできるだけ細かいステップで進んでいけばいくほど教育的である」

① $\begin{array}{r} 20 \\ +\ 2 \\ \hline \end{array}$　② $\begin{array}{r} 2 \\ +\ 20 \\ \hline \end{array}$　③ $\begin{array}{r} 22 \\ +\ 2 \\ \hline \end{array}$　④ $\begin{array}{r} 2 \\ +\ 22 \\ \hline \end{array}$　⑤ $\begin{array}{r} 20 \\ +\ 20 \\ \hline \end{array}$

⑥ $\begin{array}{r} 22 \\ +20 \\ \hline \end{array}$　⑦ $\begin{array}{r} 20 \\ +\ 22 \\ \hline \end{array}$　⑧ $\begin{array}{r} 22 \\ +\ 22 \\ \hline \end{array}$

A図　Ⅱ位数＋Ⅱ位数

① $2\frac{5}{14}\times 7$ （28.8%）

② $3\frac{5}{9}\times 2\frac{1}{4}$ （45.9%）

③ $10\div\frac{2}{5}$ （31.9%）

④ $\frac{5}{8}\div\frac{5}{24}$ （54.3%）

B図　分数の計算問題

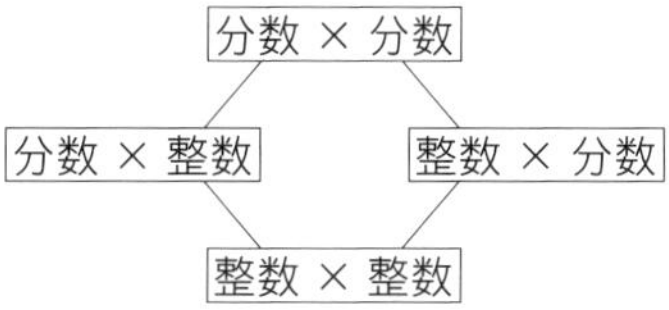

C図

というドグマを打ち破り、一般から特殊へ進んだ方が、かえって子どもにわかりやすいことを実験的に確かめたのである。

たとえば、Ⅱ位数＋Ⅱ位数で、くり上がりのない場合の学習の順序は従来はA図のようになっていた。

このような順序で指導すると、いくつかのちがった法則をばらばらに学んだうえで一般的法則に到達することになる。①と②は、「Ⅱ位数をそのまま下におろし、Ⅰ位数をかく」、③と④は「Ⅰ位数を加え、Ⅱ位数はそのままおろす」、⑤は「Ⅱ位数だけ加えて0をつけておく」……といったぐあいになる。ところが、水道方式の場合のように、これを逆転して、⑧から教えると、はじめに「Ⅰ位数どうしを加え、Ⅱ位数どうしを加える」という基本的な規則が登場し、あとは「0は特殊である」という点だけをしっかりおさえておけばよい。こうすれば、すべての型のしかたを、子どもが自分で納得しながらやっていくこともできるのである。

かつて日教組がおこなった学力調査によると、分数の計算問題に対する中学三年生の正答率はB図のようであった。

分数×整数、整数÷分数よりも分数×分数、分数÷分数のほうが正答率が高いことがわかる。

「一般―特殊」の関係からいえば、これらはC図のようになるが、もっとも一般的な分数×分数のほうが計算がやさしいのは、計算の

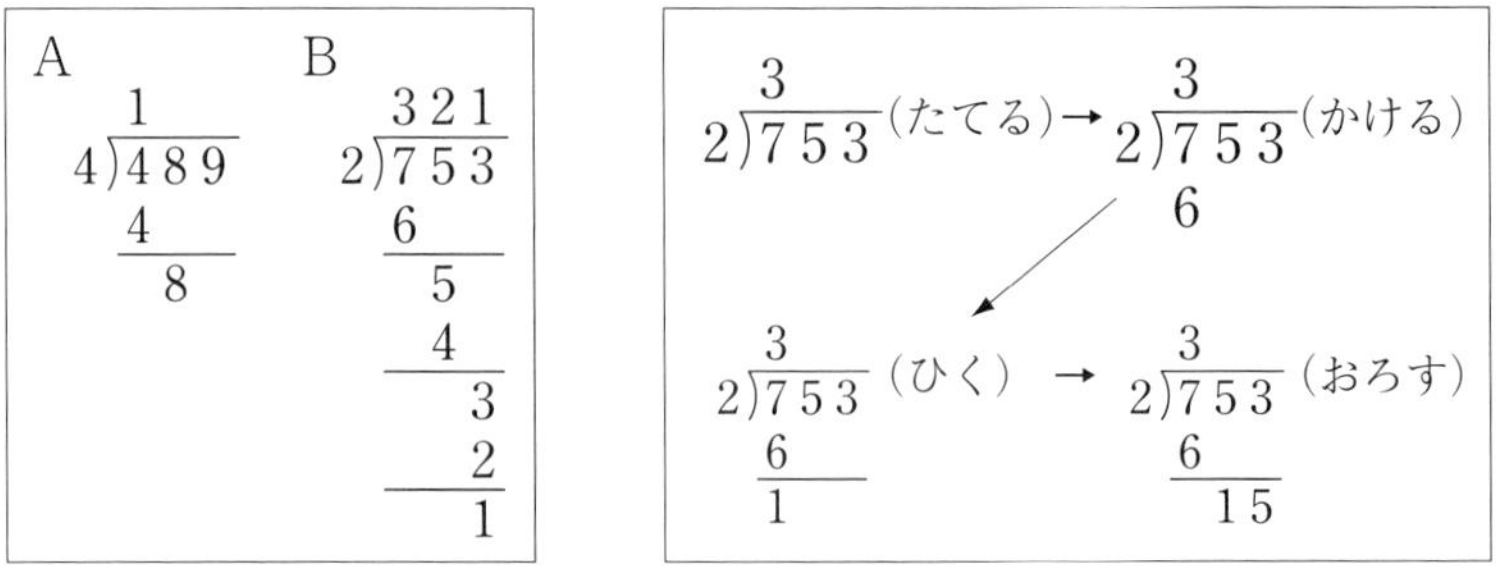

E図　　D図

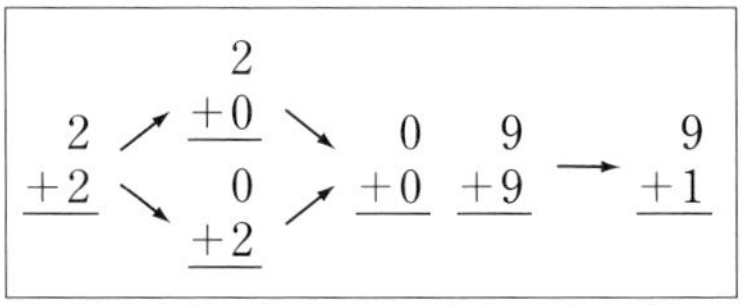

F図

規則が単純であり、おぼえやすいからであろう。$\frac{b}{a}\times\frac{d}{c}=\frac{b\,d}{a\,c}$ にくらべると、$\frac{b}{a}d$ は d を a に掛けるか b に掛けるか迷うにちがいない。つまり、分母と分子を完備している分数×分数のほうが一般法則として、見晴し台としての役割をはたすのであり、分数×整数、整数×分数はその退化したものとして見るほうが、知識を統一する点からいうと望ましいのである。

　除法でも同じである。はじめに「たてる」「かける」、「ひく」、「おろす」の四操作がすべてそろっているものをやる（D図）。

　これは、つまり「あまりのある除法」で、従来はこれがむずかしいと見られたのだが、実際には「あまりのない除法」というのは特殊で、数も少ない。そして、はじめにE図のAのような「あまりのない除法」をやると、この場合は「たてる」、「かける」、「おろす」の三操作しかないので、つぎに先のような「あまりのある除法」をするときには、「ひく」ことを忘れて、Bのような誤りを生むことになる。

　「水道方式」という名前は奇妙であるが、その本質は「分析総合方式」にある。つまり計算の過程を最小単位である「素過程」にまでまず分析し、つぎにそれを組立てて、まず上述のような一般的・典型的な複合過程を、ついでいろいろな退化した特殊的複

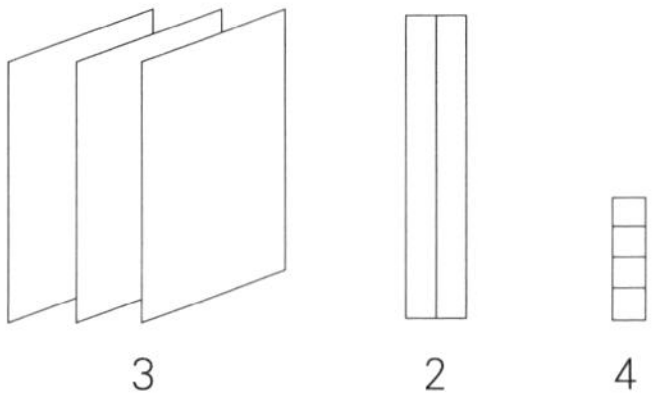

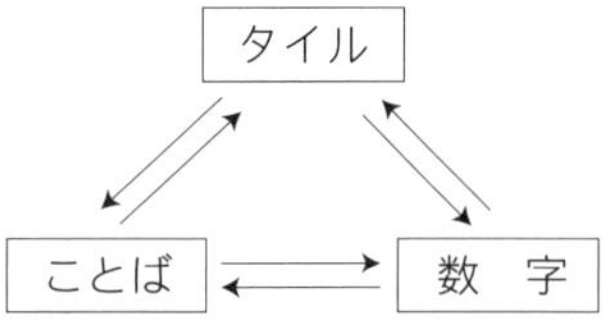

合過程にまですすんでいくのである。たとえば、すべての加法を分解していけば、I位数どうしの加法にいきつく。これが加法の素過程だが、くり上がりの有無や0の有無によって、この素過程は六個の類型に分けられる（F図）。

これを組み合わせれば、Ⅱ位数、Ⅲ位数の加法のあらゆる型を作りだすことができる。Ⅲ位数の加法は総計四九〇五〇〇個あるが、型分けすれば一三八個の類型になる。これらを典型的なものから順次配列していけば、余分な教材ははぶかれ、抜け落ちる教材はなくなって、完全な系統が作られるだろう。

水道方式の計算指導の実際において重視されるのは、第一に、素過程のていねいな指導である。第二に、位取り記数法をタイルを使って明瞭に習得させる。記数法は筆算の基礎であり、これ自身が計算の第一の素過程ともよばれる。分解と合併の自由な「タイル」は、それ自身が分析と総合の過程の産物である数の一〇進構造を把握するうえに極めて有効な直観教具であり、計算の指導にも大いに役立つことが実証されている。そして第三に、いわゆる「水源池」となる典型的な複合過程のみっちりした指導である。以上がきちんとおさえられれば、あとは文字通り水道の水が流れるように「楽に習得される」のである。(7)

水道方式の一般化をめぐって

水道方式は一般化できるかどうかということが、教育界で話題になったことがある。ところが、その論争では、水道方式のより本質的な側面である「分析・総合法」を取り上げずに、「一般から特殊へ」の図式をより重要な特徴とつかんだうえでなされる議論が目立った。ある人は、水道方式論者は「一般から特殊へ」のスローガンを金科玉条として死守しているなど毒舌をはいた。

しかし、水道方式論者は「一般から特殊へ」をどこにもあてはまる普遍的な原則として主張しているのではない。たとえば、合同と相似の場合では、相似が一般で合同が特殊だが、いきなり相似にいって、そこから合同におりてくるという方法は適当ではない。合同は触覚の世界で成立つ概念であるのに対して、相似は視覚の世界のものであり、質的にも異なる複雑な概念だからである。水道方式の主張は、「一般→特殊」を無条件に肯定するのではなく、むしろこれを「発見促進的な原理」として、それの妥当する教材に計画的に適用しようとするものにほかならない。

また、水道方式の「一般」は実は「一般的な特殊」にすぎず、それは「典型」とよぶ方が適当であり、水道方式の「典型から非典型へ」は、典型理論の一種であって、「教育方法の常道的原理としての特殊から一般へ」の逆のものでも何でもなく、したがってそれはなんら珍らしくも新しくもない理論だという批判がなされたこともある。(8)

水道方式のこのような歪曲に対して、当時筆者はくわしい批判を試みた。(9) 問題はやはり「一般と特殊」をどのように理解するかにある。梅根悟氏は、222 ＋ 222 を「トリ」とし 222 ＋ 200 を「ニワトリ」にあたると考えるのは、「形式論理学のイロハ」も知らない子供じみた間違いだと罵倒する。しかし、これは逆に、梅根氏が形式論理の立場でしかものを考えられないということをみずから暴露している。

水道方式でいう「一般」が「一般的な特殊」にほかならないことはたしかだが、その場合「一般的なものは個別的なものの中にのみ、個別的なものを通じてのみ存在する。すべての個別的なものは（どのようにか）一般的なものである。すべての一般的なものは、個別的なものの一部分、または一側面、または本質である」（レーニン『哲学ノート』）という弁証法を理解することが必要である。具体的・特殊的なもののうちに抽象約・一般的なものを見出し、抽象的・一般的なものが同時に特殊的なものでもあることを見抜く弁証法的な見方は、教育のうえでも極めて大切である。

遠山啓氏は、数学でいう特殊化 Specialization を説明し、水道方式において0を特殊と見るのもその一例だとし

② $\begin{array}{r} 222 \\ +\ 22 \\ \hline \end{array}$

① $\begin{array}{r} 222 \\ +222 \\ \hline \end{array}$

ながら、Ⅲ位数の加法で①が一般であり②が特殊であると見るのが正しいかどうかを「形式論理学の範囲で決定することは多分できないだろう。しかし、数学と数学教育の立場からは優劣があり得る。このようなとき、後者の立場に立つことを強調しようというのが水道方式なのである[10]」と梅根氏の批判に答えている。

この場合の数学および数学教育の立場が弁証法の見地に立っていることは明らかである。水道方式における「一般」は、特殊的なものの外にある一般ではなく、他の多くの特殊的なものとならんで実在する一つの特殊的なものとしての一般にほかならない。

教育において一般的なものを重視するというときはすべてそうで、宙に浮いたようなたんなる観念的なものとしての一般を教えるのではない。物理教育の出発にあたり物質の基礎概念として「物にはすべて重さがある」ということを教えるときも、「重さ」という抽象的概念だけをそとに取り出して教えるわけにはいかない。あらゆる個別的なものの普遍的属性として重さは実在するのであり、したがってつねに個別的なものをとおして重さの概念は学習されるのである。

自然地理の教育において最初に、山一般、川一般を教えるときも、実際の授業ではかならず特殊な山や川をとおして、近くの山や川を材料にしながら教える。そこでもってくる特殊は、なるべく一般性のある典型的なものであるのが望ましいことは、明らかである。しかし、ここで注意する必要のあるのは、その特殊をとおして教えるのは、あくまでも「一般」なのだということである。郷土の山をとりあげても、その山のもつ特質をあれこれと解明するのがここでの仕事ではない。山というものの一般的概念を子どもにあたえるのが課題なのである。それが一応おわってから、つぎに世界および日本の地理にはいったときに、特殊な山が解明される。教育科学研究会社会科部会が研究し実践している地理教育では、このような「一般から特殊へ」が考えられている（教科研社会科部会著『社会科教育の理論』参照）。

また歴史教育では、最初に原始時代の学習をとおして人間社会の原始的形態を教えることを、同部会では重視している。それは、あらゆる事物の歴史的に最初の形態は、他の諸形態とならぶ一つの特殊的なものでありながら、すべてに通ずる一般的なものをもっているからである。最初の労働、最初の道具、最初の法律、最初の国家などは、労働・道具・法律・国家などであるために必要なものはすべてそなえているが、それ以上の副次的なものはもたない単純なものである。そこでは、そのものの一般的な本性がむき出しに見られる。したがって、それらは、子どもにも理解しやすく、さらにあとで学習するものの理解の前提として、基礎として役立つのである。

ところが、梅根氏が、水道方式を典型理論にすぎないというとき、その「典型」をとおして何が教えられるのか、その「典型」にどのような意味があるのかを明らかにしていない。それを「一般」と見るかどうかが、論争の分かれ目だったのだ。遠山氏が、「典型的なものが一般的なものだ」と主張するところに水道方式の特色があると強調するときには、この典型的特殊を通じて一般を把握することの大切さを言っているのである。

そして、この「一般」を重視するということは、演繹的思考を学習に取り入れることにほかならない。経験主義の教育学者梅根氏には、これがどうにも許せないことだったらしい。「特殊から一般へ」を教育の常道と考える梅根氏は、結局、帰納法一点ばりの立場に立ち、水道方式をも、その理論の核心を抜き去って形骸化した図式（『まず典型を』という理論）におきかえ、こうした典型理論ならデューイにも、「社会科学習指導要領」にもあると言い、水道方式は「経験主義や問題解決学習といった立場と相容れないものでもない」と主張するまでにいたっている。これでは、まさに「みそもくそもいっしょ」というほかはない。「一般から特殊へ」の主張は、こうした梅根氏のような教育論が戦後の支配的教育学だったとすれば、やはり極めて革新的なものだったと言えよう。

教授学的意味

梅根氏は、「教育方法の常道的原理」は「特殊から一般へ」だと言っているが、これは近代教授学の歴史から言っても正確ではない。まず、近代教授学の祖と唱われるコメニウスが、「一般的なものから始めて、特殊的なものに終わる」ことを学習の重要な原則の一つにあげている。

「自然は、あらゆる形成の営みを、最も一般的なものから始めて、最も特殊的なもので終える。」

「あらかじめ学識全体の大まかな一般的な概要をあたえずに知識を個別的に教えてみても効果はない。」

「学習に専念するべき子どもたちの精神には、教育のそもそもの初めから普遍的学識の基礎が注ぎ込まれてほしいと思います。言いかえますと、それは、あとからくる学習が、別に目新しいものを含んでいるとは見られず、以前の学習のある部分的な展開にすぎないように学習対象が配置されることであります。」

「言語、知識、技術も、まず最初は、その全体像がつかめるようにいちばん単純な基本のところを教えてほしいと思います。そのあとではやや詳しく、つまり公式と実例とを、三番目に、変格をつけて完全な体系を教え、最後に、必要ならば注釈書を教えるのです。申すまでもなく、基礎をつかんだ者には、注釈書はさして必要ではありません。いま少したてば、むしろ自分で注釈書をつくれるようになるでしょう。(11)」

コメニウスは、一般から特殊へということで、教育内容の配列と編成を、すなわち一般的概要から細目へ、単純で一般的な基礎知識の習得によって全体についての一般的理解を形成してから、部分へ、例外へとすすみ、こうして完全な体系が学習されるようにしなければならないというのである。

これは立派な教科内容編成論であったと言わねばならない。生活単元学習のように、たんに生活に適応するための技術を学ばせるのであったら、そのときどきの問題や子どもの関心にしたがって学習をすすめることもできるが、世界についての全体的知識・科学的知識の体系を習得させるのであれば、こうした原理が出てくるのはむしろ自然であったのかもしれない。ともかく、コメニウスのこの学習理論は、素朴ながら、子どもの認識の発展についての真実を正しくつかんでいたように思われる。

もっと最近の心理学者では、ヴィゴツキーが、概念の発達の実験的研究に基づいて、概念形成の過程をつぎのように描いている。

「概念形成の過程は、二つの方向から――一般の側からと特殊の側から――ほとんど同時に、発達する。

このことのきわめて重要な確証は、子どもが使用する最初の言葉は、実際に一般的記号であり、比較的のちになってはじめて、特殊的・具体的記号が子どもに発生するという事情である。子どもは、たしかに個々の花の名前よりも先に〈花〉という言葉を習得する。子どもの言語発達のある条件から、何かの特殊的名称を先に習得することがあったとしても、そして〈花〉よりも先に〈バラ〉という言葉を知ったとしても、子どもはこの言葉を使ってバラだけでなく、すべての花をよぶ。つまり、子どもは、この特殊的記号を一般的記号として使うのである。[12]」

概念形成にこのような二つの道があるのは、人間における概念形成が、言葉を媒介として、人類の社会的経験の凝集であり、高度に抽象化され一般化された概念をもそれであらわす言葉を媒介として、つねにおこなわれているということに、根拠があるのだろう。もし動物の頭脳にも概念が発生すると考えるなら、動物の場合には「特殊から一般へ」という道が支配的な役割をはたすことになろう。パヴロフの第二信号系理論によっていっそう明確になってきたように、人間の認識活動は、二つの信号系の複雑な相互作用のなかでいとなまれ、そのさい第二信号系（つまり、言葉）のはたす役割はきわめて大きい。動物の心理と人間の心理とをあらゆる部分にわたって決定的に区別するものは、このようにして言葉なのだが、しかし従来の、それに現在でもアメリカあたりに根強く残っている心理学には、この点を無視しているものがすくなくはない。

概念形成は、伝統的には一連の同種の具体的表象から類似した特徴を抽出することによって得られると考えられてきた。たとえば、樹木の概念は、さまざまの樹木の表象の類似した部分のあいだに同化作用がおこり、その結果、それら表象の総合に基づいて、樹木の一般的表象あるいは概念が得られるというのである。梅根悟氏が、「特殊から一般へ」、「具体から抽象へ」、「種から類へ」などを教育方法の常道的原理と考える根拠は、おそらく、このような形式論理的な伝統的概念形成の図式にあったのだろう。

このような伝統的図式は、近年の児童心理の研究によってしだいに破られてきている。ヴィゴツキーによれば、「思考は、ほとんどつねに概念ピラミッドのなかを上下に運動して、水平に運動することはまれである。この命題は、かつては概念形成に関する伝統的心理学説における正真正銘の革命を意味した。概念は一連の具体的事物のなかから単に類似した特徴を抽出することによって発生するという以前の考え方にかわって、概念形成の過程は、たえず一般から特殊へ、特殊から一般へと移動している概念ピラミッドのなかでの思考の複雑な運動過程として、その真の複雑さのなかで考えられるようになった」

概念形成のこの運動は、帰納と演繹の二つの過程の複雑な相互関係にほかならない。教授の過程においても、当然、この二つの過程の相互関係を考慮しなければならない。ソビエトの教育科学アカデミヤが出した『教育学辞典』(一九六〇年)には、「教授・学習における一般と特殊」の項目があり、つぎのような説明がある。

「生徒が現象を認識し、概念を形成し、知識を深め、思考を発達させる場合にしたがう論理的カテゴリー。一般と特殊は、相互に不可分に結びついている。「一般は個別のなかに、個別を通じてのみ存在する」(レーニン) 一が他へ移行する。……

特殊的現象、それらの個々の表象の検討から一般的特徴、一般的概念あるいは一般的規則が導き出される。この道は、教授・学習における帰納に密接な関係があり、とくに低学年で広く適用される。

別の場合、生徒は一般的概念、一般的規則あるいは法則から特殊的現象へ進む。これにはさまざまの目的があり得る。等加速運動の学習に取りかかる場合、生徒はそれについての概念を、運動一般の知識、等速運動や加速度の知識から形成することができる。その場合は、新しい概念における本質的なものが強調されることになろう。ここでは、生徒は一般的なものを利用して特殊的なものを認識する。ある場合には教師は、生徒にとって新しい物理法則を一般的形式で説明したあとただちにその法則のあらわれる現象の検討に移ることがあろう。ここでは、目的は一般的なものをよりよく認識することにある。いずれの場合も、この学習過程は、演繹に密接な関係があり、中学年とくに高学年においてより広く適用される。」

ここで、帰納的方法はとくに低学年で、演繹的方法はとくに中・高学年で広く適用されると言っているのが注目される。前に述べたように（一三三頁参照）、真の科学教育が始まる以前の低学年では、現実についての正確な具体的表象やそれを基礎とした一般的表象の形成が主な課題となる。つまり、生活的概念の拡充・深化が主要な仕事となるが、そこでは新しい事実を提示し観察させるとか、それらの事実に基づいて一般化を形成する帰納的方法がたしかに重要な地位を占める。

こうして事実的知識が豊富になってきた中・高学年では、同時にそれらを抽象し一般化する能力、抽象的一般的なものを理解する能力が発達する。科学的概念の形成は、こうした子どもの能力に基づいておこなわれる。そこではいちいちふたたび事実から出発して学習を始めるよりも、いきなり抽象的一般的なことがらからはいり、それらについての話しあい、討論をすすめるなかで、あるいはそのあとで、具体的事実との結合をおこなうことができるのである。

しかし前にも述べたように最近の研究は、子どもたちのこのような能力が、従来考えられていたよりはるかに高いことを示している。そして、教科の現代化は、この一般化能力へのより早い、より大胆な依拠を重要な特徴としているのである。最近の教科研究のこのような発展から考えれば、この辞典のように、中学年とくに高等年と演繹法とを結びつけるという考え方も、検討し直してみる必要が出てこよう。

一般と特殊の相互関係

さらに注意する必要のあることは、一般と特殊は相対的な事がらであり、同一のものが見方をかえることによって一般になったり特殊になったりするし、一般そのものが特殊を離れては存在せず、特殊とつねに結びついて存在することからも知られるように、演繹と帰納とはつねに相互に関係し、支えあっているということである。たとえば、山や川は、地球や大陸全体の構造から見れば特殊的事実であり、要素である。しかし、山や川は、さらに分析すればさまざまの要素から成り立つことがわかる。自然地理において、最初に学ぶ山や川は、アルプスとか利根川などの具体的特殊的事実ではなくて、山一般、川一般である。そこで、このような「山」や「川」の学習される場合を考えるとき、特殊的な郷土の山から山一般へ、地球や大陸・大洋一般から個別的な山へ、また山頂・尾根・山麓・斜面などの部分から山の全体へというように、特殊と一般はつねに複雑に入り組み、たえず一から他へと移行し合うのである。ここでは、山一般、川一般の概念形成が目ざされている。だが、そこへ至る過程では、子どもたちに既存の知識・表象に基づいて一般化から出発し、特殊的なものでそれの実証・具体化をはかる場合もあれば、実物・絵図などの観察から一般化へすすむ場合もある。

小学校の地理教育について、教科研社会科部会では、おおよそ次のような系統を考えている。地球の形・大きさ―平地―山地―川―海―造山運動―世界の平地―世界の山地―大洋と海―世界の気候―日本の地形と海洋―日本の気候―日本の地方めぐり―世界の国めぐり。

これは経験主義の社会科教育における、家庭―近所―村・町―郷土―日本―世界、という同心円的拡大の行き方と比べたとき、明らかに、一般的なものを重視し、演繹的思考を重視した系統といえるだろう。後者では、具体的事実からの抽象・一般化が原則とされている。これに対し、前者では、まず一般を学び、つぎに特殊的事実を学ぶのが原則とされている。

しかし、ここではっきりさせる必要のあることは、右のような系統は、教科内容の系統であり、したがって、ここに見られる一般と特殊は内容編成上の原則を示しているにすぎないということである。

教材編成論と授業方法論

水道方式も、教科内容あるいは教材の編成・配列の理論にほかならないということは前にも述べた。ところが、梅根氏をはじめとして、水道方式を「教えこみ主義」、「つめこみ主義」の学習過程論を説くものだと見ている人々がかなりいる。梅根氏は、「素過程や典型的複合過程は子供自身に発見させたり、気づかせたりする必要はない。それらは子どもによる発見（再発見）や自覚など抜きにして、子供にぶっつければ、それでいい。素過程も典型的複合過程も、それがそういう性質のものであることの、子供自身における自覚など抜きにして、天降り的に与えればいいというのが、水道方式の行き方であると見ていいようである」と述べている。

梅根氏のこの見解には、いくつかの誤りや混乱がある。第一に、水道方式はもともと教科内容・教材の編成原理であるのに、これを教授―学習過程論としてとらえている。第二に、学習過程における子どもの発見と自覚という二つの概念を混同し、同一視している。

水道方式で、計算のいろいろな型や水源池を教える場合に、これを子どもに「発見」させることはないとしても、「自覚」もさせないような指導では意味はない。たとえば「9＋1」の数式を見て、これが「くりあがり」のある たし算だと自覚するということは、ここでは「くりあがり」の操作が必要だということを、子どもが自分なりの表現（ことば）で頭の中で言い表わすこと、考えることを意味する。このことは一年生にも可能である。水道方式の威力は、まさに子ども自身が、このような計算の型分けができることから生まれているのである。このことが実際におこなわれているという報告はいくらもある。たとえば、長妻克亘・渡辺幸信編『水道方式の授業』（明治図書）では、次のように述べられている。

「今までは教科書の問題では足りないので、ドリル・ブックを買わせて、ずい分ドリルをやらせている。しかもその問題配列が系統的になっていないので、誤答の原因がわからず、同じまちがいをくりかえしている。ところが水道方式によれば、型分けがきちんとできているから、まちがいの原因をすぐにキャッチできるからドリル・ブックは不必要である。……また同じ型ばかりだと、機械的にやってしまい、ちがった型をやったときに前を忘れることがないかということも一応考えられたが、私たちの実践結果では、一通りの型を終ったあと全部まぜたテストの成績で、全然そういった傾向は見られなかった。むしろ子どもの方で型分けをすることができるようにさえなったのである。」

水道方式の授業は、「教えこみ」にならないで、かえって自主的な学習態度が子どもにつけやすい。素過程と水源地の指導をみっちりやれば、あとは類型表を基に子どもがひとりで学習できるほどになる。教師が「どうだ、もう何もこれ以上おしえなくてもよいだろう」といえば、子どもは「ああ、いいですよ」とにこにこ笑っていられるようになるのである。(13)

つぎに梅根氏は、計算過程を素過程や典型的複合過程に分けて、それらから学習するという方式を子ども自身に発見させせよと主張しているが、これは遠山氏も言うように、まったく無理な要求である。「おとなである数学教育家の集団が、数年間の苦心によってつくり出したものを子どもに発見させる？　これは率直にいって不可能であるというほかはない」。教育のなかでは、たしかに教師が条件を十分整えておいたうえで、子どもに新しいことを発見（再発見）させる場合がある。それは「発見法」として、最近とくに重視されている一つの教育方法論である。問題解決学習もその一種といってよいだろう。この方法を可能なかぎり教授―学習の過程に適用することは必要であろうが、計算過程の指導において、教師の分析もまたずに、子どもが素過程を発見し、典型を発見するというのは、あり得ないことといわねばならない。

梅根氏は、教師が教材をまず分析・総合したうえで、その素過程の指導から学習を始める水道方式は、「子どもに考えさせたり、分析させたり、総合させたりする必要はないという教えこみ主義」だという。これもまったくおかしな話で、教師の指導のもとで子ども自身が分析し、総合することのない水道方式の授業などあり得ない。梅根氏の論だと、教師が最初に素過程や典型を提示し教えてしまえば、子どもによる分析・総合はもはや必要ないかのようである。これも、梅根氏が、概念形成の過程を特殊から一般へと極めて図式的に考えていることからくるものであろう。

子どもは、ときには教師が五回も一〇回も教えたってのみこめないことがある。ヴィゴツキーも言っていたように、新しい言葉を習得した瞬間に、その言葉のあらわす概念の発達は終わるのではなくて、始まるのである。また、ピアジェの実験が明らかにしているように、子どもには、$A=B$、$B=C$はわかっても、$A=C$はなかなかわからないことがあるし、$A+A'=B$から$A=B-A'$、あるいは$A<B$という可逆性をつかむことも、なかなかできないことがある。

一〇を一と見たり、一〇〇を一と見たりすること、つまり数の十進構造は、教師がていねいに教えることなしには、子どもには容易に理解できないことである。だが、水道方式では、タイルを使用することによって、十進構造の指導に新しい明るい展望を開いた。子どもの分析・総合は、この直観教具のおかげで、見ちがえるように活発になった。低学年の子どもの場合は、とくにこのように手をかえ品をかえて、ていねいに子どもの分析・総合活動を指導しなければならない。

それにしても、水道方式というのは最初から述べているように、教科内容の編成論なのであって、授業の方法論ではない。水道方式による教材を使いながら、その授業はさまざまの形で展開されることが可能である。なかには、「つめこみ」的教師による水道方式の授業もあることだろう。しかし、このような授業の方法論と水道方式とは、いちおう別個に切り離して問題にしなければならない。系統学習に対する批判には、この点を混同した議論が相当に多いのである。

3　国語教育の系統化

水道方式を例に、主として数学や自然科学教育について説明した教科内容編成の基本原理は、たんにこれらの教科だけのものではなく、原則的にはあらゆる教科に適用されるものである。このことを、つぎに国語教育について見てみることにしよう。

国語教育の現状

読書算が教育内容のすべてであった時代から、言語は学校教育のもっとも重要な内容となっている。単純な原始的動物的音声に近い言語なら、生活のなかで自然に習得されることもできるだろう。しかし、言語が複雑化し、文字が発明され、書きことばが発達するようになると、特別の教育が必要となる。文字・言語の教育は、学校教育の原型をなし、その後も学校の教育内容の中核に位置している。

他方、複雑化した言語については、その構造や法則を研究する学者、言語学者があらわれ、言語の体系を明らかにする努力がなされてきた。言語学者は、生の複雑な言語現象を分析していって、そこに文という単位を見出し、さらに文のなかにさまざまの種類の単語があり、単語は音節・音によって成りたっていること、そしてこれらの要素はそれぞれ一定の法則によって結びついていることを見出した。

言語学者が言語の研究にあたってとる基本的方法も、このようにあらゆる科学に共通の分析と総合の方法である。音声学にせよ文法学にせよ、この基本的方法をもとにしながら、さらにそれぞれに固有な方法ももつことになるが、これらの方法およびその研究の成果が、子どもに対する言語教育において無視されてよいはずはない。そして実際に、なんらかの程度においては、これらのものを言語教育では常に利用せざるを得ないのだが、日本語教育の現状はどうだろう。

教育科学研究会国語部会による最近の研究と実践をのぞいて、日本の学校における国語教育の大勢は、日本語に関する科学的研究の成果に基づいて日本語を体系的に教えるという観点を失っている。文部省指導要領は、ここでも経験主義教育の立場に立ち、「文法をそれだけとりだして、一個の独立した教科として学習させたのではほ、実際の言葉の使用のうえには、あまり役だたないであろう。むしろ、話したり、聞いたり、読んだり、書いたりする実際の生活経験から実例を求め、それを手がかりとして正しいことばづかいの基準を与え、文法の規則を理解させるようにしたほうがはるかにすぐれた方法である」（二六年版指導要領、中学・高校国語科編）という立場に立っている。

つまり、戦後の国語教育は「言語活動主義」であり、言語の体系的指導をきりすてて、国語教育の内容をもっぱら言語活動、すなわち「聞くこと、話すこと、読むこと、書くこと」の指導にしぼるというかたちをとってきた。また文法の教育は、言語活動の指導のさいに、その場その場で指導をするという「機能文法」のかたちをとっている。そのうえ、現在学校で教えられている学校文法は、前世紀の遺物ともいうべき古い江戸時代からの国語学の伝統をそのままうけついだものであり、現代日本語のゆたかな文法的事実を正しくまとめたものではない。したがって学校文法の知識は、現代日本語の理解にもあまり役にはたたないのである。

さらに、経験主義的な言語活動指導は、言語活動の認識的側面を不当に軽視して、「聞く、話す、読む、書く」態度と技術の指導の側面のみを強調する技術主義におちいっている。読み方の指導を自然や人間や社会の現実認識から切り離したこの技術主義は、最近では、書き手の意図を読みとり、自分をふり返り反省する、主観主義の読み方教育（道徳教育）とも手をとりあうようになっている。

国語科教育の目標と内容

今日、教科研国語部会の人たちを中心にして構想され、実践されている国語科教育の構造をつぎに示そう。

「子どもたちをすぐれた日本語のにない手にそだてあげることが、国語教育の基本的な目標である。」

国語教育の基本目標をこのように極めて明快に定めている。戦前・戦後を通じ日本の国語教育が、その当然の目標であるべき日本語をきちんと教えるということよりも、国民精神の涵養というような道徳教育・イデオロギー教育を中心の目標としたり、たんなる言語技術の習得を目標としていることを考えたとき、「子どもたちをすぐれた日本語のにない手にそだてあげる」という目標がどんなに重要であるかがわかるだろう。
この目標を達成するための国語科教育の内容は次のようなものとされる。

(1) 言語教育（日本語の系統的指導）
a 文字（正書法）の指導
b 発音・音声教育
c 文法教育
d 語彙教育

(2) 言語活動の教育
a 読み方教育
b 文学教育
c 綴方教育

言語教育

日本語についての科学的な知識の体系をあたえる教育である。教科研国語部会は、さきの基本目標をかかげた一九五六年以来「とりたてて、文字・発音・単語・文法などについての系統的な知識をあたえて、国語にたいするただしい理解をあたえる」ことを主張し、実践してきた。その研究の成果は、最近になって次のような子どもむけ教科書や教師のための指導書となってあらわれている。

「にっぽんご1――もじのほん」、「にっぽんご2――もじ、はつおん、ぶんぽう」、「にっぽんご3――もじ、ぶんぽう」、「にっぽんご4――かんじ、ぶんぽう」、「にっぽんご5――発音とローマ字」、「文法教育――その内容と方法」、「語彙教育――その内容と方法」

この言語教育の体系の基礎には、明らかに最初の文字指導から、分析・総合の方法が意識的に適用されている。まず文から単語をとりだし、単語を音節にまで分析する。つぎに音節の特質に基づいて文字を学び、単語を文字で書き、単語で文をつくる。このようにことばを、それを構成する音にまで分析したうえで文字・発音・文法の初歩を教える文字指導の体系を「音声法」とよぶが、ソビエトでは、これを「音声式分析・総合法」ともよんでいる。

この方法がヨーロッパで採用されるようになったのは、一九世紀の中頃である。ロシアにおける音声法の創始者は、ウシンスキーであった。

音声式分析・総合法

「一九世紀における音声式分析・総合法の導入と普及は、科学的に基礎づけられた読み書き教授法の偉大な勝利であった。この音声法は、教育学・心理学・言語学といった科学の達成に基づいて構成されており、とくに語音と単語のなかでのそれらの結びつきを研究する言語学の一部門――音声学に基礎をおいていた。

ウシンスキーは分析と総合を統一し、かれのつくった〈読み・書き〉教授法においては分析と総合が交替し、たがいに支えあうことを示した。ウシンスキーの方法は、最初の科学的に基礎づけられた読み書き教授法であった。音声式分析・総合法の基礎には、無条件的に正しい立場――読み書きは、単語の音・音節構成を理解したもののみが可能であるという考え方――がよこたわっている(14)」

音声法が採用される以前には文字法・音節法などがあったが、いずれも文字を習い始めたばかりの子どもに無意味な文字・音節の機械的暗記を強制するものであって、学習の意欲を最初から殺してしまうものであった。また音声法のあと語形法が現われ、アメリカで特に普及したが、ソビエトにも今世紀になって輸入され、三〇年代のなかばまで語形法が支配した。しかし、語形法は、英語の特質――文字と発音がいちじるしく食いちがい、一文字がいくつにも発音されること、日常語の六〇～八〇％が一音節の単語であること、など――に基礎をおくものである。最初から、単語を与えることによって子どもの興味をひくことはできるものの、たくさんの語形（単語）の記憶が要求される。細部の十分な分析なしにおこなわれるこの記憶は、子どもには困難であり、子どもは文を読みはじめるようになったときも、形だけみて勝手に単語を推測する主観読みや単語を正しく表記できないという欠陥をあらわす。中学生になってもこうした欠陥を抜けきれない生徒が多数いることに気づいたソビエトでは、三〇年代の後半になって音声式分析・総合法の正しさを再確認し、語形法ときっぱり手をきったのである。

わが国では、第一期国定教科書「イ・エ・ス・シ読本」に音声式分析・総合法の原理がいくらか取り入れられたことがある。イとエ、スとシ、ズとジなど発音の類似した文字を提出して、訛音矯正をおこなう音声教育を出発点とし、これら個々の文字をその音をふくむ単語のさし絵をつけて一〇字ほど習得させるごとに、それら文字を組みあわせた単語イス、イシ、スズリなどを作り、しばらくすすむと「ヒトガキマス」のような単文があらわれる。そして、この段階から単文のなかに新出文字を一字ずつ出していって、五十音全体におよぶというように、「発音↔文字↔単語↔文」の分析・総合がていねいに行なわれるようになっている。さらに、清音・濁音・転呼音・拗音などの提出順序、カタカナ、ひらがな、口語、文語の比較対象なども論理的に行なわれており、総じて、この第一期国定国語教科書というのは、戦前の国語教科書のなかで最も合理性の強い教科書であったと言えるだろう。

ところが、その後の教科書はこの合理性の方向を発展させるかわりに、忠孝の倫理を強調する国家主義の傾向を強め、それに昭和にはいるとアメリカの語形法を取り入れて、経験主義の思想を抱きあわせ、そして戦後はもっぱらこの経験主義思想を中心に教科書を編纂するということになってしまった。すなわち、第二期の「ハタ、タコ読本」、第三期の「ハナ、ハト読本」は、最初から単語を提出する明治中期の検定教科書方式に逆戻りしている。なお明治初期は、いろは五十音を最初に暗記させる文字法をとっていた。そして第四期の「サイタ　サイタ　サクラガ　サイタ」読本からは、「センテンス・メソッド」ともよはれるアメリカの語形法を取り入れて今日に至っている。

語形法の欠陥

センテンス・メソッドは、はじめから文の読み・書きを指導するなかで、必要に応じて文字を教えるという機能主義の立場にたっている。つまり、文字指導という独自な体系をもった領域を国語科の中に設定しないのだが、これは文字も知らないものに読み書きを教えるという矛盾をもっている。読み書きの指導のまえに文字指導が先行するのは当然のことなのである。

語形法は、この機能主義から必然的に出てくる方法である。文字をまだじゅうぶん所有しない子どもに文を読ませるのだから、単語を書きあらわしている文字のつながりを丸暗記させるほかはない。日本のかな文字は音節をあらわすものであるのに、語形法は「わたし」を「わ」「た」「し」に分析せずに、それを一つの表意文字「私」と同じに扱ってしまう。

かな文字の性格を無視したこの指導法は、当然、そのしっぺい返しをくう。子どもは音節も知らずに音節文字をおぼえるのであるから、短音・長音・促音・拗音・拗長音の区別などをはっきりととらえられず、一音節を二文字、三文字で書きあらわしたり（長音・促音・拗音・拗長音の場合）、同一音が異なる文字で書きあらわされる（「じ」と「ぢ」、「ず」と「づ」、および「は・を・へ」）かな文字の複雑な表記法・正書法を容易に習得できないことになる。

語形法では、「がっこう」、「ぎゅうにゅう」などの特殊な表記法を、ただ理屈ぬきに丸暗記させるほかはない。音節への分析がなされないのだから、音声学上あるいは正書法上、より単純で一般的なものから複雑なものへと順に配列し、それらを順次比較し、分析・総合させるなかで、これらの表記の法則性を教えるということができない。つまり、「語形法は子どもの分析・総合の活動をよびおこさない〈おしつけ文字指導〉であるといえるのである。」それが、子どもの心理や主体的活動をだいじにするという、もっともらしい口実をつけておこなわれている。(15)

系統的に内容を配列するのは、教師の一方的おしつけであるといわれる。しかし、それはむしろ逆である。右に見たように、経験主義の場合は、内容が系統的に合理的に配列されていないからこそ、いっさいの教授がおしつけになるのである。

「にっぽんご」教科書の原理

明星学園・国語部が奥田靖男氏ほか教科研国語部会に属する言語学者の協力のもとに作成した『にっぽんご』の

教科書は、わが国ではじめて音声式分析・総合法を取り入れて編成した科学的な日本語指導の教科書であると言えよう。この教科書のなによりの特質は、言語・文字の指導が、その最初から音声学や文法学の成果に基づいて系統化されていることにある。そして言語要素の分析と総合という二つの過程が、全指導過程を貫くように編成されている。

はじめに、絵を見て子どもが話す「おはなし」（文や文章）の中から単語をとりだし、さらにその単語がいくつかの音節からできていることをわからせる。日常の話しことばを文や単語や音節に分解することは、おとなにとってはなんでもないことだが、ふだんことばについて反省したことのない子どもにとっては、決してわかりきったことではない。

文字の指導にはいるまえに、まずこうして文・単語・音節についての初歩的な認識をあたえるとともに、かな文字を書いたり見分けたりするのに必要な指の練習、視覚の訓練をおこなうのが、第一の準備段階の仕事である。つぎに音節と結びつけて文字を提示し、その読み方と書き方を指導する。その指導の順序は、一音節一文字の単純で典型的なものから音節の構造や表記のより複雑で不規則的なものへとすすむ。すなわち、ア行の母音からはじまって、発音のしやすい順で直音を並べ、重母音のヤ行、濁音、促音、長音、拗音と続くのである。この過程でこれらの音はたがいに比較されて、発音教育がなされるとともにそれらの音の組合せからなる単語や文の書き方、読み方の指導がなされる。こうして文字指導は、同時に語彙教育の意味ももち、教科書に用例として提出される単語は、子どもたちの語彙を豊かにするよう配慮される。このようにして、かな文字をひととおり全部読み書きできるようにするのが、第二の段階の指導である。以上は、一年生の前半で指導を終えることができる。一年生前半の国語科は、すべて「にっぽんご1」によるこの文字指導にあてられるのである。後半には一方で、「読み方読本」による読み方教育が始められると同時に、「にっぽんご2」による文字・発音・文法のあらたな体系的指導が始められる。

この第三段階では、第二の段階で指導された音節の発音と表記を体系化する仕事と、文法・語彙の系統的指導がはじめられる。したがって、第三段階は文法指導の段階ともよばれる。すなわち、文から単語をぬきだして、単語の種類（名詞・動詞・形容詞）を教え、単語は各種の音節からできていることを教える。

まず、複合語のつくり方を教え、ここで一般的な連濁の現象ならびに「じ」と「ぢ」、「ず」と「づ」の使いわけを教える。

つぎに、文は単語でできていることを教え、文をつくるとき「は・を・へ」の助詞が使われることを教える。

「にっぽんご3」では、文の種類・成分と形態論のより体系的な指導がおこなわれ、そのなかで、カタ仮名が教えられ、漢字の指導が始まる。

さて、このような科学的分析・総合方式による文字指導の効果は歴然としており、今日すでに多くの学校でこの教科書による指導がおこなわれ、日本語を学ぶ外国人にもたいへん喜ばれているといわれる。教科研国語部会の教師たちによる語形法と音声法との比較のデータも出されているが[16]、そのうち小学校の一年から六年までを調査したあるデータによれば、次表のような結果がでている。これは、助詞・促音・長音・拗音・拗長音の表記の正答率である。

	一年	二年	三年	四年	五年	六年
教科書による指導（他校）	三三％	五七％	六八％	七六％	七七％	八七％
「にっぽんご1」による指導	七九％	八〇％	八五％	八九％		

検定教科書によって指導する一般の学校では、高学年になっても相当数の誤りがあるが、「にっぽんご」を使用すれば、一年生で一般の高学年生と同じ水準に達することができる。しかも、この「にっぽんご」教科書シリーズは、一九六四年四月から出はじめたばかりのものであり、指導法の研究がすすめばもっとよい成績をあげることができるだろう。

（1）遠山啓・銀林浩『水道方式による計算体系』明治図書
（2）文部省『小学校学習指導要領社会科編』昭和二六年
（3）湯川秀樹『創造的人間』筑摩書房、三三頁
（4）真船和夫「理科教育の研究を構造化するために」『理科教室』一九六三年八月号
（5）久保田芳夫「気象――大気の運動」『理科教室』一九六二年五月号。正村貞治「気象教育の現代化の課題」『理科教室』一九六三年八月号。鈴木正気「世界の気候」『教育』一九六五年五月号
（6）真船和夫『理科教授論』明治図書、七四～八七頁
（7）遠山啓『教師のための数学入門・数量編』国土社。遠山啓・銀杯浩　前掲書
（8）梅根悟「水道方式は一般化できるか」『生活教育』一九六二年三月号、六月号
（9）柴田義松「水道方式をどのように理解し、一般化するか」『教育』国土社、一九六二年五月号・一〇月号
（10）遠山啓「水道方式批判に答える」『生活教育』一九六二年五月号
（11）コメニウス『大教授学』第一六章
（12）ヴィゴツキー『思考と言語』新読書社、二一九頁
（13）銀林浩・市岡正憲『水道方式による板書の方法』明治図書、一四頁
（14）ロジェストヴェンスキー『ロシヤ語初等教授法の原理』一九六五年
（15）奥田靖男「小学校一年における文字指導について」『国語教育の理論』麦書房、一九六四年
（16）「一年生の文字指導」『教育国語』創刊号、麦書房

第11章　授業過程論

教科指導の理論（教授学）は、(a)教科内容をどう編成するか、(b)教授－学習（授業）過程をどのように組織するかの二分野に、対象を大別することができる。系統学習の立場において、(b)の授業過程論をどのように考えるかについては、これまでにもたびたびふれてきたが、ここでまとめて系統学習の立場にたった授業過程論の特徴を述べてみることにしよう。

1　系統学習の授業過程論

系統学習と問題解決学習

系統学習のシステムのなかで、授業の形態とか方法はいくらでも多様化し得るものであるということを、先に述べた。問題解決学習を一つの学習形態と考えるなら、これを取り入れることすら可能であろう。そもそも、問題解決学習にも、平林浩氏が言っているように、これといった典型的授業は見あたらない。問題解決学習は、自主的・主体的に思考する人間を育てる、創造的知性を養う、民主的・行動的人間を育てる、等々のもっともらしい目標論と、何を問題（教材）とするかという教材論はかなりはっきりしたものをもっていたが、肝心のどのようにして問題を解決させるのかという学習過程論は、意外に貧弱ではっきりとした理論をもっていなかったのである。問題解決（学習）過程に関する唯一の定式化は、デューイの問題解決的思考の五段階論（本書五〇頁）であって、このような思考過程の一般的分析が、実際の授業にすぐさま適用し得るはずはなかった。こうして、各人がそれぞれ勝手に自分の「問題解決学習」を主張するようになったのだが、実際には、何らかの問題を解決しない授業はほとんどないのであって、たいていの授業は問題解決学習ともよべるし、また（だれかの規準にしたがえば）よべないことになるというように、はなはだつかみどころのない、実体のはっきりしない学習論だったのである。(1)

問題解決学習がこのようなことにならざるを得ないのは、結局、教科内容論がそこにないからだとわたしは考える。問題＝教材をとおして、何を（どのような概念・法則を）つかませようとするのかが、はっきりしないのである。認識論的には、プラグマティズムの不可知論、相対主義あるいは主観的観念論がそこにひそんでおり、系統学習のようにあらかじめ内容を設定することは、ドグマティズム、教条主義、つめこみ主義などと罵倒されることについてはすでに述べた。何を認識するのかの内容、到達すべき授業目標を固定しないから、子どもはたしかに自由になり、自主的になる。問題解決のプロセスがなによりも大切にされるのであって、内容の把握が一番のねらいではない。子どもが発見する中身よりも、発見するという活動そのものが大事にされる。子どもの個性や自主性が、そのために見かけの上では大切にされることになるだろう。しかし、普遍的な科学の真理をすべての子どものものにする方法、「すべての人びとにあらゆることを教授する一般的な技法」（コメニウス）としての授業の本質的、根本的課題は視野から抜け落ちていくのである。

学習過程論が先行して、つぎに教材論があり、内容論のはっきりしないこの逆立ちした学習論は、結局そのことのために、元も子もなくして、学習過程そのものをも実体のはっきりしないものにしてしまったのであった。

系統学習ではどうか。科学的な内容の選択と配列に、なによりも力点がおかれる。方法はむしろ自由である。系統学習はつめこみであるという意見は、今日では、故意な中傷か、よほどの無知を示すものにすぎない。一つの内容を習得する方法が多様であり得るのはむしろ当然である。子どもの発達段階、既習知識・教材・教具等の諸設備、教師と学級集団の実態によって、学習の方法がちがってくるのは自然であるし、またそうでなければいけないのである。実情に即しない方法の適用こそ、いちばんの強制、つめこみになる。

しかし、それでは系統学習には方法論はいらないかというと、決してそうではない。知識を子どもが習得する過程には一定の法則性がある。この法則性を多様な現実に適用することが必要なのであって、この法則性を無視してはならない。授業（教授―学習）過程は、なによりも子どもが一定の知識や能力を獲得する過程の法則性に基づいて組織されねばならないのである。この過程の法則性に関する研究は、今日さまざまの形でおこなわれている。ピアジェの幼児の数学的概念の発達に関する研究は著名であり、わが国でも数学教育の研究に利用されている。最近では、サイバネティックスの理論を教育に適用し、問題解決のアルゴリズムのモデルを作成することによって、それぞれの概念や法則を習得する過程の法則性を明らかにしようとする研究がおこなわれている。わが国でも、特に民間の教育研究団体において学習過程の法則性に関するいくつかの注目すべき研究成果があらわれているが、それについて述べるまえに、知識習得の過程の一般的法則性をわかりやすく理解させるものとして、レオンチェフ・ガリペリンたちの「知的行為の段階的形成の理論」を紹介しておこう。

知的行為の段階的形成

われわれの事物についての知識は、その事物にたいする一定の行為（操作）の結果として得られる、またそこで習得された行為が能力となり、自動化に伴って習熟となる。しかし、そこで習得されるものが抽象的概念となると学習は複雑となり多数の概念を媒介とするようになる。ここでは知的行為、すなわち、頭のなかでの論理的操作あるいは精神的内面的な認識行為が必要になる。したがって、科学の基礎的知識の習得は、同時に、子どもにおける知的行為の形成を意味する。また、この知的行為が形成されなければ、概念も本当には習得されないのである。ところで、この知的行為は、そのすべてが外的・具体的行為を基礎とし、源泉としているというのが、レオンチェフたちの理論の第一の基本的命題である。

子どもの発達は、人類が歴史的に積みあげてきた文化遺産を自分のものにすることが中心の内容となる。この文化遺産、人類の思想や認識の成果は、子どものまえに外的現象としてあらわれる。それは子どもにあれこれの反応をよび起こすとしても、その最初の反応は、たんにそれらの外的物質的側面に対する反応にすぎなくて、それらがもつ固有の特質に反応しているのではない。それらが子どもの頭脳に、それらのもつ本来の意味において反映されるためには、子どもはそれらに対象化され具体化されている人間活動に対応した活動をおこなわなければならない。九九表は、幼児にでもおぼえさせることはできる。しかし、子どもは表を暗唱できたとしても、それに対応する量を実際に操作することはできない。それは無意味な暗記にすぎない。だから、計算の学習は、決して加法などの表を暗記することからは始まらない。そのような表をおぼえるまえに、子どもは実際の物を使って加法の操作を学ばなければならない。

子どもに新しい知的行為を教える場合は、すべてこのようにまずそれを具体的行為として子どもに示すこと、つまりそれを外在化させることが必要である。最初は、この外在化された形において、外的行為の形式において、子どもは知的行為の習得をおこなう。その後じょじょに、それの改造——それの一般化、短縮、自動化——がおこなわれ、その結果として、この外的行為の心内化、つまり子どもの頭の中でおこなわれる内面的知的行為への転化が生ずるのである。

その場合、レオンチェフたちは、知的行為の形成を、外的行為の客観的具体的内容がそのまますたんに心の内にはいり込むにすぎないと考えることに反対する。ピアジェの研究では、この過程が、たんに知的行為の具体性からの解放の歴史として、その内容の論理的操作への改造の歴史としてのみ考えられている。レオンチェフたちの研究によれば、この転化の過程は、具体的事実的内容の心内化のほかに、さらにつぎの三つの側面における変化によって特徴づけられる。

第一の側面というのは、行為の一般化の水準である。すなわち、子どもがある条件のなかである材料に基づいて形成した行為が、どれだけ広く他の材料や条件に転移し得るかということである。

第二の側面は、行為の短縮への傾向である。

第三の側面は、行為の習得（自動化）の程度である。

そして最後に、第四の側面として、心内化の水準がある。

この第四の側面が、外的行為が知的行為に改造されるうえでの基本的側面であることは明らかである。しかし、これらの諸側面は相対的に独立しながら、相互に深く結びついて発達する。ガリペリンは、さまざまの年齢の子ども、成人、普通児や知的遅進児に対して、さまざまの知的活動を実験的に教授した結果、知的行為の形成過程は、つぎのような段階をへて進むものであることを見出した。

(1) 課題についての予備的表象の形成。行為をどのようにおこなうかについての予備的オリエンテーションの段階。

(2) 行為の具体的形態の形成。外的対象（物、模型、図、カードなど）をあつかう行為の段階。

(3) 外言（声に出されたことば）におけるこの行為の形成。外的事物にたよることなく、対象の操作が言語的に遂行される段階。

(4) 本人にとっては明瞭な「ひとりごと」におけるこの行為の形成。外言的行為の内言への移行の段階。

(5) 内言における行為の形成。他人にも自分自身にさえ聞かせる必要のない内言では、言語的行為そのものまでが短縮され、自動化される。

それぞれの知的行為について、これら各段階の内容がよくわかっていれば、子どもの学習過程を意識的に、合理的に組織することができることは明らかである。その場合、第一に必要なことは、形成されねばならない行為の体系をあらかじめはっきりさせることであり、第二に、具体的行為が観念的行為へ転化していく基本路線に関する知識に基づいて、子どもの行為を全面的に組織することである。学習過程のアルゴリズム化ということも同じ考えに基づいておこなわれるわけだが、ガリペリンたちは、新しい行為の組織化において主導的役割をはたすのは行為の定位的（オリエンテーションの）部分、いいかえれば認識的側面であるという。これがどのように形成されるか——自然発生的にか意識的にか、経験的にか合理的にか——によって行為そのものの質、したがってまた獲得される知識や能力の質もかわる。

行為の認識的側面の組織化には、つぎのようなモメントがふくまれる。

(1)　目的の指示
(2)　行為の内容に関する予備的知識
(3)　行為を遂行する方法の教示
(4)　行為の模範の客観的表象

しかし、実際に行為を遂行してみなくては、認識は正確にはならない。したがって、つぎには行為の実行的部分が順次的に形成されねばならない。

こうした行為の体系の合目的的な選択とその形成過程の完全な決定論的性格は、時間や力の経済に役だつだけでなく、質の高い知識・能力を形成し、さらに合理的な思考方法をも獲得させる。つまり、こうして学習されたアルゴリズムは、他の新しい概念の習得にも転移されることが、実験的にもたしかめられている。

ただこうした学習方法にたいしては、生徒の自主性や創造的活動をおさえつけるものではないかという批判があるかもしれない。これに対してかれらはつぎのようにこたえる。なによりも、真の創造活動、真の自主性と「試行錯誤」による問題解決の過程とを混同してはならない。真の自主性は、人が体系的な知識とそれを意識的に利用するのに必要な能力とを供給されたときにのみあらわれる。ガリペリンたちの提案する学習方法は、まさにこのような知識と能力の体系の形成を目指したものであるが、この方法で学習した被験者たちは、新しい条件のなかでもまどわずに、前に形成された行為を類似の現象の広い範囲に「転移」することができた。

アルゴリズムの研究者ランダも、「アルゴリズムの教授は、生徒の創造的才能を形成するための条件をつくりだすだけでなく、それ自体が、自主的で創造的な思考の一連の重要な性質を発達させる手段ともなる」と述べている。それは、この学習方法が、つねに積極的な行為をおしすすめるなかで、自主的に現象を分析し、対比するなかで知識の体系を形成していくものであるからなのだ(2)。

2　外延量の四段階指導

系統学習の立場では、教科の内容（科学の基本的概念）をどのようにして確実に子どもに習得させるかに大きな関心がはらわれるから、当然、わが国でも、これに類した研究はさまざまにおこなわれてきた。

知的行為の段階的形成をいちばんわかりやすく説明するものは、加法・減法などの習得の例だが、「アルゴリズム」という言葉自体も、もとは算法を意味している。アルゴリズムの典型的な例としては、筆算の規則があげられる。しかし、計算のアルゴリズムといっても唯一絶対のものがあるわけではない。計算指導の研究は昔からいろいろなされてきたのだが、水道方式は、そのアルゴリズムの新しいモデルを創造したのである。とくに、タイルは、計算の具体的行為の段階の指導に有力なよりどころをあたえるものであり、そのことが知的行為としての計算の習得をいちじるしく促進したことに注目しなければならない。

量の体系

- 量
  - 分離量
  - 連続量
    - 外延量
    - 内包量
      - 度
      - 率

数学教育協議会の研究で、水道方式以上に今日、重要視されているのは、「量の体系」の指導である。「数学は諸量の科学である。数学は量の概念から出発する」（エンゲルス）と言われるように、数学は量と深く結びついた学問であるはずなのに、従来の数え主義ともよばれる算数教育では、むしろ量を意図的に追放しようとさえしてきた。わが国の算数教育の創始者ともいえる藤沢利喜太郎によって「放逐」された量を復権させ、それを算数教育の主柱としようとするのが、「量の体系」の考え方である。

まず分離量を基礎にして、自然数を抽象し、その合併・除去の操作を基礎にして、加法減法を意味づける。つぎに連続量の中の外延量を基にして分数・小数の概念および加減を規定する。さらに「単位あたりの量」としての内包量を基礎にして、乗法と除法を意味づける。分数・小数の乗除法の意味づけは、内包量の理解によって可能となる。

こうして「量の体系」を導入することにより、観念的な知的行為としての数操作を外在化し、具体的行為の次元で、子どもに確実にその操作を習得させることができるようになった。このことをもっともあざやかに例証するものとして、外延量の単位導入の四段階指導をつぎに説明しよう。

単位導入の四段階

これまでだと、たとえば長さの指導はいきなりmやcmの単位が天降りにあたえられて、そのあとすぐに2cm＋3cmとか9m＋6mとかの計算がおこなわれ、それですんでしまっていた。cmはどうしてでてきたのか、mという単位がなぜ必要なのかは十分理解させられなかった。要するに、なぜ単位が設定されたのかという基本的なことは理解することなしに、計器の扱い方とか目盛りの読み方、その計算や換算の方法を学んでいたのである。これでは各量の意味の理解はもちろん、測定の意味や方法も十分に習得されない。

実在からそれぞれの量を抽象して、「長さ」とか「重さ」がどんな量であるのか、その保存性、加法性、連続性などを理解させ、ついで単位の必要性や単位がどのようにして設定されたかを理解させることが必要である。単位が設定されるまでの過程は四段階に分けられる、この過程を追体験させるのが、単位導入の四段階指導である。

(1)　直接比較——机の上の二本の棒を背中合わせに並べて、長さを直接に比較する。

(2)　間接比較——直接比較のできない机の縦と横の長さや遠くにある木の高さは、第三の物の長さを媒介として、間接的に比較しなければならない。AとBを比較するのに、$A>C$、$C>B$だったら$A>B$である。

(3) 個別単位——間接比較のときのCは、すでに単位のはじまりである。CがA、Bとくらべいちじるしく小さく、AがCをm個含み、BがCをn個含むとするならば、すなわち、$A=mC$　$B=nC$ならば、m、nの大小によって、A、Bの大小が比較できる。

このときのmはどんな大きさのものでもよく、指の幅、手の長さなど、任意のものが単位となる。しかし、この単位はその場かぎりのものであり、使う人によって違うことになる。

(4) 普遍単位——時、所、人によってちがう単位を使っていたのでは不便だから、どこでも一様に通用する普遍単位が求められる。こうして生まれたのが、メートル法、尺貫法である。

このような四段階指導は、算数であつかう液量、長さ、重さ、時間、面積、体積、価格などすべての外延量について可能であり、この指導をていねいにおこなうことによって、外延量の性質も深く理解させることができる。また「計算はできても応用ができない」という従来の算数教育の欠陥も、量の体系の導入によって解消されつつある。(3)

3　仮説実験授業

仮説実験授業とは

「仮説実験授業というのは、①自然科学におけるもっとも一般的で基礎的な諸概念を学びとらせるために、②原則として、テキストに構成された〈問題〉をあたえ、それについて〈予想〉をたてさせ、ついでその予想をたてた考え〈仮説〉を出しあって、〈討論〉をおこなわせ、最後的には〈実験〉によって決着をつけさせていく、というプロセスの授業である。このプロセスを幾度となく繰り返すことによって、諸概念の習得ならびに科学の方法の獲得をはかろうという授業なのである」（庄司和晃『仮説実験授業』、八頁）

科学の基礎的・一般的な概念や法則の教育に重点をおいて科学教育全体を再編成しようとする研究は、今日では世界的動向であり、わが国でも民間の科学教育研究協議会を中心に一九六〇年ごろから活発に研究がすすめられてきていることについてはすでに述べた。仮説実験授業も、科学のもっとも一般的で基礎的な概念――重さ（質量）の概念（その不変性、加法性、普遍性）、力の概念、慣性の概念、振動の概念、物質の概念（その多様性と特質）、化学変化の概念、進化の概念、等々――の学習をなによりの目標とする点で、この自然科学教育改革の基本的動向にそうものであることは明らかであろう。

仮説実験授業の特色は、この概念をどのようにして子どもに獲得させるかという、授業過程の組織論にある。それは具体的には「授業書」という特別のテキストの構成のなかにあらわれているが、その基礎におかれた理論について、仮説実験授業の創始者板倉聖宣氏はつぎのように述べている。板倉氏は、もともと科学史を専攻する学者であり、科学的認識がどのようにして成立するかに関心をもってきたが、子どもが学校で科学を学ぶ場合の認識活動も基本的には、科学者の認識活動と同じでなければならないということが、この理論の大前提となっている。

仮説実験授業の基礎理論

(1)「科学的な認識は実践（実験）によってのみ成立する」

ここで重視されているのは、科学はたんなる経験から生まれるのではなく、自然へはたらきかけるという目的意識をもった、つまり自分の考え、予想（仮説）をひっさげて問いかける実践（実験）によってのみ成り立つということである。これをいいかえれば、「科学的認識の唯一の基礎は、予想、仮説をもって積極的に自然に問いかけていく主体的な実験である」ということになる。

【問題１】

みなさんは、身体けんさで体重をはかったことがありますね。そのとき、 はかりの上に両足で立つのと、片足で立つのと、しゃがんでふんばったときとでは、重さはどうなるでしょう。

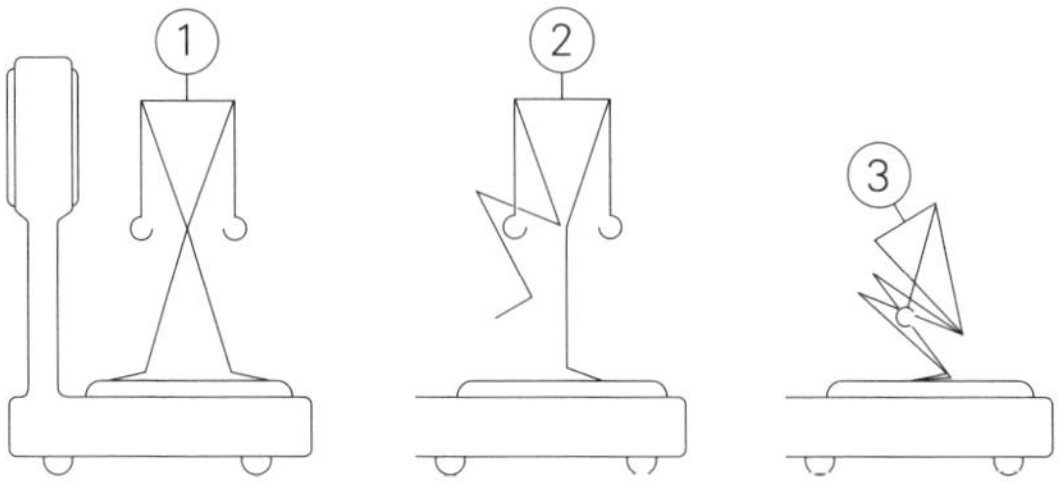

ア　両足で立っているときが一番おもくなる
イ　片足で立っているときが一番おもくなる
ウ　しゃがんでふんばったっときが一番重い
エ　どれもみな同じでかわらない

あなたの予想に○をつけなさい。ア　イ　ウ　エ　の予想をたてた人はそれぞれ何人いるでしょう。

みんなはどうしてそう思うのでしょう。いろいろな考えをだしあってから、じっさいにたしかめてみることにしましょう。はかりは針がきちんと止まってから目盛をよみます。

実験の結果

そこで、仮説実験授業では、実験のまえにかならず各人が予想をたてることになっている。この予想は、テキストの中の選択肢を選ぶことによっておこなわれ、ときにはその理由（仮説）を欄外に書く、そして、挙手により生徒たちの予想がどのように分かれたか、人数の確認がおこなわれ、分布表に書きこまれる。このようにして、授業にだれもが主体的・積極的に取り組む姿勢の確立がはかられる。

(2)「科学的認識は社会的認識である」

科学者が何かを発見しても、それが社会に発表され、承認されなければ科学上の理論とはならない。そこで科学者は、だれにも納得のゆくような論理と実験的証拠を重んずることになる。科学の明確な論理や実験もこうした社会的要求に基づいて発展するのである。

	男	女	計	討論後
ア				
イ				
ウ				
エ				

《分　布　表》

言いかえれば、このような人間的要求や連帯感、あるいは民主主義のあるところでのみ科学は発展する。

仮説実験授業は、このような科学的認識の社会的側面を授業の中に取り入れようとする。クラスの民主的な討論がそれである。

科学的認識が社会的なものだということは、すぐれたアイデアをすべて一人で思いつく必要はなく、他人の出したアイデアでもすぐれたものはすぐに吸収して自分の考えを高めていくことをも意味する。科学者には、広い視野にたち、束縛されない自由な考えをもつことが要求される。しかし同時に、科学者には、従来の科学や社会的常識にもとらわれない自由な考え方が求められる。独創的な研究には、社会的に広く認められてきたような理論や常識をも疑い、社会的な反対をも克服し得るような強い意志と綿密な論理が必要である。

仮説実験授業の討論は、科学者のこのような態度を学ばせることができる。少数派の意見の方が正しいことがしばしばある。その正しさは、実験の結果だけが判定する。こうして、仮説実験授業は、社会のなかで自分自身の考えをたいせつにし、しかも他人の考えのすぐれたところはどしどし取り入れていく訓練、できるだけ自由な発想をし、論理と経験を総動員してみんなを納得させることができるような能力をやしなう授業にもなっているのである。

(3)「科学的な考え方は、科学上の基礎的な概念の教育によってのみ養成される」

科学の論理的な「すじみちたてた考え方」を育てるには、その考え方の「筋」となり「道」となる科学のもっとも一般的で基礎的な概念をきちんと教え、自由に使いこなせるように指導し、そのなかで科学者の考え方や姿勢を理解させることが重要である。これは、生活単元による問題解決学習のように、日常生活で経験するこみいった現象を手あたりしだいに教えていくというようなことでは「科学的な考え方」は育たず、問題解決の意欲さえあれば「すじみち」たてた考え方が自然発生的にできるように考えるのは間違っているという主張でもある。

板倉氏は、科学や論理と常識的な考え方との対立を強調する。そして、子どもには科学が社会的に権威ある存在であるということを、科学の論理や実験のすばらしさを体験させることをとおして納得させることが必要であるという。子どもたちには、科学と同様にあるいはそれ以上に常識も権威をもっている。科学の権威が膨大な実験と正確な論理の上に成り立っていることを子どもたちはまだ理解していない。したがって、子どもたちに科学の権威を本当の意味で認めさせるには、子どもたち自身の常識と科学とを対決させ、かれら自身否定の余地のない実験的事実によって科学がいかに常識をこえるものであるかということを身をもって体得させることが必要である。仮説実験授業のテキストには、このために科学の論理と常識的直観とがするどく対立させられるような問題が作成されている。

仮説実験授業と発見学習

仮説実験授業では、授業運営の方法も、「授業書」の構成によってきちんと決められている。授業書は、生徒各人にわたされる教科書であり、それに自分の予想や仮説などを書きこむノートの役割もはたすものであるが、同時に教師にとっては授業の進行をすべて規定する授業案ともなっている。教師は、授業書に書かれているように授業を展開していけばよい。問題を読み、それを解説し、予想をたてさせ、討論をさせ、実験をする。また、まとめて解説すべきこともみな印刷されている。

学習すべき内容、教材があらかじめ定められており、その教材構造の論理的順序にしたがって学習を進める系統学習では「教師が敷いたレールの上を子どもたちが思考し、習得していく」（広岡亮蔵）という批評がある。仮説実験授業では、教材がテキストによって確定しているうえに、授業の過程も、子どもたちがたてる「予想」すらもテキストによってあらかじめ定められている。広岡氏の分類からすれば、これはまさにレール押しの授業といえるだろう。広岡氏はこのような系統学習に対立するものとして発見学習をあげ、系統学習は「客体の論理」に立ち、「科学の結果」を教えようとするのに対し、発見学習は「主体の論理」に立ち、「科学の過程」をたどらせようとするものだという。ところが、この「発見学習の学習過程」というのは、広岡氏によれば、「(1)問題意識をもって、具体的事実を観察し、(2)〈こうではなかろうか〉との予想や仮説をおもいつき、(3)これを洗練して理法へ高め、(4)応用力のきく生きた能力へと転化する、との四段階からなるのが原則である」（広岡亮蔵『教育内容の現代化』明治図書、一六九頁）

この学習過程は、仮説実験授業の「問題→予想（仮説）→討論→実験」という過程とすくなくとも表面的にはまったく類似したものといえるだろう。これからもわかるように、系統学習と発見学習とを機械的・図式的に対立させることは、今日ではあまり意味のないことである。まえにも述べたように、系統学習を一つの固定した学習形態であると考えることが最初からまちがっているのである。仮説実験授業は、客体の論理をきびしく重んずるという点では、明らかに系統学習の立場に立つ。しかし、それは科学の結果だけを押しつけるような授業ではなく、科学者が常識を乗り越えていった科学研究の方法そのものを授業の中に取り入れようとする、「主体」をも「過程」をも重んじた授業なのである。

しかも「客体の論理」を重んじないような学習の主体化は、たんなる主観的な発見学習におわってしまう。子どもたちが生活の中から自分自身で問題を見つけ出し、仮説を「おもいつく」という問題解決学習の中での発見にはこうした主観主義的傾向がつねにつきまとっていたのである。

さらに仮説実験授業では、こうした主観主義の克服が、科学の社会的権威および社会的認識としての側面にとくに注意を向けることによって、はかられていることも忘れてはならないだろう。これら科学の社会性の認識は、上述のように、子どもたち自身の常識（生活の論理）と科学の客観的な論理とを鋭く対決させるような問題の選択およびび実験の前になされる子どもたちどうしの民主的な討論によって確保される。討論は、多くの場合白熱化する。

意見の分れた子どもたちは、おたがいに相手を説得するために、既得の知識・論理・経験・直観などすべてを動員して、理屈を証明しようとする。こうした説得の過程をとおして、おたがいの論理はしだいに明瞭になり、客観化される。論理というものの性格が、もともとだれにもわかるということなのである。ときには、少数意見の方が、実験の結果正しかったことが証明されることもある。しかし、その場合はまだみなを十分納得させるような客観的論理がみつかっていなかったのである。だれにも承認されるのは客観的論理であり、客観的論理を反映した科学は、同時に社会的に承認された知識の体系なのである。

科学の内容は客観的なものであるからこそ、科学は本来だれにもわかるものであるということから、仮説実験授業では、つぎのような目標が設定されている。

① クラスのすべての子どもたちが科学が好きになるようにする。

② 目ざす概念と法則をすべての子どもたちが使いこなせるようにする。終末テストのクラス平均点は九〇点になることが目標。

③ このような授業が、特別のベテラン教師でなくても、熱心な教師ならだれでも実現できるようないっさいの準備だてをする。

そしてこの目標は、これまで仮説実験授業を実施した延べ数百のクラスでは、だいたい達成されている。

教師の指導性について

授業過程の問題として考えなくてはならないのは、仮説実験授業における教師の役割はどうなるかということであろう。仮説実験授業では、授業書に指示されたとおりに授業は展開される。まず問題が読まれ、予想は選択肢のうちの一つを○で囲むことですむ。ここまでだと、仮説実験授業はプログラム学習とかわりない。ティーチング・マシンの有る無しにかかわらずプログラム学習では、教師は完全にわき役になる。主役はもっぱら生徒自身である。

しかし、個別指導に徹するプログラム学習と仮説実験授業との決定的な相違は、クラスの集団的討論にある。プログラム学習にはこのような場が予定されていない。それにしても、授業のなかみや方法まで規定されていたのでは、教師の創意や独自性が発揮される場はほとんどなくなる。はたしてそれでいいのか、という疑問がでることだろう。これに対して板倉氏は、つぎのように答えている。「わたしたちは、どんな教師でもまちがいなく授業ができるような授業書を作成するといっても、それはその授業書によってやった授業の成果が教師の個性・能力によらずいつも同じになるということを意味するものではないのです。わたしたちの授業書でやっても、その教育内容や授業書のしくみについてよりよく理解しているかどうかとか、子どもの考え方についてより深い理解をもっているかどうかによって、授業での教師の発言その他の行動がかわり、それ相当に授業の成果はちがってくるはずなのです。ただ、だれがやっても少なくとも最低限の成果をあげられるようにと授業書を作成しているわけです。」

このようにして、教師の個性・能力やそれに基づく教師の指導性の発揮される余地が仮説実験授業でも認められているが、実際にそれがどのようにしてあらわれるかは、これまでのところ明らかにされていないようである。まず、個々の教師やクラスの特性にはよらない授業の法則性を明らかにし、それを授業書に具体化することが研究の課題とされているからであろう。

しかしそれでもなお、教師と生徒との生きた活動であり、交流であるべき授業過程を、授業書の形式によって固定化し、全国画一に拡げるということについては、疑問が残るだろう。仮説実験授業では、「問題は与えるが、予想（仮説）は羽ばたかせる」ということが言われる。それは「問題」は系統的に組みたてられたものを提示するが、そのことが科学の論理の押しつけにならない配慮といえる。そして、実際、予想のタイプは、「問題」に対する論理的可能性とあり得べき子どもの発想とをよく考慮して分類され、それが選択肢にあらわされている。だが、やはりこの選択肢の固定は、前の命題と矛盾することに、なりはしないか。

また、仮説実験授業では、教師の指導性は、授業書づくりにおいてこそ発揮されるべきであって、授業の場面では教師の禁欲（非指導性）が必要であると考えられているようだ。これも首尾一貫した考えとはいえないだろう。討論の中へ教師がわりこんだり、指導を加えることが、教師の権威のおしつけになることはしばしばあり得ることだが、だからといって「教師の指導性の発揮はできる限り排除する」、というのは、あまりにも自由主義的教師の発想である。それでいて、他方では授業書の権威によりかかり、授業の進行を授業書の形式に完全にしたがわせるというのでは、考え方が矛盾するのではないかと思われる。

しかし、この方式による授業が、現在、大きな成果をあげていることは事実である。この方式がどれだけの有効性をもつか。この方式自体の理論的検討を深めるとともに、この方式を科学教育の全体系のなかに正しく位置づけることが必要であろう。

参考文献

一、板倉聖宣・上廻昭『仮説実験授業入門』明治図書

二、庄司和晃『仮説実験授業』国土社

4　読み方の指導過程

読み方教育における主観主義

国語科教育にも深く滲透した経験主義教育思想が、国語教育を「聞く、話す、読む、書く」の言語活動の態度や技術の指導に解消してしまっていることについては、すでに述べた。このような立場に立つと「国語教育の目的は、獲得される知識や思想にあるのではなく、それを獲得する手段方法即ち読み方、聞き方にある」（時枝誠記『改稿国

語教育の方法』五五頁)

「国語教育は言語技術の教育である」と断定するこの技術主義は、国語教育によって超国家主義や日本精神を涵養することにも、また民主的思想や自由主義思想を鼓吹することにも反対する、いわばイデオロギー的には中立の立場に立つもののように見えるが、実はそうではない。奥田靖男氏がいくつかの論文で明らかにしているように(4)、この技術主義は、容易に反動的な精神主義、修身主義と結びつき、修身的国語教育復活への道を切りひらくのである。この両者を取り持つものは、経験主義者の主観的観念論あるいは主観主義である。経験主義は、科学教育においては、客観的現実を反映する科学の諸概念やその体系の教育を追い出し、自主性・主体性・創造性などを尊重するという名のもとに、問題解決の過程とか学習の方法論が先行し優越する教育論(問題解決学習)を生みだした。国語教育の分野においてもまったく同じことが進行した。読み方教育の場合についていえば、「読み」の過程が、文章を媒介にして客観的現実を認識する過程であるにもかかわらず、この文章と現実とを結びつける「読み」の本質的過程を排除して、かわりに読みの技術や読みの自主性・積極性・主体性を強調する読解理論を生みだしたのである。

文学作品は人間の生活現実を反映するものであり、科学的な論文や説明文の内容は自然や社会の現実を反映するものである。この反映は筆者の主体的行為を媒介とする点で主観的な側面をもっているが、この側面だけを強調して、文章は書き手の意図や思考活動の産物であり、したがってその文章を読むということも書き手の意図や思考活動を理解することだといえば、これは主観主義になる。

したがって、読み方における主観主義は二重の意味をもつ。第一に、文章の内容は、客観的現実を反映するという客観的側面を疑いもなくもつのに、その側面を無視または軽視して、作者の意図や思想を読みとることが読みの目的であると考える意味での主観主義。第二に、文章は、その思想的な内容においてだけでなく、その論理構造においても、また言語という表現手段においても、客観的な性質をもつものであり、読み手にとっては認識の客観的対象であるから、「読み」の過程も、当然、この対象に規定された客観的側面をもつにもかかわらず、その側面を軽視して、読みの主体的側面のみを強調するという意味での主観主義。二つの主観主義は、文章を媒介として客観的現実を正しく認識するということを軽視する点で共通しており、多くの場合はひとつに結びついている。その一例をあげよう。

「読むといふことは、表現の媒材である文字を手懸りとして、それによって構成された文章を通して、作者あるいは筆者の思想、立場を分らうとすることである。このやうな作業には、先づ何よりも、己を虚しくして、相手を理解しようとする寛容の態度と、正しく読むにはどのやうな方法によるべきかといふ、生徒自身の読み方に対する批判的精神とを必要とする。それは、伝達を成立させ、正しい理解を成就させようとする精神である。ここに批判的精神といふのは、読まれた、表現者の思想内容についての批判ではなく、読むといふ自己の行為に対する批判である」(時枝誠記、前掲書、一〇四頁)

ここには、文章とそれが表現する客観的現実とを結びつけようとする思想はまったくない。虚心に、従順に作者の言うことをきき、いつも自己批判を忘れないようにということを強調する修身教育の精神が、すでにはっきりと顔を出しているといえよう。この時枝氏は、昭和三〇年度の学習指導要領改訂以来、それに参加し、指導的役割をはたしている人である。来る四三年度の指導要領改訂においては「わが国の歴史・伝統・文化に対する理解を深め、国民的自覚をもち、みずからの責務や使命を勇気をもって遂行する国民の育成がとくに肝要である」といわれ、「道徳性のかん養、情操の陶冶」の観点から、国語科において文学指導が重視されるようになるといわれている。主観主義の読み方教育が修身教育への傾向にいちだんと拍車をかけることが危惧されよう。

文学作品の指導過程

主観主義の読み方教育に強く反対し、読み方教育の内容と方法についてこの一〇年来組織的な研究をつづけてき

<table>
<tr><td rowspan="2">Ⅲ 表現読みの段階</td><td>Ⅱ 理解の段階</td><td colspan="2">形象の
本質約・一般的
理解
（主題と理想）</td><td>理　想
（思想）</td><td>主　題</td><td>b 理性的段階</td></tr>
<tr><td rowspan="2">Ⅰ 知覚の段階</td><td rowspan="2">形象の情緒的知覚（絵と感情）</td><td>二次読み
表現形象の知覚</td><td rowspan="2">感情＝評価的態度</td><td rowspan="2">ことがら
（生活現象）</td><td rowspan="2">a 感性的段階</td></tr>
<tr><td></td><td>一次読み
描写形象の知覚</td></tr>
<tr><td></td><td>段階</td><td colspan="2">目　標</td><td>B
主観的側面</td><td>A
客観的側面</td><td></td></tr>
<tr><td></td><td colspan="3">指　導　過　程</td><td colspan="2">作　品　の　内　容</td><td></td></tr>
</table>

ているのは、まえにも述べた教育科学研究会国語部会である。ここでは、読み方教育の課題として、つぎの三つがあげられている。

(1) すぐれた文章を子どもにあたえて、その意味を理解させ、自然や社会や人間についての認識・理解をひろげ深めるようにすること。

(2) 文章を読ませ、その意味を理解させる過程で、日本語の文字・発音・単語・文・文体などの知識を子どものものにすること。

(3) 上の(1)(2)の結果として、いろいろな種類のひとまとまりの文章をよみとる能力と習熟を身につけさせ、文章とはどんなものかを知らせ、また子どもの認識能力（表象力・思考力・想像力など）をのばすようにすること。(5)

これらの課題のうち最近とくに活発に研究がすすめられているのは、文学作品の読み方の指導過程に関する研究である。主観主義の読み方教育を克服するうえで、それはとくに重要な意味をもっているだろう。以下、その要点を紹介してみよう。

文学作品の読み方の指導過程には、基本的にはつぎのような段階があると考えられている。

(1) 形象の情緒的知覚の段階

① 一次読み——描写形象の知覚

② 二次読み——表現形象の知覚

(2) 形象の理解の段階

(3) 表現読みの段階(三次読み)

この指導過程論は、「文学作品の授業過程は、対象である文学作品の性質・内容によって基本的に規定される」という考えが前提となっている。すなわち、文学作品の内容や構造に関する研究がまずあり[6]、それに基づいて指導の段階がたてられているのである。これを表であらわすと右のようになる[7]。

文学作品のなかには、人間の生活現象が具体的な形象として描きだされている。この文学作品の内容をなす形象には客観的側面と主観的側面とがある。作品のなかにもちこまれている人間の生活現象のことを「ことがら」とよぶ。「ことがら」は、作品に描きだされている個別的な生活現象をさすが、その生活現象に内在している一般的なもの(本質的な部分)を「主題」とよぶ。ことがらと主題とは、ともに客観的に存在する生活現象に規定されたものだから、作品内容の客観的側面をなしている。

しかし、形象はたんなる現実のうつしではない。形象には、描きだされた生活現象にたいする感情=評価的態度がふくまれている。この感情=評価的態度は、志向性をもった思想とむすびつき、それにうらづけられている。作品のなかにふくまれているこの種の「思想」のことを理想とよぶ。感情=評価的態度と理想とは、生活現象にたいする人々の政治=社会的な見解、道徳的な見解、美意識などに規定されたものであるから、作品内容の主観的な側面をなしている。

主観主義の文学教育論においては、このようなカテゴリーがはっきりしていない。多くの場合「主題」は、作者の「意図」と同義語につかわれている。だが、主題=意図と考えるときには、作品に描きだされている生活現象を正しく知覚し理解することは後に追いやられ、作者の意図(主観的な見解や感情)を探し求めることが、文学の授業の主要な仕事とされてしまう。

さて、文学作品のこのような内容に即して指導段階を考えるときには、当然、形象の具体約・情緒的知覚が第一の段階に、形象の本質的・一般的理解が第二の段階におかれることになろう。第一の段階では、「ことがら」と「感情＝評価的態度」とがうけとめられる。これを、ことばを絵と感情におきかえる仕事だともいわれている。第二の段階では、「主題」と「理想」とをつかみとることが仕事となる。ことがらは知覚できるが、主題は知覚できない。理解しなければならない。いいかえれば、ことがらの知覚は、作品に描きだされている生活現象を頭のなかに再生産していく過程であるが、主題の理解は、そのようにして再生産された生活現象を分析して、本質的なものをえぐりだしていく思考過程である。したがって、「ことがら」の指導は、当然「主題」の指導に先行することになる。同じようにして、感情＝評価的態度は、いわゆる感動という形で直接的にとらえられることもできるが、理想は感情＝評価的な態度をつらぬく基本的な傾向であって、それは形象を分析し総合する論理的な思考によってのみあきらかにされる。

第三の段階は、論理的理解を土台にして、形象の情緒的な知覚にかえっていく段階である。主題と理想とを理解したもののみが、「ことがら」をゆたかに想像し、深く感動する。「ことがら」の本質を理解したとき、ふたたび形象にもどって、美的な体験をあじわおうとする要求はおのずと生じてくるものである。そうした要求が子どもの心におこらなかったら、第二の段階の仕事は成功的でなかったとも言えるだろう。感動からはなれた認識は、もはや文学的認識ではない。感性と理性との統一として進行するこの段階の読みを、「表現読み」とよんでいる。

教科研国語部会では、文学作品をこのようにその内容に即して段階的に読みすすめていく指導の研究が集団的におこなわれている。そのなかで、第一段階の形象の情緒的知覚には、一次読みと二次読みの二つが区別されることが明らかにされてきた。一次読みで、まずことばが直接描きだしていることがらを知覚し、二次読みで、ことばで間接に表現されている形象を知覚するというのである。文学作品の内容をなす形象そのものが、このように描写形象と表現形象とにわかれていると考えられるので、指導過程もこれにしたがって二つの段階にわかれるのが当然だとされるのである。伝統的にも、これを「通読」、「精読」として区別してきたのである。これを区別する必然性を、

文学作品の内容と関連づけて、明らかにすることができるようになったのだ。(8)

このほか、各段階の指導の内容および方法についてさらに綿密な研究がなされているが、ここではっきりさせておく必要があることは、この指導過程論は、具体的な授業の展開（一時間の授業のすすめ方）を示すものでも、授業の形態・方法論でもないということである。子どもがある文学作品に初めて対面してから、その内容を完全に読みとるまでには、どのような指導が必要とされるかを段階的に示した、読み方指導の一般的・基本的原則なのである。この原則がまず必要であったのは、科学の教育において、まずなに（科学的概念）をどのような順序（系統性）で学習させるかを明らかにすることが必要であったのと似ている。この原則がいまでも多くの国語教師にはっきりつかまれていないために、子どもの主観的な読みをそのまま是認したり、第一段階の読みの仕事をかるくすませて、いきなり作品内容の分析にはいり、それを貧弱な概念にまとめあげてしまうようなあやまり、総じて読み方教育における主観主義をいつまでもはびこらせることになっているのである。

なお、以上の三段階は、文学作品の読み方指導における中心的な段階であって、最近ではこのほかに「導入」と「終末」の二段階を加えるべきであるとする研究や実践もおこなわれている。(9)

ここで参考までに、ソビエトにおいて文学作品の読み方授業の典型的な構造（基本的段階）と考えられているものを紹介しておこう。

(1) 導入——読み方の準備（これからの作業の目的を明示し、読み方への注意と興味をよびおこす。難解語句の指導。テキストの内容と結びついた子どもの生きた観察を想起させる、など）
(2) 一次読み——作品の形象的内容の全体的知覚
(3) 一次読みの後の短い話し合い——作品の全体的知覚から得た直接的印象を交換する
(4) 段落ごとの読みと分析——形象的内容とそれを体現する言語手段の綿密な入念な分析と解明
(5) テキスト全体の二次読み——テキストの全体的知覚の想起と深化

(6)文図の作成——作品の主な段落および部分の相互関係の解明
(7)言いかえ——作品の形象的内容、その言語・語法の定着
(8)総括的話し合い——作品の思想の解明
(9)表現読み——作品の形象的内容を生徒たちがどのように感じ取り、理解したかの報告
(10)台詞読み、脚色、劇化、その他の創造活動——作品の形象的内容に関する研究のいっそうの深化[10]。

この一〇段階は、上述の指導過程論と比較するとき、段階の分けかたがより細かくなっているとともに、指導内容においてもいくらかの相違があると見られるが、基本的な考え方においては一致していると言えるだろう。

教科研国語部会の指導過程論は、戦前日本の教師の大多数に受け入れられていた「通読・精読・味読」の三段階論を批判的に摂取しながら[11]、現場の多数の教師の実践的研究に基づいてうちたてられてきたものである。その場合奥田靖雄氏の文学作品の内容に関する文芸学的研究が、理論的うらづけとなっていることはすでに指摘した。今後研究がさらに発展するにつれて、この指導過程論はさらに緻密なものになっていくことだろう。

子どもの読みの主体性を確保するにはどうしたらいいかとか、読み方授業におけるグループ学習や討議のさせ方、あるいは板書の方法といった授業の形態や方法に関する研究は、この指導過程論を基礎にするとき、より科学的なものとなることができるだろう。この関係を逆にして、子どもに主体的に読ませる方法は何かというような研究が先行するときには、読み方教育は、主観主義あるいは技術主義に転落する危険を免れないだろう。

(1) 平林浩「問題解決学習と仮説実験授業」『生活教育』一九六七年三月号
(2) 「知的行為の形成」に関する理論のくわしいことはつぎの文献を参考にしていただきたい。
柴田義松「学習心理学の諸問題」『ソビエト教育科学』明治図書、第六・七・八・一一・一五・一八号
駒林邦男『思考力形成の授業』明治図書
(3) 参考文献にはつぎのようなものがある。

（4）一　遠山啓・長妻克亘『量の理論』明治図書
　　　二　遠山啓編『現代数学教育辞典』明治図書
奥田靖雄「よみ方教育論における主観主義」『読み方教育の理論』所収
奥田靖雄「文学教育における主観主義」『教育国語』麦書房。第四・五・七号
（5）奥田靖雄・国分一太郎『国語教育の理論』一一頁
（6）奥田靖雄「文学作品の内容について」、「文学作品の構造について」『国語教育の理論』所収
（7）宮崎典男「読み方指導における授業過程」『続国語教育の理論』所収を参照。
（8）宮崎典男「授業過程の整理と実践の発展のために」『続国語教育の理論』所収
（9）教科研国語部会「指導過程についての諸問題」『教育国語』第八号
（10）ロジェストヴェンスキー『ロシヤ語初等教授法の原理』二二四頁
（11）宮崎典男「石山脩平・教育的解釈学をどう継承するか」『教育国語』第三号

補論

第12章　現代における教授技術の性格

1　教授技術の学としての教授学

私は、教授学を教授技術の学としてとらえる。もっとくだいていえば、「何をどう教えるか」という技術的問いに答える学問だと考える。

教授実践については、社会学的研究とか心理学的研究もありうる。しかしこれらの研究は、教授実践にかかわる現象や事実を分析して、「これこれこうなっている」という事実の記述や説明を主たる目標とするのに対して、教授学は、「こうするとよい、こうするべきだ」という実践の指針を出すことを主目標とする。

技術は、つねに何らかの目的に奉仕するものである。教授技術も、教授目的に照らしてその有効性が評価される。ただし、この目的――手段の関係において、教授技術の特殊性があらわれる。教授技術の場合、目的そのものが固定的でなく、技術的実践との関係のなかでいちじるしく変動するということである。

このことは医療技術との比較において明らかとなろう。医療技術では一般にその目的が明確であり、特定することができる。胃潰瘍、脳血栓、結膜炎などといったそれぞれの疾病に応じて何をなすべきか、どのような技術が求められるかを特定することができる。この場合でも、個人差への対応とか、余病、副作用等への配慮が求められはするが、目的が教授技術の場合とくらべより単純で明確であることに変わりはない。何のためにこの手段をとるのか、目的をあらためて問うことはめったにない。

教授技術の場合は、そうはいかない。何のためにこれを問い、何のためにこれを教えるのか、ごく単純な読書算の指導の場合は別として、その目的が必ずしも明確でないことが多い。同じ教材を教えながら、教師によって目的観がちがう場合がざらにある。同一教材「一つの花」による授業の比較検討を行った日本教育方法学会第二一回大会のシンポジウムでもそのことが実証された(1)。教材の評価・解釈から、授業の基本的ねらい(目標)、授業のすすめ方など、すべてにわたって多様な意見が出され、一致点を探すのがむずかしいほどだった。私は、この現実をそのまま是認しようとしているのではない。こうした多様性のなかにも一定の原則が貫かれていなくてはならず、その原則を明らかにするのがまさに教授学の任務だと考えている。

各教科・教材の授業においてどんな学力を子どもに育てるかというねらいの多様性は、教師による教材の評価や解釈のちがいからくると同時に、学級の子どもたちの能力や学び方の実態そのものの多様性からの必然的な帰結である。子どもたちは、一人ひとりみなちがった個性をもつと同時に、日々成長し変化をとげていく存在である。こうして、教授技術の場合は、目的そのものが生きた対象との相関において極めて流動的であり、それに合わせて方法・手段も多様にかつ微細に変化していかなくてはならない。

したがって、教授学は、そのような教授目的そのものの吟味とともに、それによって規定される教授内容ならびに教授方法、およびそれらの相互関連、相互依存性を総体として明らかにしながら、実践への指針を出し、「なにをどう教えるか」にこたえる必要がある。

どういう学力をつけ、どういう人間を育てるかという教授目的は、社会のあり方、政治・経済の動向とも関連している。「現代」を戦後として一括してとらえるのであれば、戦前との対比ですむが、戦後四〇年の間にも、教授目的にせよ教授技術の性格にせよ、かなり大きく変動してきた。そこで、戦後における教授実践と研究の推移をまず概略ふり返り、その後にあらためて現代教授学の課題と性格を問うことにしよう。

2 実践と研究の推移

教授学は、あくまでも実践の事実にそくし、事実に基づいて理論を構築していくことを基本的方法論としなければならない。このような教授学研究の伝統は、わが国の場合、戦前においては乏しく、戦後になってやっと根づくようになったものといえる。

一九五〇年代にはいるころから学校の教育現場での実践と固く結びつきながら理論構築をすすめる研究が活発に展開されるようになった。それぞれの時代に、実践と研究の大きな流れとして注目され、学校の教育実践に影響を与えてきたものとして次のものがあげられる。

一九五〇年代　生活単元学習、問題解決学習、生活綴方的教育方法

あらためて説明するまでもないが、これらは一九四七年および一九五一年の「学習指導要領」に基づいて実践された戦後当初の授業改造の主要な潮流であり、またそれとの対応で浮かびあがってきた生活綴方教育の復興とそれの一般化である。戦前の日本の学校教育を支配してきた極端な国家主義に基礎をおく権威主義、画一主義、つめこみ主義の教育を批判し、子どもたちの生活経験から出発して、子どもたちの欲求や関心とつねにかかわりながら、学習をすすめていく「新教育」の理論が、当時の学校における授業改造にはたした役割は大きい。生活綴方の教育は、理念的には「新教育」の主張と共通するところが多いが、戦前からわが国土着の教育思想として現場の教育実践者のあいだから生まれ、発展してきたものであり、現実生活のなかの何が真実であり、不正であるかをきびしく追求するという点では日本の子どもの生活現実とより緊密に結びついており、教師たちにより目的意識的な思想改造を求めたという点でも、戦後の教育界におよぼした影響は「新教育」の理論と並んで大きい。

一九六〇年代　教科内容の現代化、水道方式、仮説実験授業

子どもの生活経験や興味を基盤にする「新教育」は、その利点が、他方では短所ともなり、戦後の経済復興から高度成長へと転換する六〇年代にはいるころから、子どもたちの「基礎学力低下」の責任を問われることになる。そして、経験主義の「新教育」にかわって、現代科学の成果と方法に学び、教科内容の根本的再編成をめざす「教科内容の現代化」が、六〇年代の教授学研究の主要な潮流となる。現場での教育実践と結びついて大きな成果をあげたものとして、計算の指導体系を根本的に変革した「水道方式」の研究、自然科学のもっとも基礎的な概念（重さ、力、慣性など）を、実験を通して子どもに獲得させるにあたって、あらかじめテキストに構成された問題を与え、それについて「予想」を立てさせ、「仮説」を出しあい、「討論」をおこなうという過程を重視し、そのような授業過程を一般化させた「仮説実験授業」の研究を代表的なものとしてあげることができる。このほかにも、数学教育における量の体系、原子論の立場に立つ理科教育内容の再編成、日本語教育の新しい体系など、それぞれの教科において内容の理論的水準を高めるための根本的改造をめざす研究がすすめられたことにこの時代の研究の大きな特色がある。

一九七〇年代　わかる授業、小集団学習、学び方教育

経済の高度成長は、子どもの生活全体に大きな変化をもたらした。生活物資は豊かになったものの、子どもの成長・発達にとって望ましい生活環境という観点から見ると否定的要素もいちじるしく増大し、からだと心の両面にわたって子どもの発達のひずみが目立つようになったのは一九七〇年代である。進学率の急上昇は、受験競争を激化させ、偏差値偏重の教育を学校にもちこむことになった。量質ともに高度化した授業内容についていけない「落ちこぼれ」の子どもの問題が表面化したのは、七〇年代の初頭である。以後、校内暴力、登校拒否、非行、体罰、いじめ、等の教育荒廃現象が続出することになるが、こういった問題に教授学研究の面から立ち向かっていったものとして、「わかる授業」、「楽しい授業」をめざす授業研究、授業への全員参加をめざす「小集団学習」の研究などがあげられる。

子どもの自主性や能動的学習を尊重する「新教育」の理論を受けつぎながら、再編された系統的な教科内容にふさわしい授業の方法や技術を探求する授業研究は、六〇年代からすでにはじまっていたが、七〇年代には、それが「落ちこぼれ」問題への取り組みのなかで小学校から中学・高校へと拡大し、すべての子どもに「わかる授業」、落ちこぼれた生徒たちも学習にふたたびやる気をおこし、自信をとりもどす「楽しい授業」をどうやってつくりだすかの研究が、おくれていた中学・高校でも組織されるようになった。

能力・個性の異なる一人ひとりの子どもへの着目は、一方で学習の個別化の研究を生みだし、発展させたが、他方で学級をあくまでも授業の基本的単位とし、そのなかで一人ひとりに能動的な学習活動を保障するための方策として「小集団学習」を組織する実践がわが国の学校では広く展開されてきた。四〇〜五〇人以上もの生徒を対象とする一斉授業のおちいりがちな欠陥を克服するためにあみ出された方策であるが、集団のなかで子どもの個性を伸ばす授業方法には、個別学習にはない積極的意義があることが認められている。

科学技術革新が連続的に進行し、目まぐるしく世の中が変化していく情報化社会では、教育あるいは学習が学校で完結せず、生涯にわたって必要とされる。生涯教育の主張は六〇年代から出ていたが、生涯教育を前提にするとき、学校では卒業後も自己教育を継続していけるような「学び方」を子どもに学ばせる必要があるという認識がしだいに教育界に浸透し、「学び方教育」の実践が七〇年代には全国の学校に拡がっていった。わが国での実践は、ブルーナーによって提唱された「学び方学習」の理論と一部相通ずるところもあるが、やる気を育てるための個別学習と集団学習との結合、学習の行為化、自主学習の強調など、日本的生活指導の伝統を受けついでいるところに特色がある。

3　最近の研究動向

五〇年代以降の学校での教授実践と、直接にかかわり、各時代の実践の傾向を特徴づけるような研究の流れを見てきた。つぎに最近の教授学研究の性格づけにかかわりのある研究上の動向をいくつかあげてみよう。

⑴　教科教育学の研究

教科教育の研究を一つの学問領域として分化させ、特に教員養成とかかわってその研究と教育とを重要視する動きは五〇年代からはじまっているが、実際には専門の研究者の不足もあって容易に進展しなかった。しかし六〇年代にはいると「教科教育学」の樹立をめざす動きが教員養成系大学関係者のあいだではじまり、一九六六年に日本教育大学協会が「教科教育学の基本構想案」を発表してこの機運をさらに助長した。そして一九七五年には日本教科教育学会が結成され、各大学における研究も、徐々に活発化している。最近の成果として日本教育大学協会研究推進委員会編『教科教育学研究』第一～三集（一九八四～八五年）が出ている。

教授学と教科教育学との関係は極めて密接であり、このような教科教育学研究の動向に教授学研究者も無関心であってはならないだろう。

⑵　教育工学の発展

教育工学の発展もいちじるしい。この場合も、教員養成系の大学・学部に教育工学センターが一九七一年以降つぎつぎに開設されていったことが、研究の発展を促進している。その関係者たちを中心にして国立大学教育工学センター協議会が発足したり、科学研究費による研究プロジェクトがいくつもつくられたりして教育工学研究の組織化と多岐にわたる研究が展開されてきたが、一九八四年には会員約八〇〇を擁する日本教育工学会が設立された。一九八五年に京都教育大学で開催された教育工学関連学協会連合全国大会（日本教育工学会、CAI学会、電子通信学会教育工学研究専門委員会、国立大学教育工学センター協議会共同主催）には一六八の研究発表が行われている。

八〇年代にはいってコンピュータ等教育機器の発展がめざましく、学校にもつぎつぎに導入されようとしている。教育工学の研究分野は多方面にわたっているが、中心的な対象は教授・学習過程にあるとされており、教授－学習過程の分析・設計・評価の研究がさまざまな工学的方法を駆使してすすめられている。コンピュータ利用による教育研究は今後ますます発展するものと思われ、教授学研究とのかかわりが注目される。

(3) 教師教育の研究

教師養成のあり方が種々問われるなかで、大学における教師教育の内容や方法に関する研究が特に七〇年代以降活発になされてきた。日本教育方法学会では一九七一年以降、毎年の学会大会において課題研究あるいはシンポジウムのテーマとして「教師教育のための教育内容・方法の検討」をとりあげてきた。また日本教育学会でも教師教育に関する研究委員会が一九七八年に設置され、一九八三年にはその研究成果をまとめた報告書『教師教育の課題』が発表されているが、その後も教育制度研究委員会のなかで同様の研究が続けられている。

教授学研究とのかかわりにおいて注目されるのは、教育実習のあり方の検討、特にその事前指導の内容・方法に関する研究である。はじめて教壇に立つ学生は「何をどう教えるか」について真剣に考え、準備せざるをえない。教授学は、もともと教師教育のための学問として成立したものであり、現在でもその中核に位置する学問といってよい。教師に求められる力量あるいは教育技術とは何であり、それらはどのようにして身につけられていくものかという問題を大学における教育実践（たとえば、マイクロ・ティーチングの指導）を通して探究する教師教育の研究は、これからの教授学研究においても重要な意味をもつだろう。

⑷民間教育団体の教授学研究

教授学の研究者は、別に大学の学者とはかぎらない。小・中・高校の現場教師も、授業実践に研究的に取り組む場合、教授学の研究者になりうるし、実際にすぐれた実践者であると同時に研究者でもある教師が多数生まれつつある。特に自覚的に日本の学校における授業実践の事実に基づいて教授学の建設をめざす研究に取り組んできた教師集団として教授学研究の会（一九七三年創立、前身は一九六五年発足の教育科学研究会教授学部会）がある。この他にも、学問と教育との結合に力点をおいて研究をすすめてきた民間の教育研究運動のなかでは、各教科の専門家であり教授学の研究者でもある教師が多数輩出している。また、最近、若い教師を中心として「教育技術の法則化運動」が拡がっている。「すぐに役立ち誰でもできる教育技術」を全国の教師たちから集め、検討し、広めることを目的とした運動である。教育技術を教育目的や教育内容の吟味から切り離して、単純な処方箋の寄せ集めに化す傾向が見られることに批判もあるが、教育現場に蓄積されてきた日本の教師のすぐれた教育技術を掘り起こし一般化するという、教授学研究にとって欠かせない作業に若い教師たちが大胆に取り組んでいることの意義は認める必要があろう。

4　現代教授学の性格と課題

戦後四〇年間における教授学的実践と研究の推移を見てきた。教授学の基本的性格に変わりはないが、その間、実践的に求められる教授技術の性格や教授学研究の課題には、かなりの変化があったことが分かろう。現代教授学の性格や課題を規定するものとしては、社会的・経済的要因などの外部的要因から教授学そのものの発展に基づく内部的要因まで多くのものがあり、上述の概観ではすべてをつくしてはいない。私の観点から見て主要な要因や傾向をあげたにすぎない。この概観を通してうかびあがる現代教授学の特徴的性格ならびに当面する基本的課題について次に述べてみよう。

(1) 教科教育学と一般教授学との関係

各教科の教授学的研究がすすむにつれて、一般教授学と教科教育学との関係が当然問われることになる。現在、授業を対象にして研究する一般教授学者は、教科研究の成果や動向をまったく無視して研究をすすめることはできなくなってきている。教科研究は、それだけ授業実践に深い影響をおよぼしている。

ともに授業を対象として研究をすすめる一般教授学と教科教育学とのあいだにどのような相違があるのか。実際上、この区別はまったくつけがたい。だから私も、教授学研究を志す学生には、必ず何か一つ以上の教科について深く研究することをすすめるようにしている。

教科教育学では、何よりもまず教科内容を設定すること、つまり「何を教えるか」を明らかにすることが課題とされる。教科の基礎に各専門の学問がある。それら学問の成果と方法に学びながら、子どもたちが学ぶにふさわしい内容を明らかにし、またそのための教材を開発することが、教科研究の第一の課題とされる。

教科教育学でも、授業を構成する三要素——教師と子どもと教材——の相互作用を問題とする。そして教材に即した授業の方法や技術を探究するとともに、授業実践を通して教材を吟味し、再構成する。しかし、一般教授学との相違を強いてあげるとすれば、これらの研究が主としてそれぞれの教科の範囲内でおこなわれ、学校教育全体の目的とか他教科との関連などの追求は副次的になるということである。これに対し、一般教授学では、つねに統一的人格の形成をめざすという全体的視野に立って各教科の教材とか教授方法を吟味し、評価することが課題となる。どの教科においても教材の選択とか教授方法の選択は、本来、学校教育が全体として目指す目的に基づいて決定されなければならない。そのような教育目的が何であり、どのような全体的教育計画のなかで、どのような教育技術や方法を通してそれが実現されるものかを一般教授学は明らかにする必要があるといえよう。

いずれにしても、教科教育学と一般教授学との関係は今後ますます密接になっていく可能性があり、必要性もある。そのなかで一般教授学がはたすべき役割、そしてその存在理由がきびしく問われることとなるだろう。

(2) 教授学における理論と実践との結合

教科教育との関係が密接になるのに並行して、教授学研究における実践とのかかわりも同様に密接になってきている。そして理論の実証性あるいは実践性がきびしく問われるようになっている。

今日の授業研究においては、教授学者も授業の一般原則を主張しているだけではたりず、実際の授業に即して、何をどうしたらどうなるかを具体的に論議する必要にせまられている。教育の現場で実践的に求められるのは、個別的な技術であって一般的原則ではない。しかし、教授の技術をたんに個別的な発問とか板書の技術などの寄せ集めにしてしまってよいのかどうかは問題である。

教育技術のとらえ方には、従来から広狭さまざまのものがある。これは、教育技術そのものが、ウシンスキーもいうように「あらゆる技術のなかでもっとも広範で複雑な、もっとも高級な技術」であることによるものだろう。ただし、わが国の教育現場では、教育技術を個々の発問とか板書のし方などに狭く限定してとらえる見方が一般的である。最近の「教育技術法則化運動」でも、この一般的・常識的な見方をとり、「教育技術とは、授業を最も有効に展開する〝教材とその配列〟や〝指示・発問とその配列〟のこと」(2)と定義している。そして、どんな教材を使い、どんな指示や発問をすれば、どんな効果があがるかを現場の教師たちから集め、検討し、追試し、集大成していくことを「教育技術の法則化」として目指している。日本の学校教師のあいだにはたくさんのすぐれた教育技術が蓄積され、受けつがれてきているが、それらは必ずしも共有財産とはなっていない。全国の学校に埋もれてあるそのような教育技術を発掘し、共有財産にするというのが、この運動の主要なねらいとされている。

私もかねがね日本の教授学を建設するためには、現場教師のすぐれた実践に学び、その実践のなかにある技術をとりだし理論化することがもっとも重要な研究方法であると考えてきた。したがって、私はこういった狭い意味の教育技術を研究し開発することにも十分な意義があると考える。しかし問題は、教育技術の研究をそれだけに限定するのは、あまりに狭すぎはしないかということである。

教育技術の場合、個々の技術が孤立して存在し、意義をもつということはありえないのではないか。たとえば、跳び箱のとべない子をとばせるようにするというのはたしかに一つの技術である。跳び箱がとべるようになったときの子どもの喜びは大きい。その感動を多くの実践報告が伝えている。しかし、跳び箱はいったいなんのためにとばせるのだろう。跳び箱をとぶ運動にどのような意義があり、それによって子どもにどのような力をつけようというのか。跳び箱をとぶ運動にも、その基礎になる運動がいくつかある。またできる子とできない子との能力差がはっきりと大きくあらわれるこの運動の指導にあたっては、やさしい、だれもができる段階からよりむずかしい高度な段階へ順を追ってすすむ指導の系統が大切であり、さらには子どもたちの個人差にあわせて一人ひとりに適切な課題を与え、成就の喜びや自信をもたせ、自らすすんで技能を高めようとする意欲をもりたてるなど精神面の指導技術が重要な意義をもつ。

このように教育における個々の技術は、つねに他の技術との緊密な相互関係のうちにあり、一定の体系のなかで存在する。個々の技術（手法とか手段といった方がより正確だろう）は、その関係や体系のなかで意義を獲得するのであって、同一の指示とか発問あるいは教材でも、その関係が異なれば意義も効果も違ってくる。つまり、その手法なり技術なりが全体として、あるいはより大きな脈絡のなかで何を目指すものであり、そのなかでどのような位置を占めるものであるかが問われるのである。

「教育技術の法則化」運動に対する根本的な疑問は、その「法則化」がこうした問いとは無関係になしうるかのように考えられているところにある。「このようにすれば、うまくできる」ということを集めるのが「法則化運動」

であって、その「目標・ねらい」とか理由づけなどは後回しでよいとされている。つまり、理論軽視の傾向がそこに見られるのである。

教師は、日々子どもとの対応のなかで決断をせまられる。とっさに適切な指示をくだしたり、子どもたちの思考にゆさぶりをかけるような発問をとっさに考えだすところにベテラン教師の味がある。しかし、教育の技術はそういうところにだけあるのではない。できない子ども、あるいは落ちつきのない子どもをどう指導するかについてじっくりと考え、有効な処置についてあれこれと工夫をこらすところにも教育の技術が存在する。理論的思考が求められるのは特に後者の場合で、仮説—実践—検証—仮説……が繰り返されるなかでよりよい方法なり技術がつくりだされていく。だが、とっさの判断がはたらく機転とかベテランのカンやコツも、理論とまったく無関係ということはないだろう。実践の挫折とか行きづまりから理論的反省が求められたり、理論的研究がそういった技能の習得を促進したりするということがある。そういう実践において有効にはたらく理論を現代教授学がどれだけ創り出しえているかは議論の分れるところであろうが、理論と実践とのいっそう緊密な結合が求められていることだけは確かといえよう。

(3) 教授技術の全体的・総合的把握

現代教授学の対象となる教授技術をどのような性格のものとしてとらえ、どのように研究をすすめるべきかについて論じてきた。そのなかで私が特に強調してきたことは、第一に、教授技術を教授目的との相互関係のなかで動的・総合的にとらえることの必要性であり、第二に、同じく教授技術を教授内容との緊密な相互関係のなかで把握することであった。かつてウシンスキーは、「おそらく教育実践におけるほど一面的な知識や思考が有害なことは、他のどこにもないだろう」といい、「実践はできる限り全面的でなければならない」ということを強調していた。生きた人間を対象とし、人格の完成を目ざす教育技術のあるべき姿をすでにウシンスキーは正しくとらえていたとみるべきだが、教育技術についてのこのような把握はわが国において必ずしも一般的となっていない。教育目的が教育勅語によって天下りに提示され、教育内容も国定の教科書や教授要目によって画一的に統制されていた時代の教育技術観がいまだに根強く残存している。教育の方法や技術に画一主義や形式主義をもちこもうとする傾向が全体としての日本社会のなかに根強く残っていると見るべきかもしれない。教育基本法の精神にしたがい、「個人の尊厳を重んじ、真理と平和を希求する人間の育成」を期して、教師が教育の方法や技術に関し自主的な立場を堅持することは、現代の学校でも一つの重要な決意と選択を迫られることになるのである。

しかし、他方において「個性重視の原則」は、現代学校の基本的原則としてますます重視されようともしている。臨時教育審議会も最近の学校における偏差値偏重の教育を批判し、「今次教育改革において最も重要なことは、これまでの我が国の教育の根深い病弊である画一性、硬直性、閉鎖性、非国際性を打破して、個人の尊厳、個性の尊重、自由・自律、自己責任の原則、すなわち個性重視の原則を確立することである(3)」と強調している。

現代教授学も、この原則にしたがい子ども一人ひとりの個性の伸長を基本目標にすえて、教授技術のあり方を問うときには、この技術が教授の目的や内容によって一方的に決められるものではなく、子どもとの生き生きとした対応のなかで、目的や内容そのものが吟味され、「何のために、何をどのようにして教えるか」といった相互関係がつねに究明される必要があることを明らかにしなければならない。

現代における教授技術のあり方をこのようにとらえるとき、研究を深める必要があるのは、子どもの人格の発達、より具体的には、認識活動の発達、自主性や創造性などの発達と教授技術との相互関係である。教授と発達との関係も相互依存的であって、一方的なものではない。いわゆる児童中心主義の新教育においては子どもの発達段階が教授のあり方を決めるという側面が強調されたが、現代の子ども研究はむしろもっぱら相互関係の究明を目指しているといってよいだろう。子どもたちの個性の伸長は、放任主義の教育では不可能である。子どもの個性は、形成中のものであり、与えられたものであると同時に、教育によってより豊かなものに改造されるべき対象でもある。

そのこととの関連で強調しておく必要のあることは、個性を伸ばすための学習の個性化と、学習の個別化とは、概念的にはっきり区別する必要があるということである。学習の個別化、つまり個別的指導は、教育上の一つの手段であり方法であって、学習の個性化にとってもけっして唯一の方法ではない。学習の個性化のためには、むしろ個別学習と集団学習とがうまく組み合わされることが必要である。子どもたちの個性は、集団のなかでこそよりよく発揮され、磨かれていくものである。ただし、集団学習も一歩間違えば個々の子どもの個性を押しつぶす危険物となる。集団の質、そして集団学習のあり方が、個性重視の原則に立ってつねに吟味される必要があるのであり、集団と個の発達の相互関係を教育とのかかわりの上で究明することも現代教授学の重要な課題とされねばならないのである。

（1）シンポジウム「いま授業づくりで何を問うか」『現代教育科学』一九八六年三月号

（2）『教育技術の法則化12　プロ教師への道――法則化運動に学ぶ』明治図書、一一〇頁

（3）臨時教育審議会「教育改革に関する第一次答申」一九八五年六月二六日

第1巻　解題

木内　剛

柴田義松教育著作集の第一巻たる本巻には、柴田義松氏が先駆者としてその意義を日本に広めたロシア教育学研究を基にして、日本の授業研究から析出した教授技術の捉え方を独自の理論研究に組み上げ、教科教育の現代化を展望する柴田教授学確立への画期となった著作・論考を収録した。

はじめに取り上げた初期の代表的理論書である『現代の教授学』（明治図書）は一八六七年六月に、小野周・遠山啓ら五名が監修した全一〇巻の「明治図書講座＝現代科学入門」の第八巻として刊行された。「監修者のことば」によれば、同講座は、二〇世紀に科学の発展が根本的に新しい理論を生み出し、自然観・世界像を革命的に変え、研究の進め方も集団的、国際的なものに変えたと受け止めて、現代科学が誤用されることなく人民に貢献し、人々が「人類の未来を展望できるような豊富な想像力を身につける」課題に資するために企画されたものである。本書はこの課題のもと、理論と実践の結合に取り組んでいた柴田氏が、教授学の現代化を世に問うた意欲的な著作であった。なお、第七巻は、滝澤武久と共編の『現代の心理学』である。

柴田氏は六〇年代、教育科学研究会（とくに五八年の設置で勝田守一とともに数学者の遠山啓も参加していた「認識と教育部会」およびそれをもとにして六三年に発足した「社会科部会」）と数学教育協議会といった日本の民間教育研究団体に深くコミットすることとなり、それらの授業実践から多くの事実を示され、強い刺激を受けた。その経験を熟成させるなかで、ロシア教授学研究の成果を理論的なバックボーンとして日本の生み出した教育実践の理論化に真正面から取り組んだ。

社会科に関しては六六年刊の『社会科教育の理論』（麦書房）で低学年社会科を廃止して、言語的認識の育成に力を入れる重要性を説いた。また、遠山啓や銀林浩の開拓した数学教育の展開についても深く受け止め、理論的整理を行うことで新たな境地を開いた。

この結果生み出されたのが柴田教授学であり、『現代の教授学』は新機軸を打ち出す画期的著作となった。教授学において「教授技術」は不可欠のキーワードであるが、技術の捉え方の基本に技術論の労働手段体系説と客観的法則性の意識的適用説の対立軸を強く意識し、教育技術における創造性の意義を高く評価する意識的適用の視座があることを見落としてはならないと論じた。

『現代の教授学』のオリジナル構成は、「監修者のことば」「まえがき」「序論　現代教授学の課題」「第1部　戦後日本の学習理論」「第2部　系統学習の理論」および第3部として長谷川淳氏の「教育学のサイバネティックス的諸問題」からなる。第3部に置かれたサイバネティックスは、現代科学に共通な制御の法則を扱う新しい学際的学問分野である。体系的な知識とそれを意識的に利用する能力の両方を重視する観点から、教授＝学習過程における知的活動のアルゴリズムを捉える知見として紹介し、考察した論考である。柴田教授学の意義をこの新しい分野から示したものであった。

本巻は、一九七五年の第五版を底本として、序論、第1部、第2部を収録した。

また、補論の「現代における教授技術の性格」は日本教育方法学会の年刊論集『教育方法15　実践にとって教授学とは何か』（明治図書、一九八六年）に掲載された論文である。ときあたかも教育工学が勃興し工学的な技術が大手を振るおうとし始めた時代であるとともに、教育科学研究会の中に教授学部会として発足した教授学が、その後柴田の予期したものとは違ったものとなり、意外にも停滞しつつあった時代である。そうした背景の中で、現実の実践を意味づけ、教師がその本領を授業実践で創造的に発揮することを期待して、教授技術のあるべき姿を示したものである。本著作集第六巻『授業の原理』に収録されている『教授の技術――教授学入門』（明治図書、一九七七年）を深く理解するためにも、大いに役立つものである。『教育方法』は初版のみの刊行である。この章はそれを底本とした。

いずれも、一部の字句について著者自身による校正がなされている。人名や送り仮名表記に関しては統一を図るための修正をしている。また、引用文献としては、読者の入手の便宜を考慮して、新訳が上梓されているものについては、できる限り新しいものに変更して掲げた。

著作集というものは本来、既に入手困難な著作・論考はもちろんのこと、現在刊行中のものも含めて著者の研究成果の全体像を示すべくその著作を縦横に集めたものとして集成されることが期待されるところであろう。しかし、著作権の関係から割愛せざるを得なかった著作があるのが残念でならない。本著作集は、できうる範囲でそうした期待に近いものにしようと努力したものであるとともに著者自身が読んでもらいたいものを選んだ自選集である。収録された著作の構成からも柴田のメッセージを読み取って頂きたいと願っている。

第1巻　解説

梅本　裕（京都橘大学理事長）

1　古典となる本の特徴

『アメリカの教師』（*Teacher in America*）や（『アメリカの大学』（*The American University*）の著者として名高い思想家ジャック・バーザン（Jacques Barzun, 1907－）は、自らの教育論を集大成した『ここから始めよ』（*Begin Here*, 1991）において、古典となる本の特徴を大要次のように説明している。

（ある本が古典となる）特徴の第一は「厚さ」である。もちろん本棚に並べたときに見て取れる厚さのことではない。その本の中で展開される議論の厚み、これが古典の第一条件である。パラグラフごとに濃密な議論があり、一文一文に思考が現れており、本全体に思索と情熱が詰まっている。これが古典となる本の第一の特徴だ。

古典のもう一つの特徴は適応性とでも呼ぶべきものである。時代を越えて学べるものを提供できる力を古典は持っている。どの本も執筆時の時代状況や課題を背負って書かれている。例えば、ホッブズは、一七世紀半ばのイギリス市民革命混乱期に『リヴァイアサン』を書いたが、彼の直接の問題意識は市民革命の混乱の中で何とか政治的社会的秩序を確立すべく、その方策を提起しようというものだった。しかし、人間の本性を理解し、その理解の上に望ましくかつ現実的な政体を構想しようというアプローチは、イギリス市民革命時とは異なる時代の読者にも訴えるものが多くある。つまり、現代社会においても、私たちがあるべき社会を探究し、人間を総体的に理解しようとする場合に、『リヴァイアサン』は深い知見を与えてくれるのだ。古典と呼べる本は、異なる社会状況の下でも読み手に何か貴重な教えを与えてくれるのである。（二三四頁、大意訳）

柴田義松著『現代の教授学』もまた、出版から四〇年以上経て、教育実践や教育研究にたずさわるものにとっての古典と呼ぶべき本となった。このことを以下に説明して解説に代えたい。

2 『現代の教授学』の特徴

『現代の教授学』は「講座・現代科学入門」（全一〇巻）内の一巻として一九六七年に出版された。本来、入門講座と聞けば、当該学問分野の研究の蓄積について体系的概説的に説明することが予想される。しかし『現代の教授学』はすでに出来上がった学問の成果を読者に分かりやすく説明する概説書といった性格の書ではない。著者である柴田義松先生（先生は当時三〇代の半ばでいらっしゃった！）独自の見解が批判的論争的な議論によって展開される書物であり、その意味で決してたんなる解説書ではない。

本書は当時の教育関係者に好評を博し、例えば「現代日本教授学確立のための学校教育内容・方法にかんする問題史的整理のこころみ」であり「学問建設の意欲的な地ならしをしたもの」（国分一太郎・『日本読書新聞』書評）と評され、「明確な問題意識をもった運動への参加にたつ、コミットメントの理論であ」り「戦後の民間教育運動の達成を示すもの」（稲垣忠彦・『教育』書評）と評価された。

では、どのように問題史的整理が試みられ、どのような明確な問題意識が見られたのだろうか。

本書を貫く問題意識は何か。「まえがき」において著者はこう宣言する。

> 現代科学は、二〇世紀にはいって急速な進歩をとげた。教科の内容も、それにあわせて根本的に改革されなければならない時期にきている。教科内容の科学化、現代化は、現代の教授学の中心的課題である。

なぜ、教科内容の科学化が必要なのか。著者の批判の矢は戦後の新教育における経験主義教育理論に向かう。

戦後新教育は児童中心主義をうたい、学習指導法では子どもの生活体験を重視する問題解決学習が学校を席巻した。コア・カリキュラム運動に代表される経験主義教育課程とそれに基づく学習指導法である。ここでは子どもの興味や経験は、概念や法則などの科学的体系的知識と対立するものとしてとらえられた。問題解決学習は教育方法の一種類であることを越え、教育課程は本来子どもの興味や問題意識に基づく内容で構成されるとする教育内容構成論として主張された。

この経験主義教育課程は、戦前の教科課程が子どもの生活や興味から離れた教科内容を一方的に詰め込もうとするカリキュラムだったことに対する批判としては一定の有効性を持ってはいた。しかし、一方で教科教育の固有性や重要性を理論的にも実践的にも軽視することになり、人類の文化遺産をその認識方法の性格に応じて教科に分け、子どもたちに分かち伝えるという教育上の重要な課題が正当に位置づけられなくなったのである。

この状況を理論的に真正面から批判したのが『現代の教授学』である。

第一部では戦後の学習理論が検討される。学習形態としての問題解決学習が、その思想的表現形である児童中心主義とともに批判される。批判の立脚点は系統学習主義であり教科主義である。牧歌的な児童中心主義と対比される生活綴方的教育方法の有効性と可能性もまた検討されている。

その検討の中で、系統学習の理論を確立する必要が明らかにされ、第二部の系統学習の理論へと読者を導く。ウシンスキーやヴィゴツキーの理論を援用した興味論や発達論などの検討を経て、子どもの科学的認識の発達の特徴や、それをふまえた教科内容構成の基礎理論が考察される。

3　『現代の教授学』の遺産

読者の問題意識によって、本書は多様な読み方、学び方ができよう。しかし、今日、日本の教師や教育研究者が『現代の教授学』に学び、共有できる遺産をもしひとつだけあげるとすれば何を挙げられるだろうか。

それは何と言っても、本書において、教科（教育）内容と教材の概念的区別が確立されたことだろう。

「教科内容」と「教材」とをまず区別しておかなければならない。
教科内容を構成するものは、科学教科の場合、一般的には、科学的概念である。科学的概念は、一定の体系の中で存在し、諸概念は相互に関連を持つ。（本書、一八頁）

それら個々の科学的概念を習得させるうえに必要とされる材料（事実、文章、直感教具など）を「教材」と呼ぶ。（本書、一八頁）

これは教育学の理論書に幾度となく引用されてきた有名な文言であり、一九六〇年代以降民間教育研究運動に結集した教師たちの授業づくりの手引きとなったものである。

教科内容と教材との概念的区別は、教育実践にとって比類なき重要性をもつ。なぜなら、このふたつの概念を区別することによって、教師の側から見れば〈何を教えるか〉、子どもの側から見れば〈何を学ぶか〉が明確になるのだから。教材は子どもとの接点に存在する。当然、子どもたちの興味や既有知識、地域の特性などを考慮して開発されることになる。一方、教科内容は科学や芸術文化のエッセンスである。子どもに分かち伝える価値のある内容が、教材とは相対的に区別されて検討され、体系的に析出される必要がある。教科内容と教材とを概念的に区別し、そのうえで一体として検討することによって、はじめて系統的な学習を保証する教科の授業が可能になる。これなしの授業づくりは子どもが学習する内容について深刻な問題を孕まざるを得ない。

『現代の教授学』が出版された年に、柴田先生は雑誌『教育』（一九六七年一二月号）の「授業研究をどうすすめるか」と銘打たれた座談会で次のように述べられている。

授業といってもすべて何かの教科の授業なんだから、まず、教科と教材の研究、これがあって授業の研究がおこなわれるというのが研究の論理的な順序ではないか。教科内容の体系とか教材の研究という、そういう教科研究があって、それから授業研究に進むべきだと思うのです。その教科研究をすすめていけば、おのずと授業研究に向かうことになるのですね。（七一頁）

たしかに、一九六〇年代と現在とでは社会状況は違っている。

科学の無謬性を無条件に信じることはもはやできなくなった。科学の発展と歴史の進歩が予定調和的に進むとは誰も思っていないだろう。そもそも科学自体が複雑化し多元化している。その意味では、教科内容を個別科学の到達点に従って明確化し系統化しさえすれば、子どもにとって最善の教科内容が構成できるという楽観的な立場はもはや成り立ちがたい。その意味で「科学と教育の結合」という「原則」も今日あらためて検討し直すことが必要になるだろう。今後はおそらく、科学をより広い視野のもとにとらえ直すこと、そして授業の中での子どもの理解に即して教育の立場から科学の内容や系統をとらえ直すことも大切な課題となるだろう。

柴田先生もすでにこういった問題意識は持っておられた。『現代の教授学』出版に先立つ二年前、つまり同書に収められた論考がほぼまとまりつつあった時期の『教育』に発表された柴田先生の論文の一節を紹介したい。「授業研究の意義と課題」と題された論文の中で「授業研究は教科研究と結びつき、その一環としておこなわれることが必要であり「われわれの授業研究には、科学者・芸術家との真の協力体制を樹立する必要がある」と主張された。そのうえで先生は次のように述べられている。(『教育』一九六五年七月号、二四―五頁)

授業研究が、教師・学者・芸術家などの集団的共同研究でなければならぬことの根拠あるいはその意味はいくつかあろう。

その第一は、教科の背景となる科学の体系そのものがひとつではないということに求められよう。これが、科学にはすでに出来あがったひとつの体系しかなく、それによりかかっていることができるというなら、科学者の援助もそんなに必要ではないだろう。だが、実際はそうではない。さまざまに構想される体系は、教育の実践を通じてはじめてその整合性・体系性がたしかめられるのである。

(中略)

こうした諸学者の協力を得ながら子どもにはどのような知識が必要かを考える教育研究者は、子どもによる現実認識の指導、教育実践を通して、科学の体系化に積極的に寄与することもできるだろう。

今日、六〇年代の「現代化」時とは異なる教科内容研究、教材開発のダイナミズムが求められている。学校教育にとって教科の教育は不可欠の構成要素であり、学校の存在意義そのものである。社会状況によって学校が担う社会的機能はある程度変化するにせよ、今後も教科教育が学校において中核的機能を果たし続けることに変わりはない。教科内容を吟味構築していく剛直で強力な手引きが、系統主義を高く掲げた『現代の教授学』である。その意味で本書は古典として教育関係者に長く読み継がれることになるだろう。

第1巻　収録著作一覧

第1章　教授学の課題と方法／第2章　教授学の対象／第3章　児童中心主義の新教育／第4章　問題解決学習／第5章　生活綴方的教育方法／第6章　初期系統学習の理論／第7章　興味の発達と教育／第8章　生活的概念と科学的概念／第9章　教科内容の現代化／第10章　教科内容編成の基本原理／第11章　授業過程論

『現代の教授学』明治図書、一九六七年、三―一九一頁

第12章　現代における教授技術の性格

日本教育方法学会編『教育方法15　実践にとって教授学とは何か』明治図書、一九八六年、1部Ⅰ-2　一二三―一三五頁

ま

や

ら

わ

さ

た

な

は

索　引

柴田　義松（しばた　よしまつ）
1930年生まれ。東京大学名誉教授。
名古屋大学教育学部卒。東京大学大学院人文科学研究科博士課程を経て，1961年から女子栄養大学，1975年から東京大学教育学部（教育内容講座），1990〜99年成蹊大学文学部教授。
日本教育方法学会代表理事，日本カリキュラム学会代表理事，日本教師教育学会常任理事，日本教材学会常任理事，日本学び方研究会会長などを歴任。総合人間学会の設立に参画し，現在副会長。
主要著書
『現代の教授学』『授業の基礎理論』『ソビエトの教授理論』『学び方の基礎・基本と総合学習』『21世紀を拓く教育学』（以上明治図書），『教科教育論』（第一法規出版），『教育課程－カリキュラム入門』（有斐閣），『学び方を育てる先生』（図書文化），『授業の原理』（国土社），『批判的思考力を育てる－授業と学習集団の実践』（日本標準）
主要訳書
ウシンスキー『教育的人間学』『母語教育論』（学文社），ヴィゴツキー『思考と言語』『教育心理学講義』（新読書社），『芸術心理学』『文化的‐歴史的精神発達の理論』（監訳）『心理学論集』（宮坂琇子と共訳）（学文社）

編集　木内　剛（成蹊大学教授）

柴田義松教育著作集 1　現代の教授学

2010年 8 月10日　第 1 版第 1 刷発行

著者　柴　田　義　松
編集　木　内　　　剛

発行者　田　中　千津子
発行所　株式会社　学 文 社

〒153-0064　東京都目黒区下目黒3-6-1
電話　03（3715）1501 ㈹
FAX 03（3715）2012
http://www.gakubunsha.com

印刷　新灯印刷
製本　小泉企画

ISBN978-4-7620-2027-8

柴田義松教育著作集

第1巻 現代の教授学

＊編集／解題 木内 剛　＊解説 梅本 裕

ISBN978-4-7620-2027-8

生活単元学習・問題解決学習の批判と、日本の民間教育研究団体の実践が生み出した系統学習理論の検討を通じて、教科教育の現代化を理論的に展望した代表著作『現代の教授学』に加え、教師の創造性に価値を認める論考「現代における教授技術の性格」を収録。

第2巻 教育的人間学

＊編集／解題 宮坂琇子　＊解説 麻生信子

ISBN978-4-7620-2028-5

教育的人間学の祖ウシンスキー及び天才的心理学者ヴィゴツキーの理論を、両研究の権威である著者が丁寧に読み解く。さらにその知見に基づく鋭い視点で学習過程論や思春期問題など、さまざまな教育理論や教育実践の諸問題を多角的に分析し、望ましい教育のあり方を論じる。

第3巻 教育課程論

＊編集／解題 小林義明　＊解説 臼井嘉一

ISBN978-4-7620-2029-2

戦前・戦後の教育課程と学習指導要領を検討し、日本の教育を改善する方向性と具体的方策を示している本巻は、これからの教育を語るうえでの出発点となるだろう。柴田義松氏の学問的業績が縦横に発揮された教育課程論考集。

第4巻 教科教育論

＊編集／解題／解説 阿部 昇

ISBN978-4-7620-2030-8

1981 年刊行の『教科教育論』、家永教科書裁判に提出した貴重な教科書論考、また教科教育にまつわる数々の論考を4章構成に再編。「経験主義教育」と「系統的学習」の止揚、あるべき教科書の姿、批判的リテラシーの必要性など、現在の教育改革に直接つながる刺激的論考が並ぶ。

第5巻 授業の基礎理論

＊編集／解題 澤野由紀子　＊解説 鶴田清司

ISBN978-4-7620-2031-5

1960 年代の授業研究、教授学研究を総括した『授業の基礎理論』収録の論考を再構成。現在、世界からも注目されている日本の教師による授業研究の取り組みの展開とその方法論、国語教科書の歴史的変遷、教育評価論など、21 世紀の学校教育が進むべき方向を示唆する論考が並ぶ。

第6巻 授業の原理

＊編集／解題 加藤郁夫　＊解説 森岡修一

ISBN978-4-7620-2032-2

本巻は、授業の技術に関わる三つの著作『授業の原理』『教授の技術』『教育の方法と技術』を再構成。戦後の先進的な授業実践に学びながら、授業の技術の基本的性格を明らかにし、授業の技術の重要性を早くから指摘してきた柴田理論の集大成。

第7巻 学び方学習論

＊編集／解題 世良正浩　＊解説 深谷圭助

ISBN978-4-7620-2033-9

子どもに学び方そのものを学ばせ、自主・自立の学び手を育てるということは、今日の教育改革の重要課題の一つとなっているが、日本の教育界ではまだそれほど一般化していない。そのような「学び方」学習に関する論考を、柴田自身の手により構成し収録した。

第8巻 学習集団論

〔付・略年譜と執筆論考〕

＊編集／解題 高橋喜代治　＊解説 小林義明

＊年譜編纂 山﨑準二・臼井嘉一

ISBN978-4-7620-2034-6

著者が学習集団の実践の第一人者と認める大西忠治が解明し得なかった「学習の集団的性格と個人的性格の矛盾」について、ことばの二重性に着目しつつ明らかにした執念の論考。他に、スホムリンスキーの児童観と教育観など、近代教育思想についての論考を収録。また最終巻として、主要著作目録と略年譜を収載した。

各巻 定価（本体 2800 円＋税）